El maravilloso mundo de la música

Kurt Pahlen

El maravilloso mundo de la música
Un alegre viaje de descubrimientos al mundo musical

Alianza editorial
El libro de bolsillo

Título original: *Wunderland der Musik-Eine fröhliche Entdeckungsreise in die musikalische Welt*
Traducción de: Ángel-Fernando Mayo Antoñanzas

Esta obra ha sido publicada en alemán por Wilhelm Heyne Verlag, München

Primera edición: 1984
Tercera edición: 2011
Tercera reimpresión: 2023

Diseño de colección: Estrada Design
Diseño de cubierta: Manuel Estrada

Ilustración de cubierta: *Café Metropole, NY*. Colecciones Fundación Mapfre.
© Fotografía: Lisette Model
Selección de imagen: Alicia Fuentes

Reservados todos los derechos. El contenido de esta obra está protegido por la Ley, que establece penas de prisión y/o multas, además de las correspondientes indemnizaciones por daños y perjuicios, para quienes reprodujeren, plagiaren, distribuyeren o comunicaren públicamente, en todo o en parte, una obra literaria, artística o científica, o su transformación, interpretación o ejecución artística fijada en cualquier tipo de soporte o comunicada a través de cualquier medio, sin la preceptiva autorización.

© Herederos de Kurt Pahlen
© Alianza Editorial, S. A., Madrid, 1984, 2023
    Calle Valentín Beato, 21
    28037 Madrid
    www.alianzaeditorial.es

PAPEL DE FIBRA
CERTIFICADA

ISBN: 978-84-206-5093-7
Depósito legal: M. 7.987-2011
Printed in Spain

Si quiere recibir información periódica sobre las novedades de Alianza Editorial, envíe un correo electrónico a la dirección: alianzaeditorial@anaya.es

Índice

11   1. Una visita extraña y una promesa precipitada
18   2. Tío Enrique tira piedras en mi estanque
33   3. Una especie de examen (en el que se pueden hacer trampas) y otras cosas sobre la musicalidad y las propiedades de las notas
51   4. Un paseo dominical y una conversación sobre cosas importantes
59   5. Niños sanos van al médico, y por qué los perros no pueden hablar
72   6. Una breve pero emocionante visita al parque zoológico
79   7. Un divertido juego en la escalera de mi casa
86   8. De los sonidos armónicos y de los inarmónicos, y de cómo mi perro tocó el piano
93   9. Los jugadores reciben nombres raros
105 10. Un museo con extraños instrumentos musicales
122 11. Un viaje alrededor del mundo en una sola mañana
136 12. De cinco líneas, de puntos gordos y de un milagro
153 13. Vamos a un gran concierto
173 14. Una visita a la ópera
186 15. Una mirada al pasado musical

- 214 16. Los grandes maestros de nuestra música
- 254 17. Otra conversación más sobre historia de la música
- 289 18. La técnica al servicio de la música
- 308 19. Visita a una emisora de radio
- 322 20. Tras la radio, la televisión
- 335 21. Por último, una visita al estudio de cine
- 345 22. Nace un coro infantil

- 363 Epílogo

*A mis innumerables amigos,
los niños del mundo.*

K. P.

1. Una visita extraña y una promesa precipitada

Una grisácea tarde de otoño estaba yo sentado al piano y componía una nueva canción para mi coro de niños. En mi estudio había tirados por todas partes libros y cuadernos y muchos pliegos de papel pautado; es decir, allí reinaba cierto desorden. Comenzaba a oscurecer y ya había encendido los gruesos leños de la chimenea, de manera que el fuego extendía por la habitación una luz cambiante y misteriosa.

Entonces, de repente se abrió suavemente la puerta, empujada por manos cuidadosas. Allí aparecieron las caras de dos niños, que miraban el interior. Seguramente hallaron lo que esperaban encontrar, pues inclinaron un poco la cabeza afirmativamente y dieron algunos pasos adentro. Renzo, mi perro, que estaba cómodamente tendido sobre el banco de la chimenea, hubiera tenido la obligación de ladrar; pero se limitó a mover misteriosamente el rabo como invitando a los niños a pasar. Éstos se acercaron a mí un poco más. ¿Cómo habían venido a casa? Yo no había oído nada. Cerré y abrí los ojos, para comprobar si estaba soñando. Mas no, allí estaban los dos niños justo en medio de la habitación: un muchacho de unos doce o trece años con una cara inteligente y despierta y una chica más pequeña, que parecía un poco asustada. Les tendí la mano, pero antes de que pudiera preguntarles algo, el muchacho empezó a hablar:

–¿Es usted el señor Pahlen?

Asentí con la cabeza, un poco divertido y un tanto admirado. El chico añadió:

–Usted ha escrito un libro sobre música...

Quizá suspiré un poco. No sólo uno..., quise objetar con modestia, pero me limité a volver a asentir como antes.

–Y en él, al principio, hay dos bonitos cuadros con niños que tocan la flauta y cantan... –continuó la chiquilla.

–Y al pie de esos cuadros puede leerse: «¡Disfrutar con la música es connatural a los niños!» –terminó ahora de nuevo el muchacho.

–¿Acaso no es así? –contesté divertido. Pero entonces vi que a mis dos visitantes se les puso la cara muy seria, y cien pensamientos me corrieron por la cabeza. ¿Quizá habría dicho yo en mi libro algo contra los niños? ¡De manera inimaginable, ellos eran siempre y en todas partes mis mejores amigos! Entonces, ¿qué podía haber disgustado a estos dos niños tan geniales –saltaba a la vista que lo eran– o prevenirlos contra mí?

–Quisimos leer el libro –dijo el muchacho casi con dureza.

1. Una visita extraña y una promesa precipitada

—Pero no hemos entendido nada —concluyó la muchacha.

—Casi nada... —corrigió él.

—Claro —dije en tono tranquilizador—, es que no está escrito para niños.

—¡Eso es! —exclamaron ambos al unísono. Y como yo pusiera cara de perplejidad, la chiquilla volvió a preguntar tras breve silencio, aunque ahora mucho más amistosa y casi con cariño:

—¿Por qué no escribe usted libros para los niños, para nosotros?

—¡Vaya! —proferí algo confundido—, un libro para los niños...

—...¡Sí, y sobre la música, naturalmente! —concluyeron mis pequeños visitantes.

—¿Qué debería haber en él? —pregunté.

—Todo —fue la breve y clara respuesta.

—¿Todo? —pregunté admirado.

—Nos interesa todo lo relativo a la música —aseveró el muchacho, y la chica lo reafirmó con un movimiento de su bonita cabeza.

—Todo —repetí una vez más, completamente desconcertado.

—¿Por qué no cuenta usted todo con sencillez en este libro? —me preguntaron los dos tras otro corto silencio.

Mi perplejidad iba en aumento, pero entonces mis visitantes se aprovecharon de esta circunstancia y me asaetearon quitándose el uno al otro la palabra cada vez con mayor vehemencia:

—¿De dónde viene la música? ¿Cómo se forman las notas? ¿Quién hace esas melodías tan bonitas? ¿Y cómo se hacen? ¡Algo sobre los instrumentos y cómo se tocan! ¡Cómo funciona una gran orquesta! ¡Cómo cantan los niños en otros países! ¡Y del teatro, donde se canta y se baila! ¡Cómo se hacen los discos! ¡De la radio! ¡Y de la televisión, naturalmente! ¡De las películas con música! ¡Algo sobre Mozart!...

–¿Mozart? ¿Sabéis ya algo sobre él?

–¡Ay! –contestó el muchacho–, sólo que era ya un músico famoso cuando todavía era un niño, que ya tocaba varios instrumentos y hacía melodías... bueno... que las componía: se dice así, ¿no es verdad?

–¿Y por eso os interesa a vosotros?

–También por eso. Pero a nosotros también nos interesan todos los otros grandes músicos. Por favor, escriba sobre todos ellos... cómo vivieron... si fueron niños como nosotros...

–O si fueron más inteligentes –dijo el muchacho mirando a la chiquilla de reojo.

–O más diligentes –replicó ésta rápida como una centella.

Pensativo, callé durante algunos instantes. El fuego ardía en la chimenea crepitando suavemente. Entonces volvieron a apremiar en mis oídos las voces de los niños:

–Por favor, ¿escribirá usted todo esto?

Continué pensativo.

–Para nosotros –añadió la pequeña y me miró con los ojos muy abiertos. Y de nuevo creí divisar tras ellos a una gran tropa de niños que querían saber algo sobre música y me gritaban: «¡Para nosotros!».

–Pero, niños –atiné a decir finalmente–, ¡ése sería todo un libro bien grueso!

1. Una visita extraña y una promesa precipitada

–¿Por qué no? –respondió la muchacha, y su voz tenía un alegre sonido, como si el asunto se hubiera decidido ya a su gusto–: ¿Podemos volver mañana?

–¿Mañana? ¿Para qué? –pregunté asombrado.

–Para recoger el libro.

Entonces tuve que echarme a reír. El muchacho miró a la niña con superioridad y le dijo:

–¿Pero qué te figuras? ¡Es imposible que el libro esté acabado antes de la próxima semana!

Estas palabras tampoco pudieron aminorar mi risa. ¡Un libro completo sobre tantas cuestiones musicales... en un día o en una semana!

—Entonces tendría yo que poder trabajar como Schubert o como Rossini, o como vuestro amigo Mozart —exclamé.

—¿Cómo? —preguntaron los niños con cara de perplejidad.

—Verdaderamente ellos podían componer y escribir grandes obras en horas, en días o en semanas...

Mientras hablaba, me pasó por la cabeza un pensamiento salvador. ¡Estos niños me habían dado una idea! Me apremiaban a algo que ya habría hecho gustoso hace tiempo. Nunca había sabido cómo hacerlo exactamente. ¡Y ahora lo sabía gracias a mis pequeños visitantes!

—¡Oídme! —les dije a ambos—: Mañana debéis volver por aquí...

—¿Mañana? —gritaron admirados y alegres.

—¡Sí, mañana y todos los días, pues precisamente ahora empiezan las vacaciones!

Sus ojos se iluminaron llenos de expectación.

—Y podéis traer a vuestros camaradas y amigos. Entonces hablaremos de todo lo que habéis citado y aún de muchas cosas más. Y después escribiremos todo lo que digamos y así se irá formando por sí mismo el libro que queréis. En cierto modo, debéis escribirlo vosotros: ¡de los niños para los niños!

Ahora resplandecieron los rostros de mis pequeños visitantes. Entonces torné a mostrarme pensativo, y los dos chiquillos me miraron algo sorprendidos.

—¡Oh, no! —les dije—, no os preocupéis; la idea me ha gustado tanto que ya ha empezado a trabajar en mi cabeza. Y seguramente dará vueltas y se transformará aún

1. Una visita extraña y una promesa precipitada

varias veces mientras la realizamos; esto es lo que ocurre con las ideas. Por ejemplo, pienso ahora que de la música no sólo se debe hablar. También hay que escucharla y hacerla uno mismo. Así pues, oiremos juntos mucha música. Y para ello no sólo recurriremos a los discos y a los magnetófonos, pues iremos allí donde se hace la música: a una sala de conciertos y a un teatro de ópera...

Me interrumpió un auténtico clamor de alegría; yo no sabía que dos niños podían producir tal ruido con sus gargantas. (Esta conversación tuvo lugar –creo conveniente aclararlo– en Sudamérica, donde vivo.) Y aún creció cuando proseguí:

–Iremos a una emisora de radio, a un estudio de televisión, a una fábrica de discos gramofónicos, y veremos también cómo se hace una película sonora... También podemos ir a un museo con instrumentos antiguos... y por último formaremos un coro y una orquesta infantiles... ¿De acuerdo?

¡Que si estaban de acuerdo! Estaban entusiasmados, y yo no lo estaba menos. Mi espíritu esbozaba planes para mis pequeños amigos con la celeridad del rayo. Yo sabía que volverían mañana, pasado mañana, todos los días. ¡Qué tiempo tan magnífico se presentaba ante nosotros! Y cuando mis visitantes se hubieron ido, aún estuve largo rato de pie ante la chimenea, que se apagaba lentamente, y oía cómo venían de la puerta del jardín sus alegres exclamaciones:

–...¡Y después escribiremos todo lo que digamos... y entonces ése será nuestro libro... el nuestro! ¡El libro sobre la música... para todos los niños!

2. Tío Enrique tira piedras en mi estanque

Al siguiente mediodía estaba otra vez sentado en mi estudio. No podía dejar de pensar en la experiencia del día anterior, en aquellos guapos niños que entraron tan recelosos y luego se marcharon como buenos amigos míos. ¿Acaso no habría sido sólo un sueño? Este encuentro había sido lo suficientemente extraño para ser verdad. Pregunté a Renzo si se acordaba; su vivo menear el rabo indudablemente significaba que sí se acordaba.

La víspera había continuado largo rato despierto y reflexionando sobre cómo podría cumplir aquella promesa tan precipitada. Entonces me vino a la cabeza un amigo que tendría que servirme de ayuda: un buen dibujante, que además era, como yo, amigo de todos los niños. Si el libro para los niños debía llegar realmente a tomar forma, entonces naturalmente tendría que ser provisto con muchas y muy bonitas ilustraciones. Así que inmediatamente descolgué el teléfono y marqué el número de mi amigo.

—¿Diga? —oí su voz a través del aparato, pero apenas pude reconocerla, pues sonaba gruñona, soñolienta y enfadada.

—¡Soy yo! —grité cada vez más animado ante la magnífica idea, y en seguida quise contarle todo lo que había pasado en mi casa pocas horas antes. Pero me interrumpió y me dijo en voz baja, al tiempo que se notaba que bostezaba:

—Mira el reloj antes de sacar a tus amigos de lo mejor del sueño...

Después ya sólo fue perceptible un ruido débil y regular... No cabía la menor duda, mi amigo había vuelto a dormirse. Fue entonces cuando miré por fin el reloj: eran casi las dos de la madrugada.

Pero aún me resultó imposible dormir. ¿Qué haría cuando a la tarde siguiente regresaran mis pequeños visitantes? ¿Por dónde empezar? Sí, por supuesto, tendría que empezar explicándoles qué es un sonido, una nota musical, un ruido; cómo nacen, cómo se expanden...

Mientras reflexionaba de esta manera, por primera vez caí en la cuenta de que la noche en modo alguno es completamente silenciosa. Quizá pudiera serlo en el campo; pero no, allí están siempre en animación las voces de la naturaleza, mil sonidos distintos: un arroyo, el viento en los árboles, los grillos, los pájaros, el trueno, la lluvia y muchos otros más que a menudo apenas podemos interpretar. Pero aquí, en la ciudad, no era posible advertir nada de una auténtica tranquilidad. Decidí hacer una prueba: me tumbaría cinco minutos para observar en silencio.

Primero oí el pitido de una locomotora que corría por la noche lejos de mi casa. Después, la llamada de un ave nocturna en un árbol de mi jardín. Luego, la voz de un segundo pájaro que parecía contestar al primero desde alguna distancia. Más tarde se cerró de golpe una puerta y dos personas hablaron mientras pasaban por delante de mi casa. En alguna parte maulló un gato. De repente se produjo un estruendo de ladridos en varios sitios casi al mismo tiempo. Cuando se redujo, algo crujió en el jardín; quizá fuera un ratón. Por fin pareció que entraba en casa el silencio. Entonces percibí el gotear del grifo de la cocina, pero me sentía demasiado perezoso para levantarme. Además, encontré que en ese gotear había algo de musical, una melodía que parecía repetirse siempre con las mismas características. En algún lugar, la bocina de un auto. El trotar de un caballo por el asfalto. Una ráfaga de viento, después la lluvia que comenzaba a caer suavemente. ¡Tantos sonidos, y cada uno distinto! ¿Cómo podría explicar a mis pequeños amigos la diversidad de los sonidos? Todos nacen de manera semejante, son llevados por el aire, suenan en nuestros oídos y son completamente distintos los unos de los otros: el uno, ruido; sonido, es decir, sonido musical, el otro. Miré el reloj. Habían transcurrido cuatro minutos desde que empezara mi experimento. En ese instante comenzó a sonar el cercano reloj de la torre, y el blando sonido de sus campanas, bien conocidas por mí desde hace tiempo, me trasladó dulcemente al sueño.

Y ahora estaba sentado otra vez ante mi escritorio y aguardaba las cosas que allí debían suceder. Reconozco abiertamente que no las tenía todas conmigo. Mi amigo,

2. Tío Enrique tira piedras en mi estanque

el dibujante, me consideró un chiflado cuando vino hoy temprano para ver lo que había pasado. Quería llamar al médico. Pues cuando alguien telefonea a las dos de la madrugada, en lugar de dormir, e inventa una historia tan increíble como esta de la visita de dos niños desconocidos que quieren tener un libro sobre música, entonces mi amigo ha de tener a tal hombre por enfermo o por no del todo normal. Preguntó a mi vieja ama de llaves, pero ella no había visto a los niños. Y Renzo, que sí los había visto y saludado, pese a su extraordinaria inteligencia no puede hablar o al menos no con lenguaje humano.

Volvió a abrirse la puerta aproximadamente a la misma hora de ayer. Mis dos pequeños visitantes estaban ante mí, pero esta vez mucho más decididos. Me tendieron sus manos y el muchacho se presentó con una elegante inclinación:

–Me llamo Juan, y mi hermana se llama Cristina.

Los saludé afectuoso aunque un tanto tímido, pues no tenía la menor idea sobre cómo comenzar el trabajo en el libro. Entonces Juan añadió:

–Mi hermana es todavía muy pequeña; tendrá usted que disculparla, siempre tiene que cogerlo todo...

Efectivamente, Cristina se había acercado a algunos instrumentos que estaban encima de mi mesa y sus dedos rozaron la piel del tambor y las cuerdas del violín. El tambor dejó oír un sordo zumbido, algo así como cuando gruñe un animal, pero el violín sonó claro y limpio. Cristina se alegró visiblemente con ese sonido.

–¿De dónde viene el sonido? –le pregunté, decidido a comenzar la enseñanza.

–Del cordón –contestó Cristina.

—De la cuerda —la corrigió inmediatamente su hermano.

—¿Y cómo nace? —continué.

Los niños reflexionaron. Ahora pellizqué yo mismo las cuerdas y los invité a una correcta observación.

—Las cuerdas se mueven —dijo Juan.

—Bien dicho, las cuerdas vibran. ¿Y qué sucede con el tambor? —pregunté y pasé los dedos sobre la tensada piel.

—La piel también se mueve —dijo el chico.

—Así es. Cada sonido nace del movimiento. Pero este movimiento no siempre es visible —tomé una flauta, la llevé a los labios y soplé. Se produjo un sonido, algunas notas, pero no pudo apreciarse movimiento alguno. Los niños me miraron interrogativamente.

—Todo cuerpo elástico vibra cuando es puesto en movimiento. Puede ser el aire, como ocurre con la flauta, o la piel de un tambor, la cuerda de un violín o de una guitarra, el metal de una campana o cualquier otra cosa...

Me detuve en seco. Después, continué:

—Estas vibraciones son parecidas a las de un péndulo. ¡Mirad ahí ese viejo reloj!

Los niños siguieron con la vista la dirección que indicaba mi mano, extendida. Vieron el alto reloj de péndo-

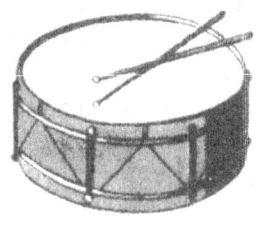

2. Tío Enrique tira piedras en mi estanque

la, que parecía como si se hubiera escapado de otra época. (Y así era en verdad, pues lo había heredado de mis abuelos.) Observaron el péndulo, que se movía lentamente hacia aquí y hacia allá. Pero se notaba que no comprendían bien lo que yo decía. La física no ha sido nunca mi lado fuerte, lo confieso. Creo que en ese momento mi rostro no parecía más inteligente que el de mis visitantes. Seguramente ésa era la causa de la risa que de repente sonó desde la puerta; allí estaba, quién sabe cuánto tiempo haría, mi tío Enrique. Ello era embarazoso para mí, ¡pues tío Enrique es ingeniero! ¡Precisamente tenía que venir en ese instante!

—Venid, niños —dijo—, fuera en el jardín hay un estanque, vamos a jugar un poco.

Yo estaba atónito. Cuando por fin seguí a los tres lentamente al jardín, vi a mi tío tirar una piedra en el estanque como si fuera un chiquillo. ¡Aquello era increíble!

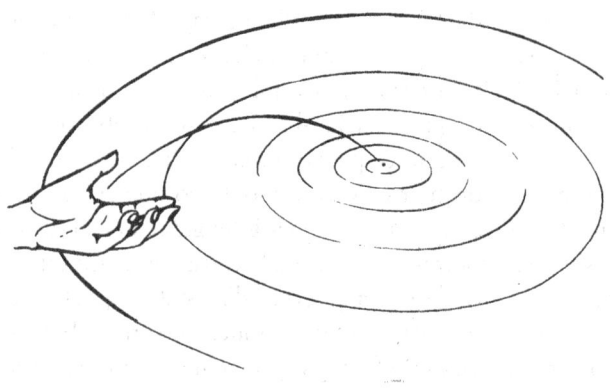

–¡Qué bonitas son las ondas! –exclamó Cristina muy contenta. Entonces tío Enrique cogió una piedra mayor y también la tiró en medio del agua.

–¡Observad atentamente las ondas! –dijo.

–Forman círculos –advirtió Juan.

–Y corren por todas partes –añadió Cristina.

–¿Y de dónde salen? –preguntó el tío.

–De allí, de donde cayó la piedra.

–Muy bien. ¿Y hasta dónde llegan las ondas?

–Las de la piedra pequeña no llegaron muy lejos; pero las de la grande, hasta la orilla –dijo el muchacho–, y se hacen más pequeñas y más débiles cuanto más lejos llegan.

–Se ve que se cansan –opinó Cristina, y todos reímos.

–¡Magnífico, niños! Ahí tenéis la explicación del sonido. La piedra que tiro al agua se corresponde con el golpe que doy a un cuerpo elástico. También nacen vibraciones en éste. Se comunican al aire circundante. Así se produ-

2. Tío Enrique tira piedras en mi estanque

cen las ondas sonoras que llegan a nuestro oído y nos proporcionan el sonido. Naturalmente, son invisibles...

—Lástima —dijo Cristina—. Sería muy bonito si se pudieran ver igual que las ondas en el agua...

—¡Entonces os sorprendería cuán lleno está siempre de ondas el aire! No sólo de sonidos que llegan a nuestros oídos...

—¿Luego hay también otros? —preguntó inmediatamente el inteligente Juan.

—Pues claro —contestó tío Enrique—, incluso hay muchos. Nuestro oído oye sólo una parte de los sonidos que hay en el mundo. Las vibraciones tienen medida, todo sonido posee su propio número de vibraciones, al igual que cada persona tiene sus propias huellas dactilares. Hay números de vibraciones muy bajos y muy altos que no percibe nuestro oído. Por decirlo así, pasan por delante...

—¿Alguna vez habéis visto cómo se adiestra a un perro policía? —me mezclé en la conversación—. ¿No? Su adiestrador, su profesor, sopla en un pito que a nosotros nos parece mudo, pues no oímos que de él salgan notas. Pero el perro oye su sonido a 200 o 300 metros de distancia y reacciona inmediatamente ante él...

—¿Así que oye sonidos que el hombre no percibe? —preguntó Juan.

—Sí, y seguramente nuestro universo está lleno de sonidos que el hombre aún no ha percibido nunca...

—¿Entonces no se podría...? —exploró Juan, quien por lo visto se interesaba por todo.

—Seguramente —opinó el tío—. Estamos en la época de los descubrimientos y hallazgos más atrevidos, y con seguridad alguna vez llegará a hacerse audible lo que suena en el espacio. Pero volvamos ahora a los sonidos que podemos percibir con nuestro solo oído. Seguramente hablabais de música, según pienso, y en la música sólo se utilizan éstos. Para las ondas sonoras también sirve todo lo que habéis observado en las ondas del agua. Cuando es mayor la fuerza por la que se producen, entonces también es más fuerte el sonido y más penetrante.

Tío Enrique sacó del bolsillo un pequeño despertador. Lo hizo sonar al tiempo que hacía que los niños se fueran alejando.

–¡Ahora suena mucho más débil! –gritaron desde el centro del jardín; y antes de que llegaran a su extremo dejaron de percibir el sonido, aunque continuaba naciendo del reloj con la misma fuerza que al principio.

Mientras los niños corrían de nuevo junto a nosotros, la campana de la iglesia hizo resonar su voz de bronce.

–El sonido se extiende por igual en todas direcciones... –dijo el tío.

–Sí, en el colegio oímos por todas partes la campana del recreo –interrumpió Juan.

–Sin duda. Pero tenemos que añadir: si no sopla viento.

–¿Cómo? ¿Qué hace el viento? –preguntó Cristina.

–Oh, el viento representa un papel muy importante. Frena el sonido cuando sopla en dirección contraria, y lo lleva con él cuando tiene la misma...

–Con viento norte oigo muy claro el tren, que pasa hacia el norte bastante lejos de aquí –añadí yo–, y no sólo las pitadas, sino a veces incluso el traqueteo de los vagones. Por el contrario, las campanas de la iglesia se oyen

2. Tío Enrique tira piedras en mi estanque

mucho más débiles, porque la iglesia nos queda al sur, y si el viento sopla del sur, entonces sucede al revés: se perciben las campanas con mucha claridad, pero al tren apenas se le oye o incluso nada en absoluto...

–Pero si el viento está en calma –prosiguió el tío–, entonces el sonido se expande en todas las direcciones con la misma fuerza. Salvo en un caso...

–¿En qué caso? –quisieron saber los niños.

–Pues salvo que haya un obstáculo en su camino, por ejemplo una montaña.

–¿Qué ocurre entonces? –preguntó Cristina.

–Lo mismo que con una pelota que rebota en una pared.

–¿Vuelve atrás?

–Naturalmente. ¿No habéis escuchado alguna vez el eco? Es el sonido devuelto por un obstáculo. Cuando decís algo contra una pared rocosa, entonces vuestras voces vuelven como eco.

–¿El eco no dice sólo el final de las frases? –quiso saber Juan.

–Oh, no. Pero sólo puedes escucharlo cuando tú mismo estás callado.

–Cristina, ¿te acuerdas aún de lo que papá gritaba siempre contra las peñas en la montaña? –dijo Juan volviéndose hacia su hermana.

–Sí, gritaba: ¿Quién es el alcalde de Wesel?

–Y el eco contestaba: «¡Burro!» –gritaron ambos niños al tiempo, y todos reímos*.

---

* El juego de palabras consiste en el parecido fonético de *Wesel* con *Esel* (burro, asno). *(N. del T.)*

–Pero aquí hay algo que no comprendo del todo –dijo Juan pensativo–. ¿Cómo es que el eco viene después?

–Así ha de ser, muchacho –exclamó tío Enrique–. Debéis preguntar siempre si algo no lo veis claro. Voy a mostrároslo inmediatamente. ¡Venid otra vez al estanque!

Entonces volvió a tirar una piedra al estanque. Se formaron ondas saliendo del lugar donde se había hundido la piedra, y corrieron hasta la orilla formando bonitos círculos regulares.

–¿Alcanzan las ondas la orilla en el momento de su nacimiento? –preguntó el tío.

–Por supuesto que no –contestaron los niños. Juan añadió–: Tardan algún tiempo, un par de segundos...

–Muy bien. Todo movimiento necesita tiempo. ¡Todo, incluso el más rápido! La ondas del agua emplean un par de segundos para extenderse. Lo mismo sucede con las ondas sonoras, aunque son mucho más rápidas que las acuáticas.

–¿Son tan rápidas como un auto? –preguntó Cristina.

–¿O como un avión? –se interesó su hermano.

–Las ondas sonoras son más rápidas que un auto. Vamos a hacer unos cálculos: la velocidad de propagación del sonido se eleva aproximadamente a 330 metros. Oscila un poco según la temperatura y la presión atmosférica –en el agua y en los cuerpos sólidos también es de otra manera–, pero aceptemos que sean 330 metros por segundo. Entonces, ¿cuántos serán por minuto? 330 multiplicado por 60... Esto da 198 kilómetros. Digamos que el sonido recorre en una hora alrededor de 1.200 kilómetros. Vosotros sabéis que ya hay aviones más rápidos y que vuelan a más de 1.200 kilómetros por hora.

2. Tío Enrique tira piedras en mi estanque

Por lo demás, esta velocidad del sonido se llama unidad de propagación. Hay aviones que vuelan una, dos y también hasta tres unidades, es decir, 1.200, 2.400 o 3.600 kilómetros a la hora. «Rompen la barrera del sonido», como se dice. Y efectivamente es como si hubiera en el aire un muro invisible: en el instante que los aviones sobrepasan el sonido, hay un estruendo como un trueno fuerte, que se llama «ruptura de la barrera del sonido». Pero dejemos las alturas de la técnica y volvamos a nuestras sencillas observaciones, que os aclararán las causas. Si disparo aquí un tiro, a una distancia de 1.000 metros, la detonación se oye tres segundos después, y tres segundos son ya un tiempo bastante largo.

–¡Ajá, por eso llega el eco después! –murmuró Juan, y el tío añadió:

–Exactamente, el sonido necesita tiempo para alcanzar el obstáculo, y después vuelve a emplear más para volver hasta nosotros. Creo que ahora podremos observar cuánto tiempo necesita el sonido para recorrer distancias más largas...

–¿Y eso? –preguntaron los niños y miraron en la dirección que les indicaba la mano de tío Enrique. Allí, en el cielo de mediodía, había unos grandes y negros nubarrones; apenas había comprendido yo lo que quería decir tío Enrique, cuando un rayo cruzó el horizonte.

–¡Atención! –gritó el tío y comenzó a contar en su reloj de pulsera los segundos que pasaban–: Uno..., dos..., tres... –Y cuando había llegado a contar nueve oímos el lejano retumbar del trueno.

–El rayo y el trueno se originan en el mismo instante. Sabéis que es la compensación de tensión entre nubes con carga distinta o entre nubes y tierra. Pero el rayo es mucho más rápido que el trueno, incomparablemente más rápido. El rayo corre, como toda luz y como la electricidad, a una velocidad fantástica, apenas imaginable para nosotros: ¡Deja atrás 300.000 kilómetros en un único segundo! ¡Es decir, recorre en un segundo una distancia siete veces mayor que una vuelta al mundo! Por eso el trueno no puede venir con él, pues en el mismo tiempo sólo ha recorrido unos 330 metros...

–¿Está lejos todavía la tormenta? –preguntó Juan, y el tío contestó:

–Tú mismo puedes calcularlo ahora. Decimos que el sonido corre 300 metros por segundo, y hemos contado nueve...

–¡Un momento! –exclamó Juan, y después calculó deprisa: 300 por 9 da 2.700. 2.700 metros, algo menos de 3 kilómetros.

A esa distancia de nosotros se encontraba el lugar donde se había producido el rayo y el trueno. Y entonces el muchacho planteó una pregunta muy inteligente:

–¿Viene también el rayo hasta nosotros en forma de ondas?

–Así es, Juan, como todo sonido, sólo que la forma de estas ondas es un poco distinta de las de las ondas en el agua; es más el presionarse y el chocar recíprocos de partículas pequeñísimas. Pero no sólo el trueno, es decir, el sonido, sino también el rayo, la luz, vienen hasta nosotros en forma de ondas.

–¿Tiene esto algo que ver con las ondas de la radio? –volvió a sorprendernos Juan con una pregunta juiciosa.

–Sin duda –dije–, un radioemisor radia ondas...

—Cortas, medias y largas... —completó Juan.

—Visitaremos una emisora de radio —repetí mi promesa de la víspera.

—¿Se ven allí las ondas? —preguntó Cristina.

—¡Pues claro que no! —la ilustró su hermano—. ¡Las ondas sonoras son invisibles!

—¡Así es! —confirmó el tío—. Y también las eléctricas; luego las ondas de radio, también.

—Lástima —dijo la chiquilla—. Las ondas en el agua eran tan bonitas...

—¡Alto! —exclamó el tío—, ¡ciertamente no es posible ver estas ondas, pero sí lo es fotografiarlas! Naturalmente no con una cámara corriente, que sólo fotografía lo que puede ver el ojo humano; pero se ha hallado un procedimiento bastante complicado con el que las ondas sonoras pueden llegar a hacerse visibles y ser registradas. Por ejemplo, se puede fotografiar el canto de un pájaro, el sonido de un violín, el repicar de las campanas, el canto y la voz del hombre. Este procedimiento fue el primer paso para algunas de vuestras diversiones favoritas: ¡para las películas sonoras y para la televisión!

En el celo de nuestra conversación no habíamos advertido que la tormenta se aproximaba deprisa. Mis pequeños amigos se despidieron a toda velocidad, para llegar a su casa todavía secos, y también tuvo que irse tío Enrique.

Y yo me senté ante el escritorio y, mientras caían las primeras gruesas gotas, soplaba el viento alrededor de mi casa y cada vez se hacían más violentos los truenos, transcribí todo lo que se había tratado esa tarde. ¡Era casi toda la acústica, la enseñanza del sonido! ¡Cuán fácil había sido... gracias al querido tío Enrique, que me había parecido un crío impertinente al principio, cuando tiraba piedras en mi estanque! Y no tenía otra cosa que hacer sino de alguna manera limitarme a transcribir. ¿Tendré siempre tanta suerte?

3. Una especie de examen (en el que se pueden hacer trampas) y otras cosas sobre la musicalidad y las propiedades de las notas

A la tarde siguiente estaba yo tocando el piano, cuando entraron mis pequeños amigos.

—¡Qué melodía tan bonita! —exclamó Juan, y cantó con voz clara lo que acababa de escuchar.

—¡Qué buen oído tienes! —dije en tono elogioso.

—Tiene buena memoria para todo —lo alabó su hermana.

—Tienes razón. Para retener melodías, hay que poseer ambas cosas, oído y memoria. Afortunadamente todos los niños las tienen, sólo que, como todas las aptitudes innatas, han de ser ejercidas para que así se fortalezcan.

—¿De verdad tienen todos los niños oído musical? —me preguntaron ambos un poco incrédulos.

—Naturalmente —afirmé—. Todos los hombres nacen con oído, es decir, con la aptitud para captar los sonidos más diversos y poder diferenciarlos bien. Y con voz, o sea, con las dos condiciones más importantes para la comprensión y el ejercicio de la música. Voz y oído nacen con nosotros como el ver, el andar, el sentir...

Se notaba que Cristina parecía no creerme del todo. Entonces hicimos en seguida un pequeño ejercicio, para convencerla. Pulsé en el piano una nota y la pequeña la repitió cantando. Después, otra nota, y a continuación una tercera. Ella las cantó al principio un poco tímida, pero después cada vez más segura. Luego ligué dos notas, después tres, y entonces toqué una breve sucesión de cuatro: Cristina no tuvo dificultades para retenerlas en su oído y cantarlas a continuación correctamente. Evidentemente, aquello incluso la alegró mucho. Entonces me preguntó su hermano, que había seguido atentamente el movimiento de mis manos sobre las teclas del piano:

—¿Por qué toca usted siempre en el centro del piano y no también una vez las teclas del extremo izquierdo o las del derecho?

—Esto es muy sencillo, Juan. Porque el instrumento que ha utilizado ahora Cristina todavía no posee muchas notas, y todas estas notas se encuentran aproximadamente en el centro de nuestro espacio sonoro.

—¿El instrumento? —preguntó la pequeña, confundida.

—La voz. Por supuesto, es también un instrumento e incluso el más bello de todos. Este instrumento, que nace con nosotros, crece también con nosotros. Al principio, cuando somos pequeños, abarca pocas notas, y después cada año alcanza algunas notas más sin darnos cuenta, hasta que ya somos adultos.

—¿Hasta que podemos cantar todas las notas del piano? —preguntó Juan.

3. Una especie de examen (en el que se pueden hacer trampas)...

–No, esto no. Una voz humana nunca puede llegar a tener una extensión musical tan grande como la del piano. De un cuarto a un tercio de estas notas –señalé hacia el teclado– es lo que se puede esperar de una voz ya desarrollada. Naturalmente, todas las voces no son iguales...

–Los hombres tienen otras voces que las mujeres –afirmó Juan.

–Sí, las mujeres voces más altas y los hombres más bajas. Y dentro de las voces masculinas las hay a su vez más altas y más bajas, como ocurre también con las femeninas. Todo esto juega lógicamente un papel importante en el canto.

–Y los niños, ¿qué voces tienen? –quiso saber Cristina.

–Pues voces infantiles –contestó su hermano.

–Suenan de manera parecida a las femeninas –aclaré antes de que Cristina pudiera darle a su hermano un golpe, enfadada por su respuesta, como podía advertirse que estaba–. Se mueven en la misma extensión, como se dice. Sólo cuando los niños llegan lentamente a ser adultos, entonces cambia la voz de los chicos...

–¿Sólo la de los chicos? –preguntó Cristina un poco decepcionada.

–Sí, se hace más baja, más masculina. Las chicas conservan su voz, aun cuando por supuesto su sonido también pierde el carácter infantil y llega a ser más adulto, más femenino... Pero reunidas todas las voces humanas, las altas, que llamamos agudas, y las bajas, que llamamos graves, ninguna alcanza tan gran extensión como alguno de nuestros instrumentos, sobre todo el piano y el órgano.

Ahora toqué toda la fila de teclas comenzando por el extremo izquierdo, donde sonaron muy graves, hasta el derecho, donde su sonido fue muy agudo y estridente.

Probablemente Cristina continuaba pensando en las notas que había cantado tan bien:

–¿Se es musical cuando se puede cantar algo correctamente?

–Es una prueba de ello, pero tengo que volver a decirte que todos los niños pueden llegar a conseguirlo si practican lo suficiente. Esto es lo que llamamos el oído musical, porque estas sucesiones de notas, por muy sencillas que sean, representan pequeñas melodías. También hay otros aspectos del oído: ¡por ejemplo, el sentido del ritmo!

Improvisé al piano una breve marcha. Juan y Cristina me acompañaron en seguida batiendo palmas. Cuando toqué más aprisa, entonces sus manos se movieron con mayor rapidez. Después, al tocar más despacio, me siguieron de la misma manera en el nuevo *tempo,* que es como llamamos a una velocidad musical. Después les hice marcar el paso al compás de la música, y tampoco esto les supuso ninguna dificultad. Tuve que prometerles que dentro de poco les pondría tareas más difíciles.

Durante el recorrido por la habitación, Cristina había terminado deteniéndose ante el piano y miraba su interior con los ojos muy abiertos. Mi piano era uno de los que se llaman de cola, y como la tapa estaba levantada, podía observarse bien el proceso de formación del sonido. Juan preguntó si mi piano de cola funcionaba como los pianos «corrientes» que él conocía. En el fondo, las notas se producen de la misma manera, sólo que el piano

3. Una especie de examen (en el que se pueden hacer trampas)...

de cola suena más fuerte y pleno, y por eso es utilizado especialmente en espacios más grandes y en conciertos. El muchacho también quiso saber de dónde venía ese extraño nombre: pues de que esta especie de pianos tiene un poco el aspecto de una gran ala de pájaro, ¿no es así?*. Antiguamente, además del piano «corriente» y el de cola, había una tercera forma: el llamado piano-jirafa. Los niños rieron cuando les hablé de esto, pero en seguida pudieron representarse cuál había sido el aspecto de este instrumento: con una caja alta, algo así como si el piano se hubiera extendido hacia lo alto en lugar de hacerlo horizontalmente. La forma de tocarlos es en todos ellos la misma: el pianista se sienta ante el teclado, que es como se denomina la fila de teclas blancas y negras, y toca en él. Y ahora Cristina podía observar perfectamente cómo llega a producirse un sonido por la procesión de los dedos sobre el teclado, ya que estaba abierta la gran tapa de la caja de mi piano de cola. Vio que la tecla que yo apretaba ponía en movimiento un martillito en el interior del piano, y este martillito golpeaba en una cuerda, y la cuerda sonaba. Atentamente comprobó que había allí muchas cuerdas, largas y cortas, gruesas y delgadas.

–¿Ves –le explicó con ahínco su hermano– cómo golpean los martillitos en las cuerdas? Pasa lo mismo que con las piedras en el estanque...

La pequeña no entendió inmediatamente lo que decía Juan, pero yo reforcé sus inteligentes palabras:

---

* Piano de cola es *Flügel,* en alemán. La traducción literal sería «piano de ala». *(N. del T.)*

Piano vertical

Piano de cola

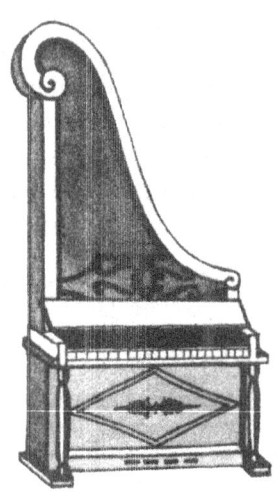

Piano jirafa

–Exacto. El golpe del martillo en la cuerda se corresponde con el golpear de la piedra en la superficie del agua. Y a causa de ambos se originan ondas, en el agua y en el aire, precisamente como también os lo explicó ayer tío Enrique...

Cristina miraba admirada el piano en toda su extensión.

–¿Por qué es tan largo su piano de cola? ¿Para qué tiene esa caja tan grande? ¿Y la tapa? ¿Así no le entra polvo?

–No sólo para eso. Sin la gran caja el sonido sería mucho más débil. La caja refuerza el sonido y hace que se le escuche durante más tiempo.

–¿Cómo? –preguntaron ambos muy admirados.

–Las vibraciones de las cuerdas, cuando llegan a ser golpeadas por los martillitos, se transmiten a la caja. Así ocurre con todos los instrumentos; necesitan un cuerpo de resonancia, precisamente una «caja de resonancia», como las llamamos. La caja de resonancia vibra, pues, con las cuerdas, refuerza su sonido. Pensad en el violín o en la guitarra. Aparte de las cuerdas, tienen un cuerpo, una caja, y sin él apenas podríamos llegar a percibir su sonido.

Cristina había descubierto otra novedad: encima de un montón de papel pautado que estaba junto al piano vio un tenedor de metal con dos grandes puntas. Este descubrimiento, que excitaba su curiosidad, me vino muy oportunamente.

–¿Es esto también un instrumento de música? –preguntó.

–No exactamente, pero se emplea para afinar correctamente todos los instrumentos. Cuando se le pone en

Diapasón

vibración, es decir, cuando se le golpea, este tenedor produce una única nota. Y ésta es la nota con la que se afinan todos los instrumentos. Es algo así como una medida. Así como todos los metros son iguales en todo el mundo, así se utilizan también en todas partes estas cosas, que suenan siempre igual. Las llamamos diapasones.

Cogí el diapasón y lo golpeé con cuidado contra el piano. Se percibió una nota suave, un zumbido. Los niños lo repitieron con sus voces.

—¿Por qué suena tan débil ese tenedor? —preguntó Cristina.

—Ah, eso se puede remediar —contesté, y golpeé de nuevo el diapasón y lo puse encima de la tapa del piano.

3. Una especie de examen (en el que se pueden hacer trampas)...

El sonido se reforzó inmediatamente y fue perceptible con claridad en toda la habitación. Los ojos de Cristina brillaban de contento.

—¿Viene esto de... de la resonancia, que nos ha explicado usted antes? —preguntó su hermano.

—Así es. Las vibraciones del diapasón no se transmiten ahora sólo al aire, sino también a este piano mucho más grande, y por esto el sonido llega a ser mucho más fuerte.

—¿Suena también más tiempo?

—Eso no es fácil de contestar. Hay sonidos que nuestro oído no percibe, bien sea porque son demasiado altos, demasiado bajos o demasiado débiles. Sin la resonancia, el sonido del diapasón llegaría a ser pronto tan débil que nuestro oído ya no podría advertirlo.

—¿Cómo es alto o bajo un sonido? —preguntó Cristina, que seguramente pensaba en las alturas de una montaña y en las profundidades del mar.

—Os lo voy a explicar. Cada nota y cada sonido tienen tres propiedades: la fuerza, la altura y el color...

—Lo de la fuerza, es sencillo —dijo Juan—, el sonido puede ser más fuerte o más débil, ¿no es verdad?

—Exacto —afirmé—, esto está claro. Tampoco es difícil de entender la segunda propiedad. ¡Escuchad una vez más con atención! —y volví a tocar la fila de teclas del piano desde la izquierda hasta la derecha.

Las primeras notas, que sonaron sordas, casi como zumbidos, eran las notas graves, expliqué. A cada tecla que golpeaba, el sonido iba haciéndose más claro o más alto, como yo lo llamaba. Hasta que al final, en el extremo derecho, se hizo como el piar de un pajarillo, así de fino y agudo.

–¿Puedes distinguir ahora las notas altas y bajas? –pregunté a Cristina–. ¡Intentémoslo otra vez!

Ahora toqué una tras la otra siempre dos notas, y los niños tenían que decirme cuál sonaba más alta, si la primera o la segunda. Ambos contestaron deprisa y con sorprendente exactitud, así que yo estaba sumamente asombrado.

–¿Habéis hecho ya alguna vez esto? –les pregunté admirado.

Denegaron con la cabeza, pero me dejó perplejo la expresión tan pícara de sus caras. Y entonces advertí la pequeña trampa que empleaban: miraban atentamente mis manos, y como ahora sabían muy bien que a la izquierda correspondían las notas graves y a la derecha las agudas, naturalmente «acertaban» siempre. Se rieron mucho cuando descubrí su truco. Para demostrarme que realmente no lo necesitaban en absoluto, se dieron la vuelta y me rogaron que repitiera el examen. Y se habían habituado de tal manera a distinguir las notas graves y las agudas, que su respuesta fue correcta sin acudir a la pequeña trampa.

–Ahora vamos con la tercera propiedad del sonido, el color o timbre –continué la lección–, que es la más difícil de entender. Suponed que escucháis la voz de una persona, sin verla, que está hablando; si la conocéis, seguramente reconoceréis su voz, ¿no es verdad? Así pasa con el teléfono: cuando os llama un amigo, ya sabéis quién es antes de que os diga su nombre sólo al oír su «¡Hola!» o su «¿Cómo estás?». Cuando escucháis la radio o en un disco una voz que ya habéis oído antes frecuentemente, la reconocéis de inmediato. Y eso es

3. Una especie de examen (en el que se pueden hacer trampas)...

así porque cada voz posee su propio color sonoro, su propio timbre, al igual que lo posee cada instrumento. ¡Escuchad otra vez!

Volví a golpear el diapasón, toqué en el piano la misma nota y finalmente hice lo mismo con el violín. Indudablemente, se trataba siempre de la misma nota, pero se distinguían con claridad sus tres tipos de sonido. Después canté la misma nota e hice que la cantara Juan y tras él Cristina. Ahora resultaba que la misma nota había sonado seis veces, pero cada una de ellas de manera distinta. Esto era obra del timbre. Cada instrumento tiene su propio timbre. La flauta suena de otra manera que el clarinete, la trompeta de otro modo que el trombón. Justamente ahí reside la riqueza del juego conjunto de muchos instrumentos distintos, es decir, de una orquesta. Así se lo expliqué a mis pequeños amigos todo lo bien que pude.

–¿Pero de dónde vienen esos timbres? ¿Por qué cada instrumento suena de una manera y por qué también cada voz? –me preguntó el agudo Juan.

El caso es que no era fácil dar cumplida respuesta, pero había que intentarlo:

–El sonido es algo muy complicado. Si consistiera sólo en una única nota, entonces sería muy sencillo. Pero en realidad no existe la nota pura, el sonido simple. O mejor dicho: no lo había antes de que se pudiera producir música con ayuda de aparatos electrónicos. Todos los restantes sonidos son «complejos»; constan de una nota básica y de numerosas notas concomitantes, es decir, que de alguna manera acompañan a la nota básica y representan ramificaciones suyas. Han sido descubiertas y calculadas relativamente tarde, entre los siglos XVI y XVII de nuestra era. Y aparte de estas notas o sonidos concomitantes, hay también las notas llamadas «combinatorias», como algún día aprenderéis al estudiar Física. En pocas palabras, lo que percibimos como sonido es una impresión compleja que ciertamente nuestro oído oye como unidad, pero que en realidad consta de distintas notas, que se mezclan. Esto recuerda un poco a los colores: tampoco ellos son en ningún caso unitarios y uniformes, sino complejos, y se mezclan allí muchas impresiones para darnos la idea de un único color. Así ocurre con los sonidos. Cuando pulso una tecla en el piano, vibra la cuerda que le pertenece, pero no sólo en toda su longitud; también se producen vibraciones en cada una de sus partes, y de todas ellas resulta cada nota. Y todas estas notas nos proporcionan la impresión del sonido que llega a nuestro oído y es comprendido por éste como unidad. Así pues, cada instrumento produce otras combinaciones de nota básica o tónica y notas concomitantes, y cada vez deja que oigamos más o menos de estas últimas, de manera que el sonido conjunto resultante es siempre diferente. Pero vamos a profundizar demasiado en la Física; tendréis tiempo para ello cuando seáis mayores. Ahora, sólo un par de indicaciones: el material de que está hecho un instrumento y las dimensiones del espacio de resonancia juegan también su papel... Mas no quiero que nos compliquemos demasiado: la forma de la caja de resonancia de un violín o de un piano influye en su sonido. Y así sucede también con la voz humana: antes de que mane libre por la boca, nuestra voz suena en un montón de órganos, en la faringe, en la cavidad nasal, en los senos frontales. Y como estos órganos están hechos un

3. Una especie de examen (en el que se pueden hacer trampas)...

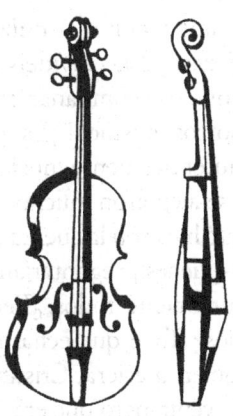

Caja de resonancia del violín
de frente y de perfil

poquito distintos en cada persona, entonces tenemos distintos timbres en la voz... Pero ya basta con todo esto; es verdaderamente interesante, pero aún resulta un poco difícil para vosotros. Y además quisiera deciros ante todo que estos conocimientos son realmente importantes para el músico, pero no para el oyente, para el aficionado a la música. Y esto es lo que vosotros debéis llegar a ser en primer lugar...

Con estas palabras me volví de nuevo al piano y empecé a tocar diversas melodías. Apoyados en el piano, mis invitados escucharon con la alegría reflejada en el rostro.

–¿Os gusta oír música? –les pregunté mientras tocaba.

–¡Oh, sí, mucho! –exclamaron.

–Estupendo, debéis oír música siempre que encontréis tiempo para ello. Y si así lo queréis, podéis transcribir después vuestras impresiones o quizá dibujarlas en el caso de ciertas piezas. ¡Y no olvidéis que un día formaremos un coro y que os acompañaréis con instrumentos tocados por vosotros mismos! ¡Es decir, formaremos una agrupación auténticamente musical!

Juan y Cristina se alegraron mucho ante esta perspectiva. Inmediatamente hicieron la cuenta de sus amigos y deliberaron sobre a quiénes preguntarían. ¿Podrían ser chicos o chicas? Naturalmente, todos. ¿Pequeños o mayores? ¿Rubios o morenos? Tuve que echarme a reír. Contesté que debía venir quien quisiera. Cristina dijo que una de sus amigas querría venir, pero que era terriblemente poco musical. Entonces denegué con la cabeza.

–¡Ya os he explicado que no hay tal cosa! Todos los niños vienen al mundo con oído y voz, luego son musicales...

Ambos continuaban mirándome con un poco de incredulidad; seguramente en la escuela habían tenido otras experiencias.

–Pero hay niños que cantan bien y otros que no pueden –explicaron.

–Hay niños que corren muy bien y otros que son menos rápidos, ¿no es verdad? Y niños que al hablar forman las frases mejor que otros, ¿no es así? Pues, naturalmente, también hay diferencias al cantar. Pero todos los niños pueden andar y correr, ¿no es cierto? Y cuando un niño no puede cantar, la mayoría de las veces es porque nadie se ha tomado lo bastante la molestia de enseñarle. ¡Pensad en cuántas semanas y meses necesita un niño para aprender a andar, y en cuánto tiempo pasa hasta que puede hablar correctamente! Mas cuando el niño no canta bien en seguida, mucha gente lo tiene por negado para la música. ¡Qué disparate! Hasta el niño más chico da muestra de alegrarse con la música...

—Sí —interrumpió Cristina—, ¡nuestro hermano pequeño oye ya música muy a gusto!

—¡Y sólo tiene un año! —añadió Juan—. Cuando llora, mamá le canta algo, y entonces se calma en seguida y parece escuchar con los ojos muy abiertos y llenos de curiosidad.

—Sí, así es —continué—. Muchos padres se me han quejado de que su hijo es poco musical, que no tiene voz ni oído. Y después se han asombrado enormemente cuando su hijo, pocas semanas después, ha podido cantar en mi casa, en mi coro, perfectamente y con gran alegría.

—¿Cómo lo hace usted? —preguntó Cristina un tanto anhelosa.

—Pues, muy sencillo. Piensa. Si debes enseñar a andar a tu hermanito, ¿cómo lo haces? ¿Comienzas intentando que suba las escaleras o que salte?

—¡Claro que no! —gritó Cristina enfadada.

—¿Entonces cómo lo haces?

—Pues... despacio... un pasito detrás del otro.

—Muy bien. Eso mismo ha de hacerse con la música, comenzar con una o pocas notas y después —como tú dices— despacio..., siempre un paso detrás del otro. Tres notas, después cuatro, luego cinco...

—¿Tal como lo hemos hecho hoy? —preguntó la pequeña.

—Sí, de manera parecida, sólo que mucho más despacio, especialmente cuando el niño es todavía pequeño. Así se puede desarrollar en todos los niños la musicalidad innata, incluso en los que sólo tienen dos o tres años. Aprenden a retener sucesiones de notas y a entonarlas, pueden cantar en coros y reciben una gran alegría con la música, que es lo principal. Naturalmente no todos alcanzan –¿cómo lo diría?– una musicalidad superior, al igual que no todos los niños son capaces de llegar a ser maestros en carreras de velocidad aunque puedan andar, o grandes oradores, aun cuando hayan aprendido a hablar perfectamente...

–¿Qué es eso de la musicalidad superior?

–Es la capacidad para avanzar lejos en el tocar un instrumento o en el cantar. O quizá en llegar a ser director de orquesta o incluso compositor...

–¿Son ésas las personas que hacen las melodías y las piezas musicales? ¿Son ésos los artistas? –preguntó Juan muy interesado.

–He aquí una pregunta muy difícil, mi querido Juan. Fíjate en las casas de nuestra ciudad; para cada una el constructor, un arquitecto, ha hecho unos planos tal como aprendió a hacer en la universidad. Pero si sólo edifica como aprendió, entonces quizá resulte una casa buena y normal, pero no extraordinaria. Si tiene ideas propias, entonces resultará una casa especial, incluso quizá una muy bonita y hasta maravillosa. Así sucede también con la música. Se aprende a escribir melodías en grandes escuelas, llamadas academias o conservatorios. Hay mucha gente que puede escribir piezas musicales, porque ha aprendido a hacerlo. Ciertamente son compositores, pues esta palabra procede del latín, donde no significa nada más que «poner juntos» –es decir, poner juntos notas, sonidos–, pero yo no los llamaría artistas. Pues este nombre sólo sirve para quien puede producir algo extraordinario según ideas propias...

3. Una especie de examen (en el que se pueden hacer trampas)...

—¿Luego también puede ser artista un arquitecto? —dijo pensativo Juan.

—Por supuesto. Y no sólo el arquitecto y el músico. Toda persona que pueda producir algo extraordinariamente bueno y bello, tiene en sí algo de artista. Pero en general esta palabra se utiliza sólo allí donde se trata de arte o de artes en sentido propio, como por ejemplo la música. O como... Vamos a ver, ¿qué pertenece también a las artes?

—La pintura —respondió inmediatamente Juan—. La poesía..., la danza..., la escultura...

—¡Muy bien! ¡Ya sabes una multitud de cosas, Juan!

—Por favor, dígame —aún podía verse en su rostro una duda—, ¿entonces fue Mozart ya de niño un artista?

—Mozart fue algo muy, muy raro: fue un genio. Así se llama a los hombres que producen las cosas más grandes de la humanidad, los que piensan los pensamientos más profundos. Pueden ser hombres de Estado, inventores, pensadores, artistas. Voy a intentar hacer una comparación: en una mina hay muchísimas piedras, la mayoría son piedras corrientes, pero puede suceder que haya una serie de ésas que contenga plata; si se busca con mucha paciencia, a lo mejor hasta encontramos las que tienen vetas de oro; y si se tiene mucha, muchísima suerte, aún podemos tropezar con algo rarísimo, con una pequeña cantidad de platino, el más precioso de todos los metales. Bien, las piedras corrientes de la mina son las personas de la musicalidad corriente y normal. Las que tienen plata corresponden a los hombres con musicalidad superior. Las raras vetas de oro, ésos son los artistas. Y el platino..., ésos son los genios.

–¡Oh, qué lindo! –exclamó Cristina–. ¿Escribirá usted todo eso para nuestro libro?

–Bueno, si os gusta a vosotros, quizá guste también a los otros niños –expresé mi opinión.

Cuando me dejaron mis pequeños amigos, ya estaban encendidas las luces de la calle. Juan se fue tarareando con claridad una de las melodías que yo había tocado al piano.

4. Un paseo dominical y una conversación sobre cosas importantes

El día siguiente fue un domingo muy hermoso. Durante el paseo por el parque con mi perro oí las alegres voces de mis pequeños amigos, que me saludaban desde lejos. Con ellos venía una chiquilla, una amiga de Cristina, que se llamaba Elsa.

–¿Me acompañaréis un poco? –pregunté a los niños, que estuvieron de acuerdo.

–Hoy hemos escuchado en la iglesia música muy bonita –contó Juan.

–¡Y en la plaza tocó una banda! –exclamó Cristina.

–Hoy hay música por todas partes –añadió Elsa–, vi a unos niños que jugaban cantando.

–Sí, la música nos acompaña durante toda la vida, y así ocurre desde tiempos remotos –comencé a contar.

–¿Ha habido siempre música? –quiso saber Juan.

–Seguramente. Yo creo que los primeros hombres sobre la tierra ya conocieron la música, pues ya tuvieron el instrumento de la voz. Pero cómo haya podido sonar en aquel entonces la música, de eso no sabemos nada. En aquel tiempo los hombres tenían sólo unas pocas palabras, para el sol y la luna, para la montaña, el árbol y el río, para el padre y la madre, para animales y plantas, para el fuego y el cielo... Y precisamente por eso necesitaban de la música, porque no podían expresar con palabras sus sentimientos. Y así sucede hoy todavía: de ninguna otra manera podemos expresar mejor los sentimientos sino con música. Alegría y tristeza, amor y fe... ¿Pero sabéis que estamos hablando sobre algo realmente difícil..., sobre los orígenes de la música?

Los tres niños me miraban expectantes. Ni una sola vez Cristina había preguntado ¿por qué? o ¿cómo?, según solía hacer.

–Sí, la música viene de la alegría y de la tristeza, del amor y del trabajo, de la fe y de la danza. Éstas son cosas bien distintas, ¿no es verdad? Pero es así. Cuando estamos alegres, entonces cantamos. Todas las fiestas alegres van acompañadas de música. Éste era el caso ya en los primeros tiempos. Cuando la caza o la pesca eran abundantes, cuando nacían niños en las aldeas, cuando una tribu conseguía una victoria sobre sus enemigos, cuando detrás del frío invierno venía la primavera, entonces la alegría reinante se expresaba en el canto. Pero la tristeza también ha empujado a los hombres frecuentemente hacia la música: la nostalgia de la patria lejana, de la que hubo que partir, o la muerte de una persona querida. Y también he mencionado el amor: ¿No cantan vuestras mamás a vuestros hermanitos mientras se duermen? Todas las madres en todo el mundo tienen tales canciones, de cuna, cada una en su idioma, cada una con su melodía, pero todas llenas de amor. Y ya en los tiempos antiguos el mozo cantaba a su novia una bella canción. Mas quizá os haya parecido extraño que después se haya hablado del trabajo como fuente de la música. Bien, hace ya mucho tiempo los hombres descubrieron que la mú-

sica podía aliviarles una tarea pesada. Con seguridad vosotros mismos ya habréis advertido cuánto más fácil resulta el marchar si se sigue a una banda militar o se canta una canción de marcha. Antiguamente los herreros cantaban cuando golpeaban en el yunque, los zapateros marcaban el compás con su martillo, y lo mismo hacían los campesinos. ¿Habéis oído hablar de los famosos remolcadores del Volga? Eran los hombres que en el poderoso curso del Volga, en Rusia, tiraban desde la orilla de los cables que hacían ir a las pesadas embarcaciones contra la corriente; para ayudarse cantaron durante siglos una canción que tenía precisamente el lento y pesado ritmo de sus pasos. La canción los distraía del esfuerzo físico, y así se cansaban mucho menos que si no tuvieran ese canto. En consecuencia, el trabajo tiene también muchísimas relaciones con la música. Y después os he mencionado la fe, las creencias. Juan nos hablaba hace un momento de la música tan bonita que oyó en la iglesia. Todos los pueblos cantan canciones a su Dios, y así ha ocurrido siempre. Muchos pueblos antiguos consideraban la música como un regalo de Dios a los hombres, y por ello se lo agradecían con canciones, le imploraban con cantos, ensalzaban con música su poder y su gloria. Y finalmente, la danza: sin música apenas podemos representarnos la danza, ¿no es cierto? Tan grande y tan ancha es la tierra, y sin embargo no hay un solo pueblo que no conozca el baile y la música de danza.

Después continuamos paseando en silencio por el parque, bonito y soleado. Los niños tenían la cara seria, y esto no me pareció lo más adecuado para pasar una mañana divertida. ¡Seguramente yo había hablado demasiado y con excesiva gravedad! Así que continué en otro tono:

–Sí, aun cuando todos los pueblos conocen y aman la música, sus concepciones de ella son completamente distintas. Lo que le gusta a uno, puede hallarlo odioso el otro. Hace algunos años un príncipe de un lugar muy lejano vino a una ciudad europea, y una orquesta dio en su honor un concierto. Después se le preguntó qué era lo que le había gustado más. «El comienzo», contestó, y se creyó que se refería a la primera pieza. Pero entonces

4. Un paseo dominical y una conversación sobre cosas importantes

aclaró que lo que más le había gustado era lo que había sonado antes de la primera pieza. ¡Antes de la primera pieza los músicos habían afinado sus instrumentos, como tienen que hacerlo siempre antes de un concierto! Cada uno de ellos toca un par de notas; el uno aprieta más una cuerda, para que así suene más alta, y el otro la afloja, para que su sonido sea más grave: en resumen, allí domina un barullo regular. ¡Mas justamente esto es lo que le había gustado al príncipe!

–¿Para qué afinan los músicos sus instrumentos? –preguntó Cristina.

Juan se echó a reír. Pero yo no encontré su pregunta tonta en ningún caso. Sí, ¿para qué se afinan los instrumentos antes de utilizarlos? O: ¿se afinan todos los instrumentos antes de tocarlos? Ahora Juan también cayó en la cuenta de que nunca se había hecho esta pregunta. Naturalmente, no se afina un piano cada vez que va a ser utilizado; pero antes de todo concierto importante es afinado incluso por un afinador de pianos, no por el pianista, como llamamos a quien lo toca. Un órgano tiene que ser afinado sólo muy de vez en cuando, y esta tarea no es sencilla en modo alguno; sólo puede realizarla un técnico. Pero, volviendo a la pregunta de Cristina, se afina un instrumento para que suene «correctamente». Si no suena correctamente, entonces está «desafinado». Cristina volvió a reírse cuando dije esto. Su madre decía a veces de su abuelo que estaba desafinado. Todos reímos. Además, ¿quién sabe si la desafinación del abuelo no tendría algo que ver con la desafinación de que hablábamos? También había en él algo que no se «afinaba» como debiera, y entonces se mostraba irritado, de mal humor, es decir, desafinado. Un instrumento está desafinado cuando sus notas no corresponden con toda pureza al sonido que se espera de ellas. Y por esto, antes de un concierto, las orquestas tienen que afinarse largo rato, dije yo...

–¡Hasta que todo esté acorde! –interrumpió Juan.

–¡Eso es! –confirmé yo*. Y entonces se me ocurrió que también este «¡Eso es!» significa un «estar conforme». Así el sonido de todos los instrumentos es puesto en conformidad, en concordancia. Esto no es tan fácil como se cree, pero en todo caso es absolutamente necesario para que todo «suene bien». Los niños asintieron con la cabeza. Lo habían entendido perfectamente.

–¿Ha viajado usted mucho? –interrumpió Juan.

–Efectivamente, viajo mucho –contesté– y en todas partes me he ocupado con la música de los distintos pueblos. ¡Existen las cosas más raras! Vamos a ver, cuando estáis enfermos vuestros padres llaman al médico, ¿no es así? ¿Y qué hace él?

–Toma el pulso..., mira la lengua..., receta medicinas o inyecciones... –respondieron sorprendidos los niños. ¿Qué tenía que ver esto con la música?

–¿Nunca se le ha ocurrido al médico tocar una flauta cuando estáis en la cama?

Los niños rieron a carcajadas, pero yo permanecí serio y continué así:

–¡Os reís, pero esto lo he visto una vez con mis propios ojos! Sucedió en un lejano valle de Bolivia, donde

---

* El autor hace aquí un juego de palabras con el verbo *stimmen,* que significa afinar y a la vez se emplea en frases hechas coloquiales que expresan conformidad o su negación, según los casos. *(N. del T.)*

4. Un paseo dominical y una conversación sobre cosas importantes

sólo vivían indios. El brujo de la tribu vino a visitar a una chica, que yacía inconsciente desde hacía tiempo y parecía estar muy mal. Se acurrucó al lado de su lecho y durante horas tocó en su caramillo la misma sencilla y errabunda melodía...

—¿Y la chica se puso buena? —preguntaron expectantes los niños.

—Sí, se curó. Desde entonces he pensado mucho sobre ello. Nuestros médicos siempre procuran sanar nuestros cuerpos, pero a menudo olvidan que también pueden estar enfermos el alma o el espíritu y que nuestro cuerpo depende en gran medida del espíritu o del alma. La música tiene una fuerte influencia sobre nuestra alma, sobre nuestro espíritu, y así dio a aquella niña enferma fuerzas para luchar contra la enfermedad, lo que muchas veces es más importante que la medicación. Para estos hombres sencillos la música significa mucho más que para nosotros, los hombres de la civilización moderna. En nuestras ciudades frecuentemente la consideramos un mero pasatiempo, en tanto que para esos hombres es una auténtica necesidad vital. Siempre pienso que los hombres serían más felices si cantaran más...

—¡Y también estarían más sanos! —me interrumpió un señor que pareció habernos seguido y escuchado durante cierto tiempo.

Los niños nos miraron asombrados. ¿Quién era este señor y qué tenía que ver la música con la salud? Entonces aquel señor se volvió hacia los niños y les preguntó:

—Habéis hablado de cosas muy interesantes, ¿pero sabéis lo que ocurre en vuestro cuerpo y en vuestra garganta cuando cantáis?

—Quiero explicárselo a mis pequeños amigos uno de estos días —repliqué a nuestro interlocutor.

—Si quieres, tendré mucho gusto en ayudarte —dijo el médico—. ¡Tengo un par de estupendos aparatos donde puede observarse todo esto a las mil maravillas!

Acepté esta invitación con sumo agrado. Mi amigo es un doctor muy conocido, un otorrinolaringólogo, es decir, un especialista de garganta, nariz y oído, justamente esas partes del cuerpo que tan importantes son para la música. También recordé con qué precisión tío Enrique había explicado a los niños la acústica, de manera que después de sus explicaciones no tuve más que hacer sino transcribirlas. En consecuencia, prometimos al doctor que al día siguiente iríamos a su consulta. Después, nos separamos a toda prisa, pues ya era la hora de comer.

5. Niños sanos van al médico, y por qué los perros no pueden hablar

El lunes a primera hora de la tarde se presentaron en mi casa los tres niños. Todavía era temprano y yo había acabado de comer hacía muy poco. A mi lado estaba sentado mi perro Renzo, que siempre me hace compañía.

–¿Por qué los perros no pueden hablar, si son tan inteligentes? –preguntó Elsa sumiéndose en una gran confusión.

Sí, ¿por qué no? Renzo era el perro más inteligente del mundo, y todos los propietarios de perros pensarían lógicamente lo mismo de los suyos. Así pues, ¿por qué no podía hablar Renzo? ¿Había oído la explicación en mis años escolares? Si era así, la había olvidado totalmente. Contesté, por tanto, con precaución:

–Esto nos lo aclarará mucho mejor mi amigo, el doctor. Me parece que ya nos estará esperando. ¡Pongámonos en marcha!

La casa del médico quedaba próxima. Nos recibió muy amistoso en su sala de consulta, donde había multitud de aparatos a cual más raro.

–Es estupendo ir al médico cuando no se está enfermo –comentó Juan.

Y Elsa repitió en seguida su pregunta cargada de curiosidad:

–¿Por qué los perros no pueden hablar?

El médico se echó a reír, pero no se asustó ante la cuestión, pues obviamente la conocía:

–Ningún animal puede pronunciar palabras o cantarlas, no puede articularlas, como decimos nosotros, pues sus labios o cuerdas vocales están formados de manera distinta a los del hombre, que tiene el privilegio de hablar.

–¿Qué son los labios vocales? –preguntó Juan.

–Tienes razón al preguntármelo. Con toda seguridad ya habréis oído hablar de las cuerdas vocales, respondió el doctor, pero este importante órgano de nuestro cuerpo, de nuestra garganta, tiene más bien la forma de labios y también se mueve como ellos. Por esto los laringólogos hablamos de «labios vocales».

–¿Qué... cómo? –preguntó Cristina sumamente desconcertada. Todos reímos.

–Ésta es la palabra –un extranjerismo, como se dice– que empleamos para nuestra especialidad –explicó el médico sonriendo–. En nuestro idioma decimos: especialista en la nariz, garganta y oídos. Pero primeramente veamos cómo habla y canta el ser humano. ¿Con qué lo hace?

–Con la boca –opinó Cristina.

5. Niños sanos van al médico, y por qué los perros no pueden hablar

–Con la garganta –dijo Elsa.
–Con el aire –se hizo escuchar Juan.
–Tres respuestas distintas, y las tres son correctas –dijo el médico– pero ninguna de ellas en sí misma, sino las tres juntas. Veamos ahora cómo trabajan juntos el aire, la garganta y la boca. ¿Cómo viene el aire a nuestro cuerpo?
–¡Por la respiración! –exclamó rápido Juan.
–Y ésta consta de dos movimientos...
–Aspirar y espirar –añadió el muchacho...
–Exacto –ratificó el médico–. Al aspirar llega aire a nuestro cuerpo... ¡Vamos a verlo en seguida! Nos indicó un gran aparato e invitó a Cristina a meterse de pie en él. La pequeña tenía un poco de miedo, pero su hermano rió y el doctor la tranquilizó:
–Esto es sólo un aparato de Röntgen o de rayos X, con el que se puede ver a través del cuerpo y observar lo que sucede dentro de él. ¡No hace daño!*.
Ahora la pequeña recuperó su valor y se colocó como el doctor había deseado. Una enfermera corrió mientras tanto las cortinas y encendió la luz. Poco después se apagó ésta, y cuando estábamos expectantes a oscuras en la habitación, volvió a encenderse una luz: un rectángulo luminoso que el médico tenía entre las manos y se movía lentamente de aquí para allá por delante del pecho de Cristina.
–¿Veis la línea oscura? –preguntó el doctor–. Es la espina dorsal de Cristina, y esas manchas claras a ambos

---

* Esta última afirmación es relativa. Toda exposición a las radiaciones Röntgen es peligrosa, y hoy se procura que niños y adultos se expongan a ellas sólo cuando es médicamente imprescindible. *(N. del T.)*

lados son sus pulmones. Funcionan un poco como esponjas que se empapan de agua. Así los pulmones se «empapan» o se llenan de aire cuando aspiramos. Atenta ahora, Cristina, aspira despacio..., tan profundamente como puedas..., y ahora espira otra vez...

Pudimos observar muy bien cómo los pulmones crecían significativamente durante la aspiración y cómo volvían a empequeñecerse duranta la espiración.

–Bien –dijo el médico pasados unos instantes y apagó el aparato de rayos X, que de nuevo adoptó su habitual aspecto de ventana mate, en tanto la enfermera volvía a conectar la luz eléctrica de la habitación–. ¡Has respirado muy bien, Cristina!

–¿Acaso no respiran igual todas las personas? –preguntó Juan muy admirado.

–Por desgracia, no. La mayoría de las personas respira incluso muy mal y no sospecha qué daño se sigue de ello a su cuerpo y a su salud. La gente se toma el respirar como la cosa más natural del mundo...

–¿Y no es así? –nos sorprendió la pregunta de Juan.

–En los orígenes, por supuesto. Pero en la civilización moderna el hombre olvida ciertas funciones cuyo correcto desarrollo es vitalmente necesario. El hombre de la ciudad ha dejado de utilizar los músculos de sus piernas en paseos largos, y a causa de ello sufren distintos órganos del cuerpo. Y el estar mucho rato sentados, doblados o inclinados –en la oficina, en el coche, ante la televisión– nos quita el hábito de la correcta y profunda respiración. Muchas personas se preocupan del comer y del dormir, pero no del respirar, ¡y precisamente esto es de extraordinaria importancia para nuestro organismo! ¡Del respirar depende el buen funcionamiento conjunto de muchos de los órganos internos de nuestro cuerpo, quizá el de todos! Por lo general, las personas respiran superficialmente, es decir, poco profundo; su caja torácica apenas se mueve, y su diafragma, todavía menos: y justamente esto sería importante. Así, sólo se llena de aire una pequeña parte de los pulmones y el resto permanece inactivo. ¿Qué sucede con un motor del que siempre funciona sólo una pequeña parte? El motor...

–¡... Se calcina! –interrumpió Juan, y el doctor asintió contento.

–Sí, se calcina. Nuestros pulmones no se calcinan, pues no están hechos de hierro; pero se debilitan y se tornan propensos a las enfermedades. Y su rendimiento disminuido debilita a todo el cuerpo. Precisamente para nosotros, los hombres de la ciudad, sería muy conveniente realizar a diario ejercicios de respiración, es decir, respirar correctamente; pero por desgracia la contaminación atmosférica ha llegado a ser tan grande en las grandes ciudades industriales y por culpa de los coches, que también hay que tener cuidado con esto. El ideal sería salir a campo libre tan a menudo como se pudiera, ante todo al bosque, y respirar allí profundamente para limpiar bien los pulmones, para hincharlos con aire fresco y hacerlos de nuevo resistentes para la vida en la ciudad, desdichadamente devenida tan insana.

Los niños comenzaron inmediatamente a respirar hondo, tal como lo habían entendido: Juan movía a empujones los hombros hacia arriba, Elsa hinchaba el cuello y

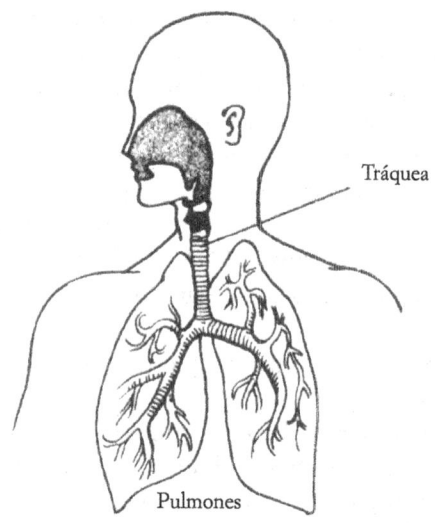

Conductos del aire en el cuerpo humano

Cristina tragaba el aire como un pez que ha sido sacado del agua.

–¡Oh, no, deteneos, no es así! –gritó el doctor–. Tenemos que aprender a hacerlo correctamente. La primera regla dice: sin ningún esfuerzo. La segunda: ¡si es posible, siempre por la nariz!

–¿Por qué? –quiso saber Cristina.

–Es fácil de comprender. ¿Sabéis qué temperatura hace hoy?

–15°, ha dicho la radio –contestó Juan.

–¿Y cuántos grados tiene vuestro cuerpo? –prosiguió el doctor. Los niños callaron.

5. Niños sanos van al médico, y por qué los perros no pueden hablar

–¿Nunca habéis medido vuestra temperatura cuando estáis enfermos?

–¿40? –preguntó Juan algo titubeante.

–No, con 40° tendrías fiebre alta. La persona que está sana tiene una temperatura corporal un poco por debajo de los 37°. En consecuencia, entre los 15° de la atmósfera y vuestros 37° hay una diferencia bastante grande, que en los días de invierno aún llega a ser mayor: a veces puede llegar a 50°. Si el aire frío entra directamente por la boca en nuestra garganta, entonces los órganos sensibles que allí se encuentran pueden enfriarse demasiado aprisa, resfriarse, como decimos nosotros. Ante todo, quiero dejar en seguida claro que se les puede fortalecer o endurecer para que esto deje de suponer un peligro para ellos. Si por el contrario el aire sigue su camino por la nariz y a través de sus largos y estrechos conductos, entonces se calienta antes de que penetre en los bronquios y en los pulmones. Pero aún hay otro motivo importante para preferir la respiración nasal: los conductos nasales no sólo calientan el aire, sino que también lo limpian de polvo. Por tanto: ¡Aspirar por la nariz! ¡Sin esfuerzo! ¡Sin mover el cuerpo! ¡Sin elevar los hombros ni hinchar la cara o el cuello! Dejad que el aire afluya tranquila y regularmente a vuestros pulmones a través de la nariz, vedlo, así... Y después podéis retenerlo allí un poquito. Y luego comienza la fase más importante de la respiración si pensamos en hablar y en cantar, pues esto lo hacemos obviamente con el aire que espiramos. Abrid ligeramente la boca, así, de tal modo que los dientes de arriba toquen el labio inferior. Así podéis controlar con facilidad si el aire se escapa despacio y con regularidad, pues entonces escucharéis un sonido que suena como la letra f..., «ffff...» ¡Vamos, intentadlo una vez! Y después, cuando el cuerpo, por decirlo así, se ha vaciado de aire, empieza de nuevo el juego...

—Haremos estos ejercicios muy pronto —dije yo—, pues constituirán el comienzo de nuestras lecciones de canto. ¡Respirar correctamente significa ya casi cantar correctamente!

—¡Y también, casi la salud! —prosiguió el médico—. Pero veamos aún qué sucede con el aire cuando sale de nuestros pulmones. Llega a la laringe y en consecuencia a ese pequeño órgano que antes citábamos, a las cuerdas o labios vocales. Imagináoslos como los dos batientes de una puerta a la que golpea el viento. La puerta puede abrirse de par en par o sólo ligeramente o incluso nada en absoluto si el viento es débil. Este obstáculo que for-

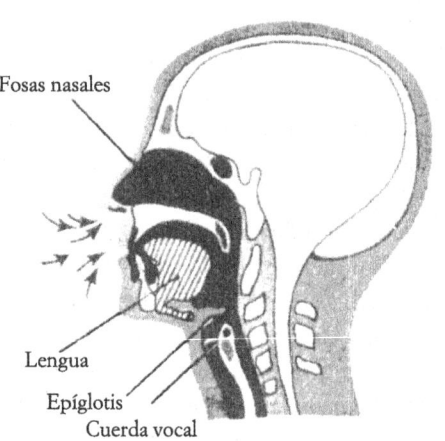

Sección por la laringe

man ambos batientes en el camino de la corriente de aire es lo que la regula en todo caso, y esto es lo esencial. Y las vibraciones que estas puertas de dos hojas transmiten a la corriente de aire producen el lenguaje y el canto, el sonido de nuestra voz. Mas vamos a ver esto también...

–¿Cómo? –preguntaron los niños con curiosidad.

El doctor invitó a Juan a sentarse en una silla. Después le ordenó que abriera la boca, y con un espejito que se llama laringoscopio nos enseñó qué sucede en la garganta, cómo funcionan y trabajan juntos allí los pequeños y tan distintos órganos que hay dentro.

–Ciertamente, en este espejo no podemos observar el movimiento de las cuerdas vocales, pues vibran demasiado aprisa para resultar visibles a nuestros ojos, ¡mil veces y aún más por segundo! Pero mirad aquí atentamente, pues ahora quiero contestar a la primera de todas vuestras preguntas: por qué el perro no puede hablar aun cuando sea todo lo inteligente que queramos. Las cuerdas están unidas por sus extremos justamente como los labios en la boca. Por el contrario, en el caso de los animales, si éstos poseen cuerdas vocales, veréis que éstas jamás se cierran. Y por esto no pueden articular, es decir, no pueden formar sonidos precisos.

–Sí..., ¿pero el loro? –objetó Cristina.

El doctor se echó a reír.

–¡Ése es una buena pieza! ¡Se da maña para imitar nuestro lenguaje sólo con la ayuda de movimientos de su lengua! Pero todavía no hemos seguido hasta el fin el camino del aire: por las puertas de las cuerdas vocales entra en la cavidad bucal y allí, principalmente con ayuda de la lengua, formamos el lenguaje o el canto. Observad qué distinta es la posición de la boca al pronunciar cada una de las vocales: A..., E..., I..., O..., U... Mi amigo seguramente tendrá mucho más que contaros de todo esto.

–Por supuesto –añadí yo–, ¡pues en el canto es imprescindible la clara pronunciación tanto de las vocales como de las consonantes!

Mientras yo decía lo que antecede, había entrado la ayudante del doctor y se había dirigido a él con algunas palabras pronunciadas en voz baja; seguramente le había recordado que sus pacientes lo aguardaban en la sala de espera.

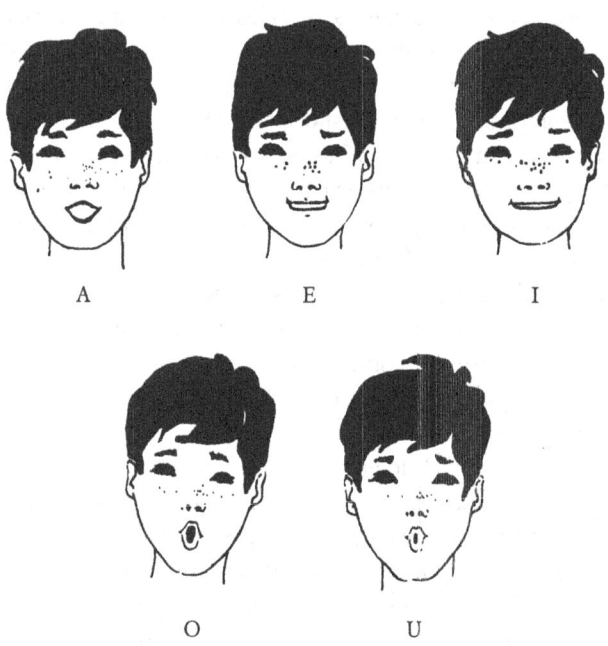

5. Niños sanos van al médico, y por qué los perros no pueden hablar

–¡Qué lástima! –dijo él a continuación–. No dispongo de más tiempo. Pese a ello, todavía quisiera deciros algo sobre el oído. Nosotros vemos una parte de este órgano...

–¡Las orejas! –chillaron inmediatamente los niños.

–Sí. Las orejas recogen el sonido del aire como embudos. Dentro, el cuello de este embudo está cerrado por una delgada piel, que se pone en vibración cuando afluyen a ellas las ondas sonoras. Esta piel vibra como la de un tímpano. Detrás del tímpano está el prodigioso aparato de nuestro oído... ¡Sí, no encuentro otra expresión, pues es verdaderamente prodigioso, como lo es también el ojo! Quizá ya hayáis observado alguna vez que la vibración de una cuerda puede «contagiar», por decirlo

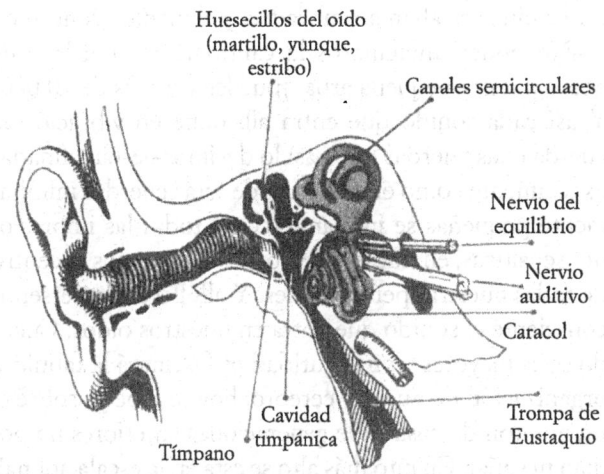

Estructura del oído humano

así, a otras cuerdas o a otros objetos; bajo determinadas condiciones comienzan a vibrar y en consecuencia a sonar...

Juan asintió vivamente:

–También se puede probar con los vasos, que suenan cuando se toca música...

–Bien observado. Cada sonido tiene sus vibraciones concretas. Y cuando éstas encuentran algo que puede causar precisamente las mismas vibraciones, entonces se produce la transferencia. Nuestro oído está construido sobre este principio. Todos los sonidos que desde el mundo exterior penetran en nuestro oído tienen allí que empujar algo que pueda transmitir vibraciones. Y así la sabia naturaleza nos ha dado por oído un aparato enormemente complicado, un arpa diminuta, si queremos expresarlo así...

Los niños estaban asombrados, y el médico continuó:

–No podéis imaginaros la cantidad de cuerdas que posee nuestra pequeña arpa: ¡pueden ser más de 10.000! Y así cada sonido que entra allí pone en vibración la cuerda o las cuerdas que –así lo decimos– están afinadas exactamente como él. El vibrar de estas cuerdas infinitamente pequeñas se implanta, como todas las impresiones sensitivas, en nuestro cerebro. Allí tenemos el centro de todas nuestras percepciones. Y allí llega a hacérsenos consciente el sonido que entra en nuestros oídos. Cuando seáis mayores, con seguridad os fascinará la fabulosa organización de nuestro cerebro; hoy se sabe ya sobre él un montón de cosas que generaciones anteriores no podían ni soñar. Cuanto más alto se está en la escala animal, más completa y acabada es la organización del cerebro del ser vivo. En el caso del hombre y de las especies animales superiores, es realmente grandiosa...

—¿También son musicales los animales? —preguntó Cristina.

—En el circo —quiso contar algo Juan, pero yo lo interrumpí:

—El doctor tiene ahora que dedicarse a sus pacientes. Démosle las gracias por esta interesante tarde...

Los niños dieron la mano al médico; era evidente que estaban muy alegres por todo lo que habían visto y oído. Pero al salir, Cristina se volvió a mí y repitió la pregunta sobre la musicalidad de los animales:

—Bien, un día iremos al parque zoológico y enseñaremos música a los animales...

Cuando después, en casa, transcribí todo esto como era ya habitual, me asaltaron vagas sospechas de si de esta jocosa respuesta no podrían nacer también algunas confusiones...

6. Una breve pero emocionante visita al parque zoológico

¡Juan, Cristina y Elsa se habían tomado en serio mi promesa de ir con ellos al parque zoológico! Hoy se presentaron en mi casa muy pronto y además trajeron a otros dos niños con ellos. Hice todo lo posible para intentar conseguir que olvidaran aquella broma, pero no hubo manera. Se les había metido en la cabeza la idea de observar la influencia de la música en los animales. Así, al final no pude hacer otra cosa sino ceder. Cogimos un par de flautas además de un tambor, y salimos.

–Hay muchos cuentos y leyendas –comencé a contarles mientras aún alimentaba la débil esperanza de que los niños quizá se distrajeran y así pudiera yo apartarlos de su propósito– en los que se habla del poder de la música. En la historia también oímos hablar de algún rey que podía llegar a animarse sólo con ella...

6. Una breve pero emocionante visita al parque zoológico

—Tengo un libro en casa —contó Juan—, y en él hay un grabado del rey David sobre cómo tocaba el arpa siempre que el viejo rey Saúl estaba triste.

—Ése es un ejemplo muy famoso. También el rey español Felipe V, cuando caía en la melancolía y se apartaba de todas las personas, salía de su tristeza sólo gracias a la música. Seguramente conocéis también la leyenda de Orfeo, el cantor griego...

—Cuéntenos mejor qué hacen los animales al oír música —interrumpió Cristina.

—¡Esto es precisamente lo que cuenta la leyenda de Orfeo! Cómo conseguía con su canto que los animales más salvajes se tendieran a sus pies para escucharle...

—¡Estupendo! —gritó de alegría Elsa—. ¡Eso mismo intentaremos hoy!

Pero el muchacho que había venido por primera vez —se llama Rudi— se mostró un tanto escéptico y opinó que sería mejor llamar a Orfeo para que lo hiciera. Le aclaré inmediatamente que Orfeo había vivido hacía miles de años, y no en nuestra ciudad, que no existía todavía en aquel entonces, sino en Grecia. ¡Y esto en el caso de que hubiera vivido realmente, pues quizá fuera invención de algún poeta!

—Yo conozco otra historia de música y animales —volvió a tomar la palabra Juan—, pero es muy triste.

—No importa —dijo Cristina, que siempre sentía curiosidad—. No lloraremos.

—Sucedió en una antigua ciudad alemana —comenzó su hermano—, creo que se llamaba Hamelín. Había allí un número de ratas terrible, y nadie podía hacer nada contra ellas. Entonces un día apareció un extranjero que se

El flautista de Hamelín

ofreció a ahuyentarlas a todas si se le pagaba por ello mucho dinero. Le fue prometido, y él cogió su flauta y la tocó mientras iba por las calles. Entonces salieron de todas las casas las ratas, muchos miles, y corrieron detrás del flautista, que las llevó hasta el río, donde se ahogaron todas.

–¡Magnífico! –se asombró Rudi.

–Verdaderamente es una historia triste –expuso Elsa–: ¡Pobres ratas!

–La historia no ha acabado todavía –prosiguió su hermano–. Los habitantes de la ciudad no le pagaron al extranjero lo que le habían prometido. Y entonces volvió a recorrer la ciudad, tocó en su flauta otra melodía y ahora salieron de todas las casas los niños, corrieron tras él y lo siguieron...

–¡Oh, el malvado! –gritó Cristina, que ya adivinaba el final.

6. Una breve pero emocionante visita al parque zoológico

Y Elsa preguntó:
—¿Adónde llevó a los niños?
Juan continuó:
—No sé exactamente si a un desfiladero de montaña o también al agua, pero en todo caso ellos tampoco regresaron jamás a la ciudad...
Nuestra entrada en el zoo se produjo sin dificultades. Aún esperaba yo poder evitar llamar mucho la atención, aunque había mucho público y se formaban nutridos grupos de personas ante la mayoría de las jaulas. Conté a los niños la historia de la gran araña que todos los días se asomaba a la pobre habitación de un muchacho, en cuanto éste comenzaba a tocar su violín. Sí, ambos se sentían contentos el uno con el otro, pues el animalillo se posaba sobre el brazo del muchacho tan pronto sonaban las primeras notas y allí permanecía tranquilo, como escuchando.
Pero fue inútil. Mis pequeños amigos ardían sólo por poner en práctica su plan. Junto al sitio donde estaban los grandes tigres, sacaron flautas y tambor y empezaron a soplar y a golpear en ellos con fiereza. Uno de los tigres levantó lentamente y con extraordinaria arrogancia la cabeza, nos miró igual que si hubiera descubierto en la selva un ratón que se atrevía a molestarlo, y después se encaminó majestuosamente a su cueva.
—Parece que no es muy musical —opinó Cristina un tanto ofendida.
—Quizá es demasiado musical —opuse yo, pero los niños pasaron por alto mi indirecta—. El tigre reacciona igual que sus parientes, los gatos —proseguí—. Por lo visto éstos también se interesan poco por los sonidos musi-

cales. ¿Acaso su oído será de índole distinta al nuestro? ¿Nos vamos?

Pero mi propuesta no llegó a ser tomada en consideración ni por asomo. Cristina corrió con su flauta hacia una gran jaula que estaba cerca, donde se nos ofrecía un panorama bien divertido. Los monos estaban sentados junto a la reja y parecían haber escuchado con gran alegría nuestro concierto. Cuando nos apartamos de los tigres y nos volvimos hacia ellos, nos saludaron con viveza. Era como si quisieran invitarnos a poner de nuevo en marcha nuestros instrumentos. Los niños lo hicieron en seguida, pero tengo que reconocer que ahora pusieron un poco más de atención en lo que tocaban. Hubieron de interrumpirse a menudo, pues no podían seguir tocando de la risa que les entraba al ver los movimientos de los monos. Los animales imitaban todo fielmente, el soplar en las flautas y el golpear en el tambor, y al hacerlo emitían los sonidos más cómicos.

–¿Son éstos «animales superiores», como ha dicho el doctor? –me preguntó Juan.

–Naturalmente –contesté riendo–, son nuestros parientes más próximos.

–¿No procede el hombre del mono? –preguntó Juan.

–Tú, quizás; ¡yo, por supuesto que no! –respondió Cristina muy enfadada.

–¡Ja, ja! –rieron Elsa y Rudi–: ¡Tú eres su hermana!

Pero entonces interrumpieron su discusión y comenzaron de nuevo el concierto. En torno a nosotros se había congregado una gran multitud de personas; aquello parecía una feria. Pero el estruendo de los niños, de los instrumentos, de los monos y de los espectadores fue dominado más y más por un cantar, gorjear y trinar jubilosos que venía de la gran pajarera cercana. Todos sus plumíferos moradores, fueran grandes o pequeños, poco vistosos o de ricos colores, cantaban a pleno pulmón: ¡aquél era un concierto grandioso!

Pero esto no era aún todo. De distintos lados vinieron corriendo niños que nos trajeron las noticias más extrañas. Los osos ejecutaban auténticas danzas en su trozo de tierra rodeado de agua, y se balanceaban atrevidamente siguiendo el compás. ¡Incluso el grisáceo y sabio elefante de la India levantaba sus poderosas patas al ritmo de nuestra música, extendía de vez en cuando su vigorosa trompa y trompeteaba!

—¡Estupendo! ¡Magnífico! ¡Así tenemos un instrumento más! —gritaron los niños.

La reacción de los lobos nos resultó confusa: con los cuellos extendidos al máximo aullaron en los tonos más altos, tal como hacen los perros cuando oyen cantar. ¿Luego estaban contentos... o todo lo contrario?

Pese a ello, nuestro éxito parecía ser completo. Ya estaba yo haciendo planes para conciertos regulares en el parque zoológico. ¿Sería quizá lo mejor por grupos? ¿Concierto para fieras? ¿Serenatas para pájaros? ¿Alborada para animales acuáticos? Pero de repente...

Lo que sucedió entonces fue tan repentino y rápido, que se tarda más en contarlo. Apareció un guarda... no, dos, tres guardas o aún más. Gritaban más fuerte que todos los animales juntos y nos echaron del parque sin miramientos.

Ésta fue mi más corta visita, pero también la más rica en acontecimientos, al parque zoológico. Apenas duró un cuarto de hora. Aún no he conseguido entender por qué se nos expulsó. ¿No se puede dar conciertos a los animales cuando parece gustarles tanto? Me quejaré al alcalde.

7. Un divertido juego en la escalera de mi casa

Parece que nuestra aventura en el parque zoológico se había divulgado, pues hoy vinieron por casa no sólo los cinco participantes en aquella excursión, sino también tres «nuevos». Como de costumbre, Cristina preguntó en seguida si yo había transcrito de verdad todo tal como nos había sucedido con los monos, los osos y el elefante. Pretexté que aquello no venía a cuento en absoluto en un libro de música; pero los niños opinaban que el libro había de ser una especie de diario de nuestras reuniones, y que allí no podía faltar nada. Pues muy bien, nuestros jóvenes lectores juzgarán si el capítulo con los animales encaja o no aquí. En todo caso he mantenido mi promesa del primer día de transcribirlo todo fielmente.

Cristina encabezaba el grupo, como siempre. Era la más menuda. Detrás de ella venía Elsa, y después, también algo más alto, Rudi. A éste lo seguía una chica, que se llama Karin, después un muchacho llamado Pedro, luego dos niñas, Birgit y Gabi, y cerraba el cortejo Juan, el mayor y el más alto. Así pues entraron en fila india, y yo grité:

—¡Igual que una escala!

—¿Cómo? —preguntó Cristina, como siempre.

—Os lo explicaré en seguida. ¡Venid aquí, a la escalera, y colocaos en ella tal como entrasteis por la puerta! Sí, Cristina aquí abajo..., después Elsa detrás de ella en el siguiente peldaño... y así sucesivamente.

Los niños se colocaron cada uno en un peldaño: Cristina, Elsa, Rudi, Karin, Pedro, Birgit, Gabi y, finalmente, arriba del todo, Juan. Estaban de pie en la escalera que desde mi estudio lleva a la planta superior.

—Decidme —les pregunté—: cuando habéis oído algo interesante y queréis retenerlo, ¿qué hacéis?

—¡Lo apuntamos!

—Bien. ¿Y cómo?

—¡Vaya pregunta! —se dijeron seguramente en su fuero interno—. ¡Naturalmente, con letras!

—Y cuando queréis retener una melodía, ¿qué hacéis?

—¡También la apuntamos!

—¿También con letras?

—¡No, con notas! —exclamaron varios.

—Así es. Al igual que todo sonido hablado tiene su nombre, también lo tienen las notas. Hoy voy a hablaros de estos nombres de las notas, o, aún mejor, ¡vamos a jugar a un juego de las notas y sus nombres!

—Si no es muy difícil —suspiró Birgit, que es un poco perezosa.

—Primero os daré a cada uno un número, siguiendo el orden de la fila. Es muy sencillo. Cristina es el uno, Elsa

7. Un divertido juego en la escalera de mi casa

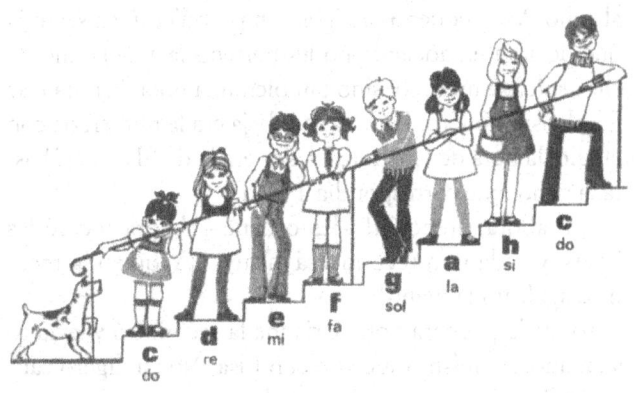

el dos, Rudi el tres, Karin el cuatro, Pedro el cinco, Birgit el seis, Gabi el siete y Juan el ocho. ¿Comprendido?

Todos asintieron con la cabeza.

—Hagamos una prueba rápida para ver si conocéis vuestros números. Diré cada vez uno, y aquel a quien corresponda levantará la mano. Así que: ¡uno!

Cristina levantó la mano tras titubear un poco. Después grité el tres y el cinco, y Rudi y Pedro reaccionaron ligeros.

—Esto es tremendamente sencillo —se lamentó Juan.

—Aguardad un poco —repliqué—: ¡Pronto será más difícil!

Jugamos todavía unos instantes con los números, hasta que todos los niños se los supieron bien. Después fui hasta el piano y toqué una escala, es decir, una fila o sucesión de ocho notas que tienen que seguirse la una detrás de la otra en intervalos determinados. Toqué nota por nota en una sucesión más lenta y di a cada una su número, del uno al ocho. Mis pequeños amigos comprendieron en seguida que de aquí en adelante no les pertenecía a cada uno de ellos sólo un número, sino también una nota: la nota que llevaba su número. La nota más baja era la numerada con el uno, la nota de Cristina. La dos era la de Elsa, y así hasta la ocho, que correspondía a Juan.

–¡Y ahora, atención! –les ordené–. Ahora tocaré las notas, y cada uno reconocerá la suya. ¡Y quien la reconozca, alzará la mano!

Toqué la primera nota, Cristina la reconoció y levantó su mano. Lo mismo sucedió con Elsa. No tan ligero captó Rudi su nota; tuve que repetirla varias veces, hasta que la reconoció. Después todo fue más rápido y mejor; las manos de Karin, Pedro, Birgit, Gabi y Juan salieron disparadas hacia arriba incluso casi antes de que yo pudiera pulsar sus notas: habían descubierto que yo iba siguiendo la fila hacia arriba.

–Ahora va a ser más difícil –les advertí, y empecé a hacer sonar otra vez las notas. Ahora, en vez de con la más baja, empecé con la más alta. Juan la reconoció en seguida como la suya. Después dejé que sonara la séptima; Gabi me miraba interrogativamente y no estaba seguro de si le tocaba a ella. Sólo cuando Juan la animó a levantar la mano, lo hizo. Luego siguió la sexta nota, y ahora los niños ya habían advertido que yo recorría los peldaños de arriba abajo al igual que antes lo había hecho de abajo arriba. ¡Así pues, otra vez como una escalera!

–¡Cada vez un poco más difícil –anuncié, y comencé de nuevo. Cristina reconoció en seguida otra vez «su» nota, pero cuando inmediatamente después toqué la tercera, no se alzó ninguna mano.

7. Un divertido juego en la escalera de mi casa

–Decidme, ¿cuando subís o bajáis una escalera, siempre lo hacéis peldaño a peldaño?

–¡Nunca! –gritaron los niños indignados.

–Pues entonces también puede saltar nuestra melodía. Al igual que sabéis o sentís perfectamente cuántos peldaños os saltáis al subir o bajar escaleras, así debéis pensar también en las notas intermedias que omitís en nuestro juego. Así será más fácil y más seguro el comienzo.

Repetí la primera nota y añadí la tercera, a cuyo efecto rocé ligeramente la segunda, la omitida, a la vez que la cantaba en voz baja. Los niños captaron en seguida el juego, comprendieron que esta segunda nota formaba el puente desde la primera hasta la siguiente que yo había tocado, la cual no podía ser en consecuencia otra sino la número tres. Y así fui descubriendo cada vez nuevas relaciones: uno-cuatro, después uno-tres-cinco. Esta última sucesión gustó especialmente a los niños. Les expliqué que precisamente tiene una especial importancia en la música y que se llama trítono. Después mis melodías fueron siendo más largas: 1, 2, 3, 5, 3, 2, 1 o esta otra: 1, 3, 4, 5, 3, 1. Finalmente: 1, 3, 4, 3, 5, 2 y similares. La cosa marchaba ya como una seda, pues los niños se habían acostumbrado deprisa a reconocer las notas. Sólo hubo dos protestas: Birgit y Gabi, nuestros números seis y siete, se quejaron de que apenas habían figurado en las melodías. En seguida hallé una que contenía la nota de Birgit: 1, 3, 5, 6, 5, 3, 1.

–La séptima nota es quizá la más difícil –dije después.

–¿No lo es la octava? –preguntó Juan algo decepcionado, pues al ser el mayor quería tener en nuestro juego el papel más difícil.

—Al contrario, la octava es casi la más fácil de todas. ¿Puedes averiguar por qué?

Toqué varias veces una tras otra las notas una y ocho, para hacerlo caer en la cuenta.

—Es..., es precisamente... la misma nota... —advirtió el inteligente muchacho—, sólo que más alta...

—¡Muy bien! —aprobé—: La misma nota, sólo que más alta. Comparémoslo con una casa que tiene varias escaleras entre los distintos pisos. Aceptemos que cada una de esas escaleras tiene ocho peldaños. Así la primera escalera lleva con siete peldaños desde el sótano hasta el primer descansillo, es decir, el primer piso. En éste desemboca el octavo peldaño, ¿no es verdad? Pero al mismo tiempo se convierte en el primer peldaño de la nueva escalera, que lleva hasta arriba al segundo piso, ¿está claro? Justamente es así en la música...

Toqué despacio todas las notas una vez más completando la escala. Pero en esta ocasión no me detuve en la octava, sino que continué tocando. Y todos advirtieron en seguida que con la octava nota comenzaba otra escala, que sonaba igual que la primera, sólo que «más alta» como había dicho Juan correctamente.

—Bajad ahora de vuestros sitios —pedí a los niños—, os enseñaré estos «pisos» en el piano.

El teclado del piano

7. Un divertido juego en la escalera de mi casa

Mis pequeños amigos me rodearon y miraron hacia las teclas. Volví a tocar las ocho notas de nuestro juego. Después los invité a contar todas las teclas blancas del piano. Vieron que había cuarenta y ocho.

–Si queréis saber cuántos «pisos» tiene nuestro piano, bastará con que dividamos cuarenta y ocho por ocho, por el número de peldaños, ¿no es verdad?

–¡Seis! –se oyó inmediatamente.

–Hagamos la prueba –propuse, y toqué comenzando por la izquierda todas las teclas blancas, a cuyo efecto me detenía siempre al llegar a cada nota que hacía la octava, para comenzar después con la misma. De esta manera la nota superior de una escala se convertía siempre en la primera y más grave de la siguiente. ¡Era igual que en la escalera y que en una casa!

–¡Qué bueno! –dijo Rudi, aunque yo no estaba seguro de que realmente hubiera entendido todo.

–Ya es bastante por hoy. Volved mañana. ¡Entonces os enseñaré más juegos en la escalera!

8. De los sonidos armónicos y de los inarmónicos, y de cómo mi perro tocó el piano

Nuestra fama parecía extenderse rápidamente. Hoy vinieron por casa no sólo los ocho jugadores de ayer, sino otros cuatro niños más. Éstos se sentaron como «público» en las sillas de mi estudio, en tanto los otros volvieron a ocupar su sitio en la escalera como ayer. Repetimos deprisa los pequeños ejercicios que ya sabíamos, sobre todo el reconocimiento de las notas.

–Ahora viene algo nuevo –anuncié–, y a decir verdad algo difícil. Ahora no tocaré el piano, sólo diré uno de vuestros números, y entonces cantaréis las correspondientes notas. Es decir, cuando diga uno, Cristina cantará su nota; cuando diga dos, lo hará Elsa; cuando tres, Rudi, y así hasta llegar a Juan. ¡Cantad simplemente con una «a» o con vuestro número, como queráis!

Ciertamente esto ya no era tan sencillo. Pero tras alguna inseguridad al principio, la cosa funcionó. Claro que tuve que ayudar aquí y allá un poco con el piano, apoyar con él, pero no se podía esperar otra cosa. Yo gritaba un número del uno al ocho, y el jugador afectado cantaba su nota. Para hacerlo más fácil, esta vez empecé de nuevo con la primera nota y seguí toda la escala hacia arriba. Después del ocho volvimos a retroceder, lo que ya era más difícil. Pero tras haberlo hecho tres o cuatro veces, cada niño recordaba perfectamente el sonido de su nota. Y ahora pedí notas fuera de la sucesión de la escala: 1, 2, 3, 2, 3, 1, y así. En primer lugar siempre sólo una nota, y después la siguiente, cuando ya había sonado la anterior. Entonces propuse pequeñas melodías completas, cuatro notas, cinco o incluso seis. Y los niños pronto habían aprendido a encontrarlas y cantarlas.

Luego sucedió algo sorprendente; yo había pedido 1, 3, 5, 3, 1, y entonces ocurrió que la voz de Cristina sonaba aún cuando ya comenzaba Rudi, e inmediatamente también se les añadió Pedro, de manera que las tres notas se percibieron al mismo tiempo. Y al igual que ayer, los niños volvieron a sentir alegría con este sonido.

–¡Qué bonito! ¡Fantástico! –exclamaron muchos–. ¿Cómo resulta eso? Ese sonido tan bello.

Durante unos instantes reflexioné sobre cómo debía explicárselo a mis amigos. ¿No eran aún demasiado jóvenes para comprenderlo? Pero lo intenté a pesar de ello:

–Cuando escuchamos nota tras nota, cada una de ellas detrás de la otra, entonces formamos una melodía. Quizá pudiéramos compararla con un collar de perlas: así como allí están ensartadas las perlas una detrás de otra y ninguna dos veces en el mismo sitio, así sucede en la melodía con las notas. Si por el contrario suenan al mismo tiempo dos o más notas, entonces ya no forman melodías, sino una armonía, un acorde. Esto que acabáis de oír, tres notas distintas simultáneamente, es un acorde...

En ese instante se abrió la puerta, y con amistoso ladrar corrió adentro Renzo, mi foxterrier. Me vio sentado al piano e inmediatamente saltó, como acostumbraba, a mi regazo. Al hacerlo perdió el equilibrio y golpeó las teclas con una pata. ¡Sonaron varias notas a la vez, pero nadie pudo pretender que aquello hubiera sonado tan bellamente como nuestra «armonía», nuestro acorde de las tres voces infantiles! Mis amigos se echaron a reír. Sólo permaneció pensativo el siempre serio Juan, y me preguntó:

—¿Era eso también un acorde? ¿Los hay que no armonizan también?

—Tu pregunta es muy inteligente, Juan. Entre los acordes hay dos grupos: los armónicos y los inarmónicos, o con palabras de uso común en la música: consonantes y disonantes. Ahora bien, en todo caso no se puede tomar literalmente esto del sonar armonioso o inarmónico como equivalente a «bien» o «mal»; las llamadas disonancias, es decir, los sonidos inarmónicos, cumplen también una importante tarea en la música. ¡Sí, sin armónicos no habría inarmónicos! ¡Entonces nadie se daría cuenta de que son armónicos! Lo que cantaban tus camaradas era sin duda sonido armónico, una consonancia; y lo que tocó Renzo, un sonido inarmónico, una disonancia.

—Los niños dijeron 1, 3, 5, ¿no es verdad? ¿Pero qué tocó Renzo?

— Mm..., tocó algo así como 1, 2, 3, 4, es decir, dos parejas de notas consecutivas, tal como cayó su pata sobre el teclado. Y notas consecutivas, tocadas o cantadas al mismo tiempo, jamás producen consonancias.

–Entonces, ¿hay que omitir notas siempre que se quiera tener consonancias? –preguntó Juan.

–Exacto, así es. Si queremos sonidos armónicos o inarmónicos, consonancia o disonancia, lo podemos calcular por el intervalo o distancia entre las notas, por el número de las notas omitidas, como dijiste correctamente. Estos espacios intermedios tienen cada uno su nombre, nombres muy sencillos: proceden del latín y del italiano, que viene a su vez de aquél y es el idioma más extendido e importante en la música. Los espacios intermedios se llaman intervalos, y se les mide sencillamente en función de su tamaño. El espacio que va de la primera nota a la segunda, es decir, a la vecina, se llama «segunda». La distancia de la primera nota a la tercera se llama «tercera», «cuarta» la que va de la primera a la cuarta, «quinta» la que va hasta la quinta nota, y luego «sexta», «séptima» y finalmente «octava». ¡Vamos a probarlo en el piano!

Toqué la primera nota de nuestro juego –la de Cristina– y después la segunda, la de Elsa. Algunos de los niños advirtieron que esta distancia, este intervalo, se llamaba «segunda». Después di la primera nota y a continuación la tercera: se trataba de una tercera. Luego di una cuarta, una quinta, una sexta, una séptima. Y de la nota de Cristina a la de su hermano Juan había una octava.

–¡Y ahora al mismo tiempo entenderéis qué es un acorde y cuándo suena como una consonancia o una disonancia!

Cuando toqué simultáneamente las notas uno y dos, todos tenían ya claro que aquello sólo podía ser un sonido inarmónico, es decir, una disonancia. Y también estaba igualmente claro que las notas uno y tres, tocadas a la vez, sonaban «bien», es decir, producían una consonancia. El acorde uno-cuatro sonó bastante peor; aunque era menos estridente que el uno-dos, tenía que tratarse también de una disonancia. Las opiniones se manifestaron muy divididas al oírse el uno-cinco, y hube de darles a los niños la razón: los mismos músicos han tenido una comprensión muy distinta de ese intervalo en función de sus diferentes circunstancias.

–Pese a ello, es fácil convertir en seguida la quinta en una consonancia –comenté–: sólo necesitamos incluir en su acorde una nota... ¿Cuál debo tocar?

–¡La nota tres! –gritó Juan, que aún se acordaba del sonido armónico del que había partido nuestra conversación: cuando Cristina, Rudi y Pedro habían cantado juntos las notas uno, tres y cinco. En consecuencia toqué en el piano la nota tres entre la uno y la cinco, y se demostró que Juan tenía razón.

–Esto es lo que llamamos un «sonar juntos», un acorde –les expliqué–, cuando al menos suenan a la vez tres notas.

–¿Al menos? –preguntó admirado Juan.

–Sí, pues hay acordes de cuatro y más notas. Pero lo importante es que las notas mantengan siempre entre ellas ciertos espacios intermedios o intervalos. De aquí que lo que tocó Renzo no fue un acorde, pues produjo notas consecutivas.

Después pulsé la sexta y sonó maravillosamente, así que no hubo la menor duda sobre su carácter consonante. Sin embargo, algunos opinaron que la séptima era di-

8. De los sonidos armónicos y de los inarmónicos...

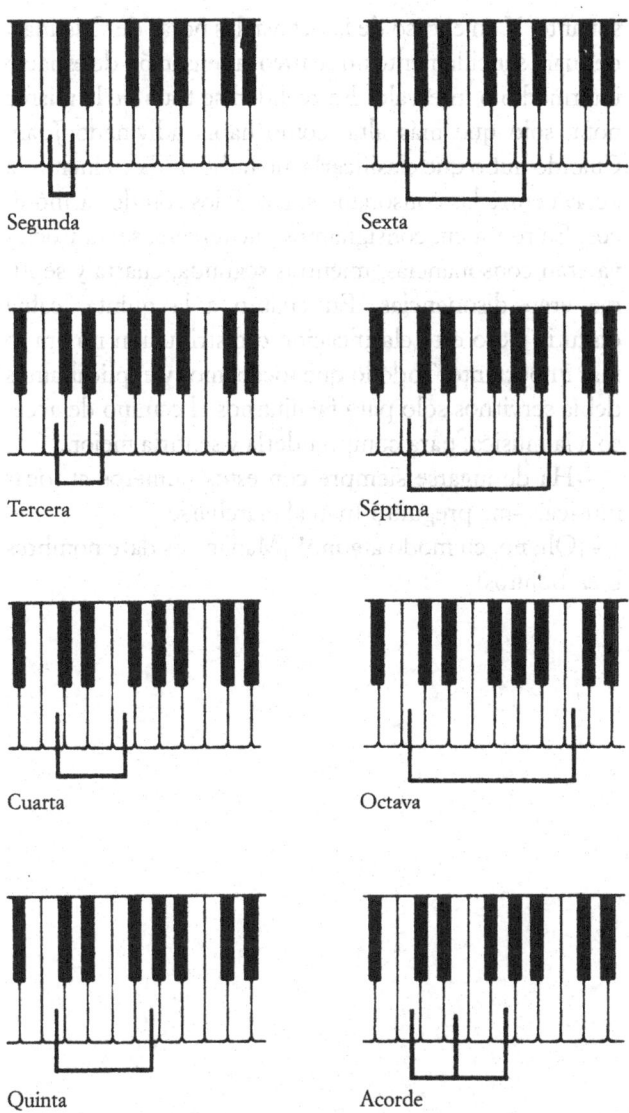

sonante. Y en el caso de la octava, las notas de Cristina y de Juan, sencillamente no se tuvo la sensación de espacio intermedio o intervalo. En realidad se trata de la misma nota, sólo que más alta, como había adivinado Juan. Cuando hubo que clasificarla, no hubo duda en incluir la octava entre las consonantes, entre los sonidos armónicos. En resumen, consignamos que tercera, sexta y octava eran consonancias, mientras segunda, cuarta y séptima eran disonancias. En cuanto a la quinta, cabía discutir. Pero esta clasificación o distribución no era lo más importante. Todo lo que tocábamos y explicábamos debía servirnos sólo para facilitarnos el camino de acceso a la música, para comprenderla y sentirla mejor...

–¿Ha de jugarse siempre con estos números al tocar música? –me preguntó Juan al marcharse.

–¡Oh, no, en modo alguno! ¡Mañana os daré nombres bien bonitos!

9. Los jugadores reciben nombres raros

Al día siguiente mis pequeños amigos volvieron a colocarse en los peldaños de la escalera tal como lo habían hecho la víspera. El «público» había sido reforzado con tres niños más, y aclaré que no continuarían siempre de espectadores, ya que pronto habrían de participar en todo. Los ocho «jugadores» habían ocupado sus puestos igual que como sucede con un equipo de fútbol antes del pitido inicial, y el «público» los observaba con la misma tenacidad y expectación con que los chicos siguen a sus jugadores favoritos sobre el césped.

–¡Usted nos prometió darnos nombres bonitos! –me recordó Pedro.

–Sí. Empecemos por Cristina..., pero cada uno no recibirá sólo un nombre, sino dos, como ya os ocurre en la realidad, pues todos tenéis dos nombres.

–¡Yo tengo tres! –dijo Karin.

–¡Y yo cuatro! –la superó Gabi.

–¡Pero, niños! –los apacigüé–. Ya está bien, aquí todos somos buenos amigos y compartimos todo con honradez. ¡Así, cada uno dos nombres! Uno de ellos se emplea en una parte del mundo, y el otro en otros países. Los nombres que llevan las notas en Alemania, en Austria, en Inglaterra, en Norteamérica y también en Escandinavia proceden sencillamente del alfabeto. Antiguamente, hace muchos siglos, seguramente comenzaban por la A, igual que el alfabeto. Pero después se modificó un poco la cosa, se adoptó otra nota como fundamental o tónica, y así los nombres de nuestras notas empiezan por la C. Así que Cristina se llamará C...

–¿Y con el otro nombre? –preguntó la pequeña.

–¡*Do!*

–¿*Do?* –Cristina arrugó su naricilla–. ¿Por qué? ¿No tiene usted otro nombre más bonito para mí?

–Pero, Cristina, yo no he inventado esos nombres. ¡Se emplean desde casi hace mil años! Realmente al principio tu nota no se llamaba *do,* sino *ut,* y los franceses siguen diciéndola así; pero en Italia, en España y Portugal, en Sudamérica y en otros muchos países, a esta nota se la conoce como *do.* Es muy bonito, ¿no os parece? –Los otros niños estuvieron de acuerdo conmigo, y Cristina se tranquilizó.

–Quedamos así en que Cristina se llama C y *do*. A Elsa le daremos los nombres de D y *re*...

–Muy bonito –dijo Elsa–, esto rima...

–Rudi se llamará E y *mi,* ¿vale?

–De acuerdo –contestó Rudi.

–Karin recibirá los nombres de F y *fa*...

–Eso es hacer trampas –opinó el público, pues era muy

9. Los jugadores reciben nombres raros

fácil de retener. Pero la cosa siguió así, pues la cuarta nota se llama F y *fa*.

—La quinta nota, es decir Pedro, se llama G y *sol*...

—Lindo —estuvo éste conforme.

—Birgit, con su sexta nota, se llama A y *la*.

—Para las chicas tiene usted nombres más fáciles que para nosotros —se quejó Rudi. Yo me eché a reír.

—Aquí está sucediendo así por pura casualidad, ya que os coloqué por orden de estaturas; pero tú, un caballero, ¿tendrías algo que oponer si yo lo hubiera hecho a propósito?

Inmediatamente empezó una viva discusión sobre este punto, a la que pude poner fin sólo con gran esfuerzo.

—Gabi, la séptima nota, se llama H y *si*...

—¡Lo veis, esto no es nada fácil —opinó ésta.

—¡Pues claro que lo es! —replicó Pedro—: Es como si estornudases: ¡Atchís! ¡Ha-sí! ¡Ha-sí!*.

Todos rieron, pero lo importante era que nunca olvidasen estos nombres.

—¿Y yo? —preguntó Juan desde lo alto de la escalera.

—Es muy sencillo saber cómo te llamas, Juan. ¿No hemos dicho que tu nota es precisamente la misma que la de Cristina? Te llamas exactamente como ella, C y *do*. Además quisiera que tuvierais en cuenta que a veces se acostumbra cambiar un poco dos de estos nombres silábicos que os he dado: de *sol* se hace So, y de *si* se hace Ti; suena muy parecido y no tendréis la menor dificultad cuando los oigáis.

---

* La onomatopeya del estornudo es en alemán *Het schi,* y como la letra H se deletrea Ha y se pronuncia aspirada, de aquí la similitud fonética descubierta por Pedro. *(N. del T.)*

—¿De dónde vienen estos nombres tan raros? ¿Y qué significan? —quisieron saber los niños.

—Las letras no necesitan explicación. Cuando se trató de poner nombre a las notas, cabían dos posibilidades: se podía designarlas con números, es decir, igual que hicimos en nuestro juego: uno, dos, tres y así sucesivamente, o utilizar letras, y esto es lo que se hizo. Pero la historia de los otros nombres que os he dado, de las sílabas, es totalmente distinta. Proceden de un poema latino en el que cada nueva línea o verso empezaba con una de estas sílabas. A los chicos que en aquella época aprendían a cantar no les era difícil relacionar la nota inicial de cada línea con los nombres silábicos con que la cantaban. Así nacieron *ut, re, mi, fa, sol, la*. Más tarde se añadió *si*, y *ut* fue rebautizada como *do*, porque era más fácil de cantar. Ahora voy a contaros una pequeña historia, para que podáis tomar nota de estos nombres con facilidad. Érase una vez un viejo rey que vivía en Italia...

—¡Empieza como un cuento! —rieron los niños.

—Sí, y este viejo rey se llamaba Do. Tenía dos hijos. Quería a los dos por igual y no sabía a cuál dejar su reino cuando él muriera. Entonces determinó que llegaría a ser rey aquel de ellos que a la mañana siguiente fuera el primero en ver el sol. Uno era perezoso, y no pudo levantarse a tiempo; pero el otro ya estaba despierto a la salida del sol, corrió inmediatamente junto a su padre y le dijo: «¡Do, hazme rey! ¡El sol está ahí!», a lo que replicó el viejo rey: «Sí». Pero naturalmente esto no fue dicho en alemán o en castellano, sino en italiano, pues nuestra historia transcurre en Italia. Y en italiano se dice así: *¡Do, re mi fa! ¡Sol la!* Y el rey contesta: *¡Si!* ¡Ahí tenéis toda la escala musical!

Los niños se divirtieron mucho, pero aún tuve que explicarles algunos detalles: «Do» era el nombre del rey; «rey» se dice en italiano *re;* «hazme» se dice *mi fa;* «el sol» se dice *sole* o también *sol;* «ahí» se dice en italiano *la*. En cuanto a «sí»-*si,* estaba muy claro para todos.

Ahora repitieron muy divertidos:

–*¡Do, re mi fa! ¡Sol la! ¡Si!* –Y en un abrir y cerrar de ojos ya podían decir estos nombres tan de corrido como el alfabeto.

Así que comenzamos de nuevo nuestro juego, pero ya no con números, sino con los nombres de las notas, tal como acabábamos de aprenderlos. En vez de decir uno, dos y cinco, en lo sucesivo pediré C, D y G o *do, re, sol.* Todo discurrió estupendamente, los jugadores dieron lo mejor de sí mismos, y el «público» participó con vehemencia: corrigiendo, cuando se producía algún error, e incluso aplaudiendo ocasionalmente, cuando se conseguía algo especialmente difícil.

Después, repetimos lo que habíamos aprendido sobre los intervalos. Además comprobamos que una segunda no sólo puede ir de la C *(do)* a la D *(re),* sino también de la D *(re)* a la E *(mi),* de la F *(fa)* a la G *(sol),* y de la G *(sol)* a la A *(la).* Y una cuarta no iba tampoco sólo de la C *(do)* a la F *(fa),* sino también de la D *(re)* a la G *(sol)* y de la E *(mi)* a la A *(la).* En pocas palabras, era indiferente dónde comenzábamos a medir cuando sólo se trataba de la distancia. Mis pequeños amigos encontraron esto muy lógico, pues al fin y al cabo, 10 centímetros son siempre 10 centímetros, bien los leamos en el metro entre 0 y 10 o bien entre 45 y 55.

Bien, ¿entonces nuestra escala musical puede empezar discrecionalmente con cualquier nota? ¿No tiene que ser siempre con la C *(do)*? Naturalmente puede empezar en cualquier parte, aclaré. Hicimos en seguida un par de ejercicios: yo canté una nota elegida al azar, que debía constituir la tónica de nuestra escala, y mis amigos cantaron la escala completa que pertenecía a esa tónica. Todas las escalas sonaban igual. Precisamente esto, así se lo dije a mis amigos, es lo más importante en nuestro sistema musical. Juan vino hasta el piano y yo le hice tocar una escala comenzando por la nota C o *do*. Era muy sencillo, pues sólo tuvo que apretar las siete teclas blancas siguientes, una detrás de otra.

–¿Puedo empezar también por otra tecla? –me preguntó después.

–Eso no es siempre así de sencillo –le expliqué–. Inténtalo tú mismo. ¡Lo oirás inmediatamente!

Juan eligió otra nota; echando la cuenta pudo comprobar que tenía que ser la G *(sol)*, la quinta nota a contar desde la C *(do)*. Y entonces intentó tocar una escala. Al principio todo fue sin dificultades: a G o *sol* siguió A o *la*, despues H o *si*, después también C o *do*, D o *re* y E o *mi*. Pero cuando pulsó la F o *fa,* él y la mayoría de los niños advirtieron que «allí algo no estaba afinado», como dijeron. Me miraron interrogativos.

–Para esto no bastan los conocimientos que hemos adquirido hasta aquí –les aclaré–. Veis que hasta ahora hemos tocado sólo con las teclas del piano blancas, pero aún hay otras...

9. Los jugadores reciben nombres raros

–¡Sí, las negras! ¿Qué significan? ¿Por qué son negras? –así volaban a mi alrededor las preguntas.

–Bien, ante todo: el color negro no significa nada, igualmente podrían ser rojas o verdes, incluso blancas como las otras; pero entonces no se harían notar tan claramente, y esto no sería práctico a la hora de tocar. Estas teclas tienen el mismo valor que las otras...

–Entonces, ¿por qué son de otra manera? ¿Más pequeñas? ¿Y colocadas más atrás?

–Eso es una gran injusticia, he de reconocerlo. Proviene de que los buenos sitios ya estaban distribuidos cuando fueron descubiertas. Y así no ha sido posible otra cosa que intercalarlas entre las teclas blancas como las veis, un poco más delgadas y algo por encima. Además: ¡Hubo un tiempo en que las teclas blancas eran negras, y las actuales negras, blancas! Lo más importante es que estas teclas ahí intercaladas no deben ser consideradas como algo distinto o más difícil, sino que deben serlo igual que las blancas.

–¿Y cómo se llaman las teclas negras?

–También ha vuelto a cometerse aquí una injusticia con estas notas, y sólo por esto, porque se descubrieron más tarde. No se les ha dado ningún nombre propio, pues, por decirlo así, los nombres también estaban ya dados. Sus nombres han sido derivados de sus vecinas, de las teclas blancas. ¡Mirad aquí!

Pulsé la nota C *(do)* y con el dedo vecino pasé después a la tecla negra vecina, que quedaba inmediatamente a la derecha de C *(do)*. Y expliqué a los niños que esa nota negra se llamaba Cis *(do* sostenido): C *(do)* por la tecla vecina precedente, e «is» o sostenido como señal, en cierta medida, de su relación de vecindad.

–Sucede lo mismo con todas las teclas negras: se toma el nombre de la nota blanca que queda a su izquierda, y a la letra correspondiente se añade la sílaba «is»: D da Dis, F-Fis, G-Gis, A-Ais, etcétera. Y si utilizamos el nombre silábico, entonces a cada uno se añade la palabra «sostenido»: *re* da *re* sostenido, *fa* da *fa* sostenido, *sol* da *sol* sostenido, y así sucesivamente...

–No es difícil –dijeron los niños. Pero hube de oponer algo:

–No, ciertamente no lo es, pero hubiera sido aún más sencillo si se hubiera dado su propio nombre a cada una de esas notas. Y entonces no habría surgido la impresión de que por ejemplo Cis *(do* sostenido) sea una nota «derivada», que en todo caso tiene que ver algo con C *(do)*. No es así de ninguna manera. Son como vecinos que casualmente viven puerta con puerta, pero que no están emparentados. Desgraciadamente tengo que explicaros todavía otra cosa: ¡Las teclas negras no tienen sólo un nombre, sino dos! ¡O si tenemos en cuenta que se llaman de dos maneras, con letras y sílabas, incluso cuatro! Pero no vamos a complicar la cosa innecesariamente, así que abandonaremos los nombres alemanes. Como vivimos en un país sudamericano, vamos a utilizar en lo sucesivo casi siempre sólo los nombres derivados del latín. Como os he dicho antes, cada una de estas notas tiene dos nombres: uno viene de la tecla blanca al lado izquierdo y el otro de la tecla blanca al lado derecho. Si tomamos el nombre de la tecla de la izquierda, entonces le añadimos la palabra «sostenido»; esto ya lo vimos antes. Y si tomamos el nombre de la tecla de la derecha, entonces hay que añadirle la pa-

9. Los jugadores reciben nombres raros

labra «bemol». Veámoslo de nuevo al piano: a esta tecla negra, que quede a la derecha de *do,* la hemos llamado *do* sostenido, ¿os acordáis? Ahora hemos de darle otro nombre. ¿Quién lo intenta?

Juan ya estaba en ello:

–El nombre viene de *re,* ¿no es verdad? –Yo asentí con la cabeza. Juan prosiguió–: Y ahora se añade la palabra bemol, ¿no lo dijo usted así? –Volví a asentir. Entonces, el muchacho gritó–: ¡*re* bemol!

–¡Exactamente! –pude aún decir, pues todos los niños rompieron a aplaudir. Después continué–: En la notación latina siempre sucede así, pero en la alfabética hay un par de pequeñas excepciones, que quiero que conozcáis. Al igual que «sostenido» se dice en alemán *is*, «bemol» se dice *es*, y se añade a la letra de la nota blanca de que «deriva» la nota bemol. Con D funciona muy bien, Des, pero la siguiente nota negra tendría que llamarse E-es, así que se ha simplificado y se dice Es. Y la tecla que cae entre G y A debiera llamarse lógicamente A-es si

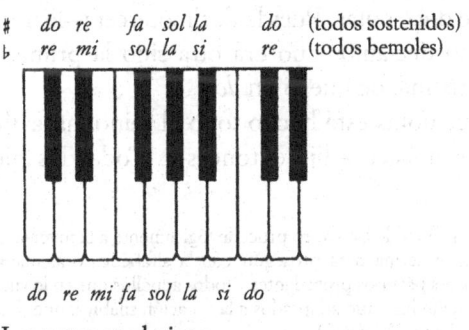

Las notas en el piano

la derivamos de A. En vez de ello se dice de manera también más sencilla: As. Y aún hay otra excepción: la nota negra siguiente tendría que llamarse H-es, pues su correspondiente vecina a la derecha se llama H. Pero no se la denomina H-es, sino B. Así las notas bemoles en la denominación alfabética se llaman Des, Es, Ges, As y B. Pero ya os dije que nosotros no vamos a utilizarlas. Así que ahora vamos a ejercitarnos un poco con los nombres latinos, para grabárnoslos bien*...

Empecé de nuevo por la «nota de Cristina», como llamábamos ya casi siempre a la nota *do*. Tras tocarla, esta vez seguí hacia arriba, es decir, hacia la derecha, pero no limitándome a tocar las teclas blancas, sino introduciendo también las negras. En definitiva, toqué todas las notas que tiene nuestro piano. Y los niños dijeron los nombres: *do, do* sostenido o *re* bemol; *re, re* sostenido o *mi* bemol; *mi; fa, fa* sostenido o *sol* bemol; *sol, sol* sostenido o *la* bemol; *la, la* sostenido o *si* bemol; *si* y *do*.

–¿Cuántas notas hay en total? –pregunté. La respuesta no era difícil: siete teclas blancas y cinco negras daban un total de doce notas. Pues la decimotercera –la nota de Juan, como decíamos– no era otra sino la primera, la nota de Cristina, de nuevo un *do*.

–De doce notas está hecho todo el reino maravilloso de nuestra música –dije entonces–. ¡Todas las piezas

---

* El original alemán de este libro procede lógicamente a la inversa: abandona la notación latina para proseguir con la alfabética o alemana. En consecuencia, los párrafos precedentes y todos aquellos que en lo sucesivo tratan de notación han sido adaptados a la notación silábica, que es la utilizada en castellano. *(N. del T.)*

9. Los jugadores reciben nombres raros

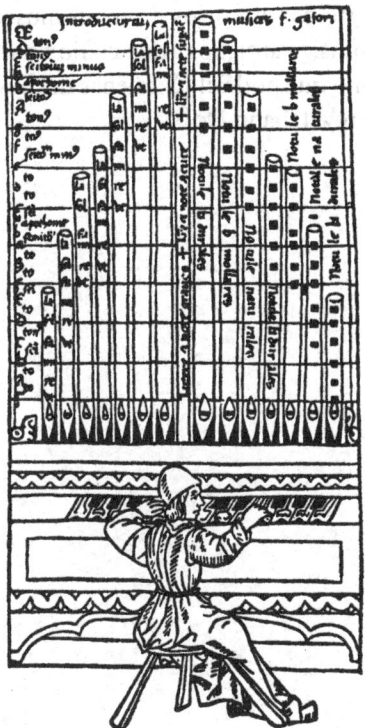

musicales, sean para canto, para instrumentos o para toda una orquesta, todas constan sólo de doce notas distintas!

Después vino la despedida, y los niños nuevos me preguntaron si podían venir al día siguiente. Les dije que sí con sumo agrado. Ahora habíamos reunido una tropa realmente numerosa. No sospechaba yo que pronto llegaría a ser mucho mayor.

—Mañana iré con vosotros a ver un museo de instrumentos de música antiguos —dije como final—. ¡Venid lo más temprano que podáis! ¡Y buenas noches, que soñéis con el viejo rey italiano Do!

10. Un museo con extraños instrumentos musicales

—¿Están todos los instrumentos en el museo? —me preguntaron los niños durante el trayecto al gran edificio, donde hay expuesta una gran cantidad de instrumentos musicales.

—Todos, no, por supuesto. Hay demasiados en el mundo, especialmente si sumamos a los actualmente en uso los que provienen de tiempos antiguos. Hoy no vamos a ver los instrumentos modernos, pues pronto podremos observarlos en un concierto de orquesta. Tampoco hablaremos hoy de los instrumentos folklóricos, que son incontables; de éstos hablaremos en otra ocasión. Hoy veremos tan sólo algunos instrumentos antiguos, y conversaremos sobre su historia.

Entramos. El director del museo, un profesor conocido mío, se asustó un poco al verme llegar con unos veinte niños.

—Con toda seguridad ya conocéis una serie de instrumentos... —comenzó el profesor.
—El piano... —contestó Juan.
—La guitarra —dijo su hermana casi al mismo tiempo.
—El violín..., la flauta..., el arpa..., el tambor —enumeraron los restantes niños.
—Muy bien, ya tenemos seis —dijo el profesor con tono elogioso.
—El violonchelo —añadió Pedro.
—El órgano —prosiguió Gabi.
—¡La radio! —gritó Elsa muy contenta, y no entendió por qué nos echamos a reír.

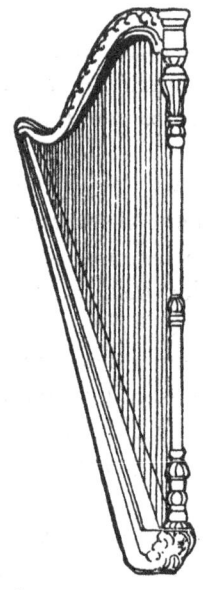

Arpa

10. Un museo con extraños instrumentos musicales

–Un momento, niña –interrumpió el profesor–. ¡Pongámonos primero de acuerdo sobre qué es un instrumento musical!

La gran tropa de chicos y chicas se quedó muda por unos instantes. Todos sabían qué es un instrumento musical, ¿pero cómo expresarlo? Entonces Juan propuso:

–Lo que produce un sonido...

–¡Excelente! –asintió el profesor–. Lo que produce un sonido musical, o como decimos nosotros, un sonido aplicable a la música. La voz humana es un instrumento musical..., pero la radio no lo es, pues no produce sonido alguno, sino que se limita a retransmitirlo. Precisamente por lo mismo el magnetófono, el tocadiscos y la televisión no son instrumentos de música, ¿está claro?

–El saxofón..., el clarinete..., la trompeta... –continuó la relación.

–Muy bien, ya hemos reunido un buen número. Entre los instrumentos los hay muy primitivos, como los que construyen los salvajes, y también sumamente refinados, los cuales demandan para construirlos una capacidad máxima. Hay instrumentos antiguos que ya no se utilizan, y nuevos. En pocas palabras: una gama muy nutrida. Pero pese a ello podemos dejar sentado que el conjunto de instrumentos se divide en tres grandes grupos: los instrumentos de viento o soplo, los de percusión y los de cuerda. Se ha dado mil vueltas en torno a cuál de estos grupos sería el más antiguo, pero nadie puede llegar a afirmarlo con plena seguridad. Al menos uno de los instrumentos de cada uno de estos grupos ya era conocido por nuestros más remotos antepasados, pues ya había música en aquel entonces.

–¡Sí, ya sabemos que la música es tan antigua como la humanidad! –dijo orgulloso Juan, y los otros asintieron.

–Así es –prosiguió el profesor–. Para la danza los hombres necesitaban algo que proporcionase ritmo. Al principio, simplemente batían palmas, pero pronto empezaron a aporrear con una pieza de madera un tronco de árbol hueco o a golpear una piel tensada. ¿Pero quién sabe si por aquel entonces no habían descubierto ya que un simple trozo de caña o un hueso agujereado pueden llegar a convertirse en instrumentos de viento? También pudo llegar a ser hallado muy pronto el camino que llevó al primer instrumento de cuerda. Nuestros antepasados remotos aún no cazaban con escopetas y perdigones...

–¡Sino con arcos y flechas! –añadieron ligeros los niños.

–Exactamente. Y el arco fue probablemente el primer instrumento de cuerda del hombre. ¿Os sorprende? Bien, la cuerda tensada produce un sonido al disparar la flecha. Ciertamente, es débil, pero se le puede reforzar de manera muy sencilla, si se sostiene la cuerda delante o mejor dentro de la boca abierta. Así lo hacen todavía hoy algunas tribus del África interior cuando quieren tocar música. Apenas lo descubrieron los hombres, se continuó la búsqueda de mejores cuerpos o cajas de resonancia, como se llama a esto...

–¡Sí, también lo sabemos! –dijo Juan otra vez lleno de orgullo–. Esto es cuando un sonido es fortalecido por otro cuerpo mayor...

El profesor no estaba menos sorprendido ante tantos conocimientos, y la tropa de críos se encontraba visiblemente cada vez más a gusto.

10. Un museo con extraños instrumentos musicales

—Los primeros cuerpos o cajas de resonancia que descubrieron nuestros antepasados —hace muchos miles de años— fueron frutos huecos, por ejemplo media nuez de coco, como aún hoy es utilizada con esta finalidad por los pueblos africanos. Sobre estas cajas de resonancia tensaban una cuerda, que hacían con tripa de animales, y posteriormente dos o incluso tres. Así sus instrumentos ya podían proporcionar varios sonidos. Y estos sonidos podían ser modificados por la distinta tensión y longitud de las cuerdas. ¿Sabéis ya de qué depende la altura del sonido de una cuerda?

Esto aún no lo sabían mis pequeños amigos. El profesor cogió un violín que estaba a mano y explicó:

—La altura del sonido depende de tres cosas: de la longitud, del grosor y de la tensión de la cuerda. ¡Hagamos en seguida una prueba!

Pellizcó una de las cuerdas. Ésta vibró y produjo un sonido. Con los dedos presionó después la cuerda aproximadamente por su mitad y volvió a pellizcarla. Ahora vibró sólo la parte de la cuerda que había pellizcado, mientras la otra permanecía silenciosa; y el sonido sonó mucho más agudo.

—Aprendamos —dijo el profesor— que de dos cuerdas de igual grosor y tensadas lo mismo, la más corta suena más alta.

Después nos mostró el violín para que pudiéramos observarlo perfectamente. Los niños descubrieron pronto que sus cuerdas no tenían el mismo grosor. Pellizcaron la más gruesa e inmediatamente después la más fina; y aquellos niños que ya habían participado en nuestros ejercicios reconocieron en seguida que la cuerda delgada

Viola

Violín

sonaba más aguda. El profesor volvió a extraer la conclusión:

–De dos cuerdas de igual longitud y tensión, la más delgada suena más alta.

Entonces probamos a tensar deprisa una cuerda que estaba vibrando, es decir, en el momento que producía un sonido, cosa que es fácil de hacer con las clavijas que se emplean para la afinación de los instrumentos de cuerda. Inmediatamente el sonido se elevó, y pudo percibirse así con toda claridad.

–Tercera regla –dijo el profesor–: de dos cuerdas de igual longitud y grosor, la tensada más rígida suena más alta. ¡Y ahora venid a ver algunos instrumentos!

El profesor nos enseñó violines y algunos instrumentos semejantes, que esencialmente eran sólo más grandes.

10. Un museo con extraños instrumentos musicales

—Ésta es la familia de los violines —dijo el profesor—. Se los llama así, y efectivamente parecen como una familia, todos semejantes entre sí, iguales en la estructura, distintos solamente en el tamaño. Éste es el violín propiamente dicho, con cuatro cuerdas que están afinadas en quintas...

—Nosotros sabemos ya lo que son las quintas —dijo Juan, y los otros afirmaron con vigorosos movimientos de cabeza, aunque yo dudaba un poco si todos lo habían advertido realmente.

—Aquí, tan sólo un poco más grande, la viola. Mucho más grande... aquí... el violonchelo o «chelo», que ya no es sostenido en el brazo como el violín o la viola, sino que ha de ser apoyado en el suelo. Y aquí, bien grande, más alto que el hombre que lo toca, el contrabajo. En estos instrumentos podéis hacer uso de las reglas que os di. El contrabajo tiene las cuerdas más largas y gruesas, y por eso es el que suena más grave...

—¿Cómo puede un niño aprender a tocar el contrabajo? —preguntó Cristina mientras rasgueaba con sus deditos las gruesas cuerdas y llena de temor reverencial miraba hacia arriba en toda su altura al instrumento. Todos reímos, y la verdad es que el profesor no supo qué responder.

—Aquí —nos explicó después— puede verse una serie de antepasados de la familia de los violines.

De una vitrina tomó una cosa muy extraña, que apenas tenía aspecto de instrumento musical: se trataba de un par de tablas malamente ensambladas; sobre ellas corrían dos cuerdas.

—Este instrumento tiene una historia muy, muy antigua. Es el más remoto antepasado de nuestros violines y ya era conocido en la India hace siete mil años. Allí se llamaba *ravanastron,* por el legendario rey Ravana, de Ceilán, también llamado el «Rey con las diez cabezas». Se tocaba con un arco, pero no con uno de estos con los que se toca hoy el violín, y que ya no tienen forma de arco, sino con uno auténtico. Helo aquí.

El arco parecía el de un flechero de la floresta africana. El profesor lo apoyó en las cuerdas y oímos un sonido suave y chirriante.

–Todos los instrumentos de arco antiguos se tocaban con arcos de verdad; lo veremos también en ese otro que está allí...

Violonchelo

Contrabajo

10. Un museo con extraños instrumentos musicales

–Ahora ha dicho usted instrumentos de arco y antes decía siempre instrumentos de cuerda; ¿no es lo mismo? –quiso saber Juan.

–No, no todos los instrumentos de cuerda son instrumentos de arco. ¿De qué manera pueden hacerse sonar las cuerdas?

–¡Rozándolas con el arco! –contestó Pedro.

–Pellizcándolas –chilló la pequeña Elsa, que se acordaba de lo que el profesor había hecho un poco antes con las cuerdas del violín.

–¡Muy bien! –dijo el profesor–, ya tenemos dos maneras, ahora sólo nos falta la tercera...

Los niños estuvieron muy pensativos, pero ninguno dio con ello.

–¡Pensad de nuevo en el piano! –los ayudó el profesor, y entonces se acordaron de los bonitos martillitos que saltaban allí arriba y abajo cuando yo tocaba para ellos alguna cosa. Pero no conseguían expresarlo correctamente, hasta que Juan halló la solución:

–Gol... ¡Golpeándolas!

–¡Excelente! Así que: rozar, pellizcar, golpear... Así se pone a las cuerdas en vibración. Las cuerdas de todos los instrumentos de la familia de los violines se rozan. ¿Y cuándo se pellizca?

–Pues, en la guitarra..., en la mandolina..., en el arpa –acertaron los niños.

–También se pellizcan las cuerdas circunstancialmente en el caso de los instrumentos de arco, y entonces esto se denomina con una palabra italiana, *pizzicato*. ¿Y cuáles son los instrumentos de cuerda que han de ser percutidos?

–¡El piano!

El profesor asintió satisfecho, pero parecía como si estuviera esperando aún otra respuesta. Como nadie hablara, preguntó:

–¿Habéis oído tocar en alguna ocasión a una orquesta de zíngaros? Su principal instrumento es el címbalo, que es algo así como una cítara grande o como un arpa que estuviera tendida sobre la mesa: se golpea sus cuerdas con dos macillos o palillos... Pero volvamos a los antepasados de los instrumentos de arco... Aquí podéis ver otro más, muy importante. No es tan antiguo como el *ravanastron,* pero también tiene ya muchos siglos y procede de Arabia. Su sonido es mucho más pleno y bello...

El profesor tocó aquel extraño instrumento, que apenas tenía medio metro de largo; pero no lo apoyó en el brazo como un violín, sino que lo apoyó en el suelo y lo sujetó con las rodillas como si fuera uno de nuestros actuales violonchelos. Sonaba un tanto parecido a éste, aunque a poco pudo apreciarse que era no tan melodioso y fuerte.

–¿Cómo se llama este instrumento? –se interesó Juan.

–Se llama *kamanŷa.* A su lado podéis ver otro abuelo de la misma familia; con toda seguridad tiene ya dos mil años. Ved que ya tiene algo de la forma del violín. Se llama *rabāb,* que es una palabra árabe, como también lo es *kamanŷa.* Cuando los árabes penetraron por la fuerza en Europa (esto ocurrió en el siglo VII, cuando comenzaron a conquistar la península Ibérica) trajeron con ellos este instrumento. En aquel entonces no era posible que existiera en Europa algo semejante. Junto a otros muchos, recibió aquí el nombre de «viela»; de viela se derivó viola, y a lo largo de muchos siglos así fueron llamados los

10. Un museo con extraños instrumentos musicales

magníficos instrumentos que ocuparon el punto central de la vida musical y fueron perfeccionados y tocados por los grandes maestros. Aquí tenéis un ejemplar especialmente bello de estas violas del siglo XVII..., y aquí algunos otros...

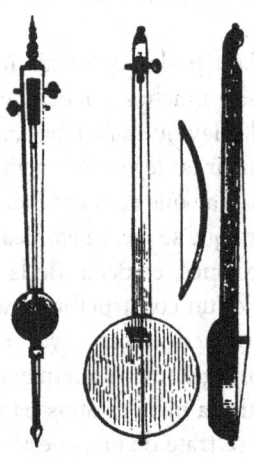

Violines árabes *(rabāb)*

Ahora vimos algunos magníficos instrumentos mucho más bellos que todos los que están actualmente en uso. Tenían formas que parecían semejantes a las violas y los violonchelos actuales; pero poseían un acabado mucho más bello, con adornos en marfil o talla. Y la voluta, como se llama al extremo superior del mango del violín, donde se tensan y se afinan las cuerdas mediante las clavijas, a veces adoptaba la forma de maravillosas terminaciones y cabezas.

—La construcción de estos instrumentos —así comenzó el profesor su explicación— era a la vez un arte y una ciencia. A menudo este conocimiento se transmitía del abuelo al padre, de éste a los nietos, y de éstos nuevamente a sus hijos. Muchas generaciones trabajaron para penetrar en los secretos del sonido y aplicarlos...

—¿Los secretos? —preguntaron los niños, llenos de curiosidad.

—Pues claro. Para poder construir instrumentos, tan nobles, se precisan muchos conocimientos, y también gran sensibilidad. Hay que saber bastante de matemáticas, hay que dominar las leyes de la acústica y también la teoría del sonido. Hay que conocer bien las propiedades del tipo de madera que se piensa emplear. Mucho depende de las proporciones, es decir, de la medida de cada parte. Por ejemplo, un constructor de violines sabe perfectamente que no puede hacer mayor o menor la tapa de un instrumento sin agrandar, empequeñecer, ensanchar o estrechar de la misma manera otras partes constitutivas. Es frecuente que se trate de una cuestión de milímetros, incluso de fracciones de milímetro; ¡tanto ha de afinarse en ese trabajo! Pero aún más: hay que tallar la madera y saber disponer la laca de las distintas partes; hay que extenderla en el instante preciso y además con el espesor que se necesita; ha de saberse —con precisión milimétrica o aún mayor— dónde debe insertarse el puente o el mango o mástil, cuán anchos y altos han de ser, cómo deben tornearse las clavijas, y todavía más, mucho más. Cuando se trataba de conseguir que un instrumento resultase especialmente logrado, no era posible contar el número de las horas, de los días y noches que se invertían en ello.

10. Un museo con extraños instrumentos musicales

–¿Se conoce el nombre de estos hombres..., cómo se les llama realmente? –preguntó Juan.

–Por lo común se les denomina constructores de violines, aunque en aquel entonces construían más violas y laúdes que violines. En algunos idiomas hay denominaciones que proceden de la palabra «laúd». Se conoce el nombre de muchos de los constructores históricos de violines. Los más famosos son Amati –se trata de toda una familia que va del abuelo al padre, y de éste a sus hijos y nietos– y Stradivarius. Vivían en Cremona, una ciudad italiana que durante mucho tiempo fue el centro de la construcción de violines. También fueron construidos violines y violas maravillosas en Brescia, al igual que en algunos lugares del Tirol y de la Baviera central...

```
Antonins Stradiuarius Cremonenſis
       Faciebat Anno 1694
```

Etiqueta con la que los constructores de violines acreditaban sus instrumentos

–¿Cuándo sucedió, más o menos? –quiso saber Juan.

–Stradivarius murió en el año 1737; el más famoso de los Amati, Nicolás, que había sido el maestro de Stradivarius, murió en 1684...

–¿Y es posible tocar todavía hoy estos instrumentos? –se interesó ahora Pedro.

–¡Oh, sí, y suenan magníficamente! Hay hoy algunos violinistas muy famosos que tocan violines Stradivarius o Amati...

Taller en el siglo XVIII

—Tendrán un valor muy grande, ¿no?

—Así es. Ahora ya no quedan muchos en todo el mundo, y cada uno de ellos vale una fortuna. Pues desde entonces nadie ha conseguido fabricar instrumentos que suenen tan bien...

Habíamos continuado caminando. En otra vitrina vimos guitarras y laúdes. El profesor nos contó que también éstos habían sido traídos a Europa por los árabes en días lejanos. Llamaban a estos bellos laúdes, con su caja abombada y su mástil inclinado hacia atrás, el «'ud», de donde se deriva la denominación española de laúd, que se extendió a otros idiomas; por ejemplo, en alemán se dice *Laute.* Después nos mostró una extraña especie de laúdes africanos. Sus cuerdas estaban tensadas sobre una calabaza que servía de caja de resonancia.

En la sala siguiente se conservaban instrumentos de viento. Vimos allí las flautas más sencillas, con muy po-

10. Un museo con extraños instrumentos musicales

Constructor de laúdes (según un grabado de Alberto Durero)

cas notas, tal como las tocaban los pastores antiguamente en Europa y aún hoy los indios en Latinoamérica. Estaban hechas de barro, de bambú, de plata, e incluso había una hecha de un hueso humano. Además había las llamadas «flautas de Pan»: éstas constan de varias flautas de distintos largos que están atadas juntas. Tocadas una tras la otra, sus notas producen una escala, y los niños comprobaron que también aquí reina una ley semejante a la de los instrumentos de cuerda: cuanto más largo y más grueso es el instrumento, más grave es el sonido. Por el contrario, es más y más agudo cuanto más pequeñas y delgadas lleguen a ser las flautas.

Lo mismo sucedía también con los instrumentos de percusión, que observamos en otra sala. Su sonido era

El maravilloso mundo de la música

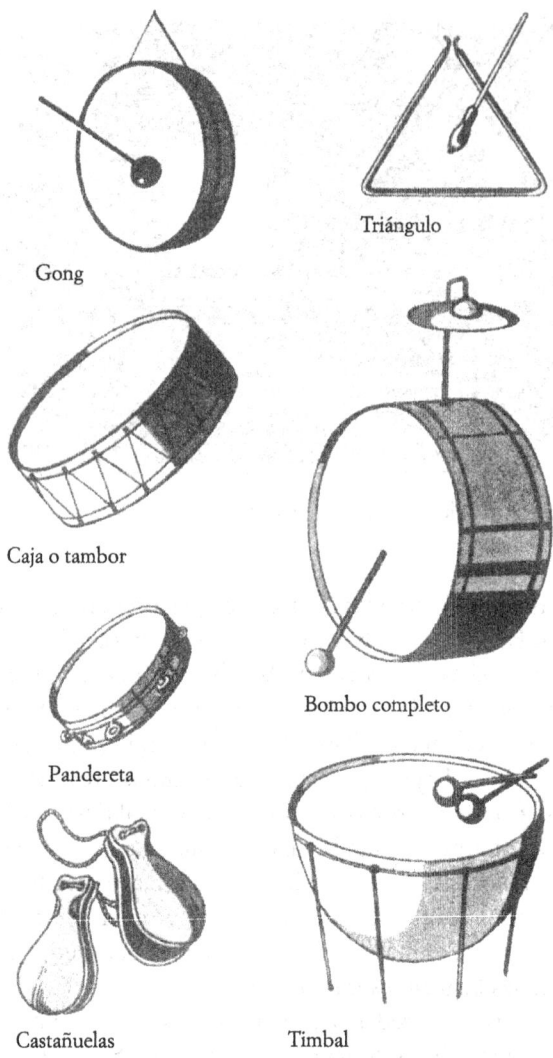

también más grave cuando el instrumento era más grande. De ellos había allí una verdadera plétora de los más distintos tipos: pedazos de troncos de árbol vaciados, que sirven de tambores a los pueblos primitivos en diferentes partes de la tierra; campanas de metal de diversos tamaños; barras metálicas; sonajas de madera semejantes a esas pequeñas castañuelas que emplean las bailarinas españolas para marcar el ritmo; panderetas, redondos marcos de madera con una piel tensada sobre ellos y pequeños cascabeles; una infinita variedad de tambores; gongs o tam-tams, grandes discos de cobre que son golpeados con un pesado mazo y producen un sonido retumbante y sordo, pero solemne.

El nombre de gong vendría, según nos explicó el profesor, precisamente de ese sonido al quererlo imitar con la voz. Esto ha dado lugar a una variadísima nomenclatura, y no sólo entre pueblos primitivos, sino también entre otros tan evolucionados como los de Extremo Oriente, los cuales no sólo han descubierto el gong y otros instrumentos parecidos, sino que, especialmente en Indonesia, los han reunido de distintos tamaños para formar orquestas que suenan magníficamente.

Hay muchos pueblos que utilizan frutos secos como instrumentos de percusión, pues cuando se los agita las semillas sueltas producen en su interior un sonido como de matraca, que puede proporcionar a la danza de hombres sencillos –en África y en América Central– un acompañamiento adecuado y estimulante.

11. Un viaje alrededor del mundo en una sola mañana

¡Hoy hemos hecho mis amigos y yo un viaje verdaderamente magnífico! Ya hacía tiempo que quería contarles algo sobre la música y la danza de los pueblos; pero la mera palabra me parecía demasiado pobre para un tema tan multicolor y vivo, y por otra parte el piano tampoco puede imitar correctamente la diversidad del sonido de los instrumentos folklóricos. Me había decidido ya a hacerlo con discos gramofónicos, cuando leí que hoy por la mañana se proyectaría una serie de películas sonoras y en color con canciones y danzas de los más distintos rincones el mundo.

Todos los pueblos de la tierra tienen su propia música, música que muchas veces es muy antigua, cantada y tocada ya por los abuelos y también por los de éstos. Y bailes que reflejan claramente el carácter de los pueblos, sea gracioso o rudo, vigoroso o apacible, lento o rápido, humorístico o serio, complicado o sencillo, artístico o natural. O una cosa intermedia de todos o de muchos de ellos.

Pero las danzas y las melodías pueden migrar, como a veces lo hacen los hombres. Y en el extranjero pueden sentirse muy bien o consumirse de nostalgia de la antigua patria. Frecuentemente una canción, una danza, ha traspasado las fronteras de su país de origen, y pasando de ciudad en ciudad ha conquistado el mundo. Así sucedió con el vals, que en el siglo pasado comenzó su marcha triunfal en Viena, pronto fue bailado en todas partes y ha sido imitado de cien maneras. O con la mazurca y la polonesa, que vinieron de Polonia. O con la polca, que fue inventada en 1850 por una joven campesina checa y pronto fue bailada en todo el mundo, o con el tango argentino, que se extendió por Europa a comienzos de nuestro siglo; y con el jazz, que procede de los barrios negros de las ciudades norteamericanas, inundó Europa a consecuencia de la Primera Guerra Mundial y poco

Vals

después la mitad de la tierra, y desde entonces desempeña, con numerosas modificaciones, un importante papel en la música de esparcimiento o pasatiempo de todos los países.

De todo esto fuimos hablando hoy temprano mientras íbamos de camino. Expliqué a los niños que hoy no veríamos este tipo de danzas, de estos bailes que en cierta medida han llegado a ser «internacionales» y que alguna vez fueron llamados «bailes de moda», sino danzas populares auténticas que no se han alejado de sus países de origen. Claro que tampoco hay que creer que el vals haya llegado a ser «no-vienés» porque conquistara el mundo; cuando escuchamos alguna de las famosas melodías de Johann Strauss, por ejemplo el *Danubio Azul, Voces de primavera, Historias del bosque de Viena* o *Rosas del Sur,* sentimos la estrecha relación de esta música con la Viena del siglo pasado, con aquella ciudad alegre, despreocupada, amante del baile. Pero hay también miles de otros valses, compuestos en cualquier parte del mundo, que ya nada tienen en sí de vieneses.

Los auténticos bailes populares son otra cosa. Pertenecen a lo que se llama folklore, al arte y al saber populares. Y esto es único o distinto para cada pueblo, refleja exactamente su carácter y también el paisaje que habita, incluso cuenta algo de su historia a quien sabe escuchar y observar correctamente. En los últimos años se presta gran atención al folklore, al auténtico arte popular; en todas partes se fomenta y cuida con cariño, y a ello tenemos que agradecer películas como las que hoy veremos. Este empeño es muy sano y muy natural. La vida moderna persigue una acomodación, una igualación cada vez más fuerte: hoy se edifica en el Japón igual que en el Brasil o como en toda Europa; en África se viste igual que en Australia, y en Europa igual que en América. Se ven las mismas películas, los mismos programas de televisión; se emplean por todas partes los mismos aparatos y utensilios, las mismas máquinas e instrumentos. Entonces es bueno que cada pueblo mantenga aún algo que le es propio, algo que proceda de su pasado, de su tradición, y exprese exactamente su pensar y sentir. Y esto es el folklore.

Los niños me preguntaron de dónde venía la palabra. La creó un investigador inglés hace más de cien años. *Folk* expresa lo que nuestra palabra pueblo, y *lore* significa el saber. Es decir, lo que el pueblo sabe; ahora bien, sin que haya de serle enseñado. Por tanto, es el saber primordial, el innato, cuyo origen ya nadie conoce. El folklore no es sólo música y danza; también pertenecen a él sagas y leyendas, vestimentas y usos.

Lo primero que vimos en la película fue una fiesta popular española. Se vio la orquesta, que constaba de muchas guitarras, de algunos instrumentos de viento y de gaitas. A veces se desarrollaban ante nosotros bailes en grupo, a veces por parejas, pero los más sugestivos fueron los solos de baile, cuando una joven, casi una chiquilla, se apartó del conjunto y durante unos momentos bailó sola con maravilloso dominio del cuerpo, con movimientos enérgicos y a la vez graciosos. Cristina, que como siempre estaba sentada a mi lado, me susurró que hoy por la tarde intentaría bailar de aquella manera, pero que por desgracia no tenía un vestido tan largo y multicolor y tampoco una peineta tan alta como la que la española llevaba en su brillante pelo negro.

Pero nuestros jóvenes se entusiasmaron principalmente con el baile de espadas siguiente, que ofreció un grupo de vascos y resultaba muy excitante con su salvaje música. ¡Por fortuna mis pequeños amigos no tienen espadas en casa!

Bolero

¿Cómo se llamaban todas aquellas danzas que aparecían en la película española? Advertimos cuáles eran algunas de ellas: la «jota», y después las «sevillanas», que proceden del sur, de Andalucía y de su ciudad de Sevilla; también la «seguidilla», que se baila y canta en la bella ópera *Carmen*. ¡Si quisiéramos hacer cuenta de todos los bailes españoles, entonces serían muchas docenas!

Después fuimos trasladados a Holanda. ¡Qué grande era la diferencia! La destreza, incluso podría decirse la acrobacia; el porte orgulloso y altivo de los españoles se había mutado aquí en un tranquilo, ondulante, casi apacible dar vueltas sobre sí mismos. Los grandes y pesados zuecos de madera tableteaban en el suelo sosegada y regularmente; resultaba agradable y casi tranquilizador

11. Un viaje alrededor del mundo en una sola mañana

después de la anterior excitación de los meridionales. Las muchachas llevaban lindas cofias blancas y amplios y gruesos vestidos, y sonreían. En el caso de los españoles se había tenido la sensación de que la danza era tensión, tirantez de todos los músculos, liberación de energía. Aquí, en Holanda, era distensión alegre y sociable de estar juntos. ¿De dónde vendría la diferencia? Los niños mayores lo advirtieron y se hicieron la pregunta. ¿Sería cuestión del clima? ¿De que las ropas más gruesas, que han de ponerse las personas de zonas más frías, estorban los movimientos rápidos? ¿De que el carácter más tranquilo de los septentrionales hace de su danza un apacible pasatiempo, mientras el temperamento meridional de los pueblos mediterráneos transmite a su baile las características de un combate o competencia?

La pantalla sonora nos trasladó ahora a Noruega. En una casa de pescadores, mujeres y muchachas estaban sentadas junto a sus ruecas. Sus blancas cofias estaban recamadas de oro, y sus cabellos parecían de ese metal. Cantaban una canción acompañada del zumbido de las ruecas. No entendimos las palabras, pero sentimos que cantaban algo de ese mar que determina su vida.

Cada pueblo canta a la naturaleza donde el destino ha hecho que se desarrolle su vida: el habitante de los Alpes canta de las cimas cubiertas de nieve; el hombre de la pampa, de la vastedad de la llanura y de la soledad; la imagen del río nace de las melodías de los habitantes que viven en sus orillas. El páramo tiene sus propias canciones, igual que las tiene el paisaje de colinas, los grandes bosques igual que los oscuros pantanos y cenagales.

Así que las noruegas cantaban del mar, de ese mar al que partieron padres, hermanos, maridos y prometidos, para pescar; en el que vivieron tormentas y tempestades, calmas chichas y días soleados, y del que un día profundamente deseado regresaron al lado de las mujeres que quedaron en tierra.

Después nuestro viaje nos llevó a Polonia, y nuevamente música y danza fueron completamente distintas. Las melodías tenían ese carácter especial que es propio de la música eslava. (Pues Polonia es un país eslavo, y sus habitantes son eslavos como lo son los rusos, los checos, los serbios, los eslovenos, los eslovacos, los búlgaros y aún otros más.) «Esta música le pone a uno triste», así se expresó Karin: «Pero con una tristeza agradable», como añadió Gabi. Mas en seguida pudimos advertir que la música eslava no es siempre triste o melancólica. Tras una canción popular cantada por un coro, siguió inmediatamente un baile rápido, para el que los muchachos

11. Un viaje alrededor del mundo en una sola mañana

vestían largas blusas ceñidas con un cinturón y las muchachas llevaban otras blusas más cortas, delantales, flores y cintas. Había muchas vueltas muy graciosas de las muchachas, que giraban sobre las puntas de los pies y hacían así que sus faldas se abrieran como campanas. Los muchachos daban a menudo saltos bien altos, y al hacerlo llevaban a cabo rápidos movimientos de las piernas. Este baile se llamaba cracoviana, es decir, había recibido su nombre de la ciudad de Cracovia, que desempeñó un importante papel en la antigua Polonia. Originalmente no había sido una danza popular, un baile alegre y divertido. Expliqué a los niños su historia, que es semejante a la sucedida con muchas danzas populares. Esta danza se había bailado mesurada y solemne, en la Corte, igual que la polonesa. Pero después llegó al pueblo, que siempre imita gustoso las danzas de las capas sociales superiores. Y así había ido tomando progresivamente su actual carácter, en el que ya no hay rastro de la vieja solemnidad de una ceremonia cortesana. Un descanso en la proyección nos dio la oportunidad de esta conversación, pero ahora volvió a apagarse la luz y una imagen llena de colorido absorbió nuestra atención.

Ahora estábamos en Hungría. En la *Puszta,* como se llama allí a la llanura, tenía lugar una fiesta popular. Llegaba a nuestros oídos el sonido de los violines. ¿Habéis oído tocar alguna vez a una auténtica orquesta zíngara, es decir, de gitanos húngaros? ¡Suena maravillosamente, de manera totalmente distinta a cualquier otra orquesta!

Es como si los violines pudieran reír o llorar, y cada músico toca con toda su alma y siempre halla algo nuevo y nunca llega a cansarse, aun cuando toque sin interrup-

Címbalo

ción durante varias horas o se pase así toda una noche de verano. Tocan siempre de memoria, o mejor, de oído; no pueden hacerlo de otra manera, pues jamás han aprendido solfeo, a leer las notas. En medio de una de tales orquestas, entre violines y uno o dos contrabajos, se encuentra siempre un extraño instrumento: se parece a una gran cítara o a un arpa tumbada. Ya lo hemos mencionado durante la visita al museo de instrumentos de música: el címbalo. Un músico, al que contemplar es ya de por sí un verdadero placer, golpea con dos macillos las numerosísimas cuerdas, a menudo con tal claridad que el címbalo, gracias también a la resonancia, suena como una orquesta entera.

Lo que bailaban los húngaros era su baile nacional, la famosa *czarda*. Muchachos y muchachas, con sus trajes multicolores, con mucho verde y mucho rojo en las cintas, con bordados en chaquetas y faldas, con botas de

11. Un viaje alrededor del mundo en una sola mañana

Czarda

caña alta y elegante porte, empezaron con una lenta y solemne introducción; era como una invitación a la danza. Y después comenzó la parte rápida, cada vez más y más aprisa. La orquesta tocó con creciente calor y entusiasmo, y los bailarines se superaron los unos a los otros en giros y saltos. Volaban cabellos y cintas, el torbellino se hizo cada vez más loco. Entonces, con tres vigorosos acordes de la orquesta, concluyó el baile. Los bailarines adoptaron la postura final con movimientos rápidos como el rayo, y así no fue extraño que todo el público rompiera a aplaudir y que mis pequeños amigos no se quedaran atrás.

Apenas tuve tiempo para tomar un par de notas destinadas a poder trasladar después todo fielmente al libro. Creo que a Hungría siguió Italia. ¿Quién no conoce las canciones populares italianas? ¿Esas dulces melodías que cantan los pescadores del golfo de Nápoles o los gondoleros de Venecia? De nuevo se siguieron canciones y bailes en polícroma sucesión, y, justamente como en España, pudimos observar aquí algo interesante: cómo puede ofrecer tantas diferencias la música dentro de un mismo país. Las melodías del Norte sonaban distintas de las del Piamonte, de las de los Abruzos y de la Toscana; y muy distintas de las de Sicilia.

Tarantela

Entre los instrumentos advertimos muchas mandolinas, un pequeño instrumento de púa con muchas cuerdas, que, al repetirse muy deprisa las notas, proporciona un sonido murmurante. La danza que nos gustó más fue una agitada tarantela bailada muy rápida. La hábil bailarina se acompañaba con una pandereta que incorporaba al baile con asombrosa destreza. Este nombre tiene una historia singular: ¡En la Edad Media, cuando surgió este estilo de danza muy rápida y saltarina y evolucionó hasta convertirse en una auténtica danza furiosa, mucha gente juiciosa creyó que la culpa la tenía una araña venenosa, que se llama tarántula! ¡Su picadura sería la que llevaba a las personas a tal frenesí! Y así, a esta danza, que frecuentemente llegaba a ser bailada días y noches sin darse descanso y no pocas veces traía como consecuencia la muerte del bailarín, se la llamó baile de la tarántula o tarantela. Naturalmente, no tardó en hacerse evidente que aquel animalejo era inocente; pero de alguien que gesticula o se mueve con demasiada vivacidad decimos aún hoy que parece como si lo hubiese picado la tarántula.

Después vino un bonito cuadro eslovaco, con una música suave y acariciante a la que luego siguió una divertida polca. La orquesta acompañante constaba de muchos instrumentos de viento, especialmente de clarinetes, y otra vez nos chocaron las gaitas, cuya extraña forma ya habíamos visto en las imágenes españolas y luego volveríamos a ver en una banda escocesa. Constan de un odre o saco, llamado fuelle, al que están unidos varios tubos o pitos, de los cuales uno se toca mientras los otros suenan simultáneamente. ¿Quién inventaría este instrumento que hoy se encuentra en lugares de Europa tan distintos y apartados entre sí? A los niños sólo pude decirles que los griegos antiguos ya conocían un instrumento parecido hace más de dos mil años. Pero es muy posible que ya fuera tocado en Asia desde mucho antes. Durante la polca nuestras chicas advirtieron en seguida que las bailarinas llevaban muchas faldas superpuestas, lo que al girar deprisa proporcionaba un cuadro muy bonito. Entonces expliqué a mis pequeños acompañantes que puede observarse la misma costumbre en habitantes de otras partes de la tierra, como por ejemplo entre las tribus indias de Sudamérica –y singularmente en las partes frías, en los altos Andes–, donde las muchachas tienen que llevar tantas más faldas cuanto mayor sean el rango y la posición de su familia.

Después tuvimos algo especialmente interesante: música y danza de Rusia. Aquí las canciones que se cantaron alcanzaron conmovedora tristeza, y las danzas, un salvajismo no superable. ¡Los muchachos que allí actuaban eran auténticos acróbatas! Saltaban a lo alto como si tirase de ellos un hilo, y se dejaban caer de rodillas, para incorporarse una vez y otra a toda prisa. O se quedaban en cuclillas y extendían hacia delante alternativamente y a toda velocidad la pierna derecha y la izquierda, tan rápidas que apenas se las podía seguir con los ojos. Y las muchachas no eran menos ágiles y hábiles en sus movimientos, aun cuando en su caso hubiera menos acrobacia y más bien se tratase de gracia y armonía. Entre los bailes que los rusos ejecutaron en la pantalla hubo un *gópak,* luego una danza cosaca y también otra caucasiana. Los instrumentos eran tan variados como las danzas: algunos recordaban a nuestro acordeón, otros tenían forma de laúd, incluso había uno que se parecía a una zanfonía medieval y era tocado por medio de una pequeña rueda; finalmente, no podía faltar el instrumento característico de Rusia, la balalaica, una pequeña guitarra con la caja triangular, un mango muy largo y sólo tres cuerdas. Entre los bailes fueron intercaladas canciones una y

Danza cosaca

11. Un viaje alrededor del mundo en una sola mañana

Zapateado bávaro

otra vez, y las voces que las interpretaron eran especialmente armoniosas. Singularmente, las voces bajas masculinas sonaban a veces como música de órgano y, si cerrábamos los ojos, entonces era como si más allá de las imágenes de la pantalla viéramos las vastas estepas y, en ellas, campos de nieve sin fin en anchas corrientes que fluían sosegadamente a lo lejos.

La expedición musical siguió adelante. A una imagen de Escocia con una banda imponente, formada principalmente por gaitas, siguió una escena de Francia que representaba una alegre fiesta de la vendimia. Después fuimos a los Alpes bávaros, donde sonaban cítaras y había muchachos que, con los clásicos pantalones cortos de cuero, ejecutaban un «zapateado bávaro» con saltos, giros en cuclillas, palmadas y un estupendo humor...

Esa mañana la experiencia fue muy grande. Los niños aprendieron cosas importantes no sólo acerca de la música de los pueblos, sino sobre esos mismos pueblos; aprendieron más de lo que puede llegar a serles contado durante muchas horas de clase de geografía e historia.

12. De cinco líneas, de puntos gordos y de un milagro

A la tarde siguiente volvimos a reunirnos en mi casa. ¡Ahora el espacio ya era casi pequeño para tantos niños! ¡Sumaban ya treinta! Mi ama de llaves estaba cariacontecida, pero Renzo se alegraba con cada recién llegado.

Las preguntas volaban de un lado para otro. Se notaba que los niños todavía tenían en la cabeza las multicolores imágenes y las bellas melodías de las películas. Ya en el museo algunos de mis pequeños amigos me habían manifestado el deseo de aprender a tocar instrumentos musicales, y el día vivido ayer evidentemente había fortalecido aún más este deseo.

–¿Es necesario aprender a leer las notas, para poder tocar un instrumento? –me preguntaron varios.

–No es fácil contestar con un sí o un no. Entre la gente del pueblo hay muchos músicos excelentes que no pueden leer las notas. ¡Pensad también en los zíngaros húngaros que vimos en la película! Hay personas, incluso niños, que pueden repetir al piano melodías que escucharon –o con la guitarra o con el acordeón–, sin que jamás hayan visto las notas o estudiado música. Ahora bien, si queremos ocuparnos seriamente con la música y comprender mejor sus grandes obras o dominar un instrumento con verdadera perfección, para poder hacer música junto con otras personas, entonces tenemos que aprender solfeo, es decir, a leer las notas. Pero no hay nada que sea más fácil que esto...

–¡Oh, no, es muy difícil! –dijeron algunos de mis pequeños amigos al tiempo que suspiraban. Seguramente habían tenido malas experiencias. Me eché a reír.

–¡No difícil, terriblemente difícil! –añadieron varios más.

Reí con más fuerza.

–¿Hablamos hoy un poco de ello? –propuse. En vez del entusiasmo de otras ocasiones, vi ahora sólo treinta caras largas.

–¡Pero no tengáis miedo! ¡Hasta ahora nunca os habéis aburrido aquí! ¿No es verdad? ¡Pues bien, tampoco sucederá tal cosa hoy! En seguida veréis qué interesante y ameno puede ser esto –dicho y hecho, traje una pizarra y tiza.

–Ay, ahora las cinco líneas..., ya lo conocemos –dijeron aburridos varios de los mayores.

–¿Cinco líneas? –pregunté admirado–. ¿Para qué?

Ahora se quedaron cortados: ¿Un músico que no sabe que la música se escribe sobre cinco líneas? Aquello era bien raro, pensarían los niños con toda seguridad. La única cara que no parecía admirada era la de Juan, e incluso de repente mostró alegría. Juan tenía confianza en mí.

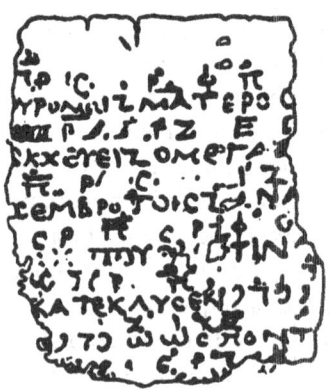

Signos musicales sobre el texto de un
papiro manuscrito de la antigua Grecia

—Decidme, esas cinco líneas que habéis mencionado...
¿de dónde vienen?

Se hizo un silencio total, nadie sabía qué responder.

—Bien, los hombres no descubrieron la notación musical en un solo día, sino a lo largo de varios siglos. Fue un camino muy largo, y me gustaría que ahora recorriésemos al menos sus más importantes etapas, es decir, que de alguna manera volviéramos a descubrir la notación...

¡Ah! ¡Descubrir! Esto ya sonaba de otra manera. Además, Rudi preguntó entre las risas de todos:

—¿También necesitaremos siglos para ello?

—¡No! ¡Lo haremos en una sola tarde!

Me senté al piano y toqué una melodía breve y muy sencilla. La repetí tres o cuatro veces, y los niños la cantaron en seguida. Después hice salir a Juan a la pizarra y le dije:

12. De cinco líneas, de puntos gordos y de un milagro

—Ahora, Juan, debes imaginarte que esta habitación ya no está en mi casa, sino que representa una nave de un templo antiguo, en Egipto, hace tres mil años... Y tus compañeros son cantores y tú debes hacer que ellos recuerden esta pequeña melodía, para que así puedan cantarla. Pero tú no debes cantársela a ellos previamente. Entonces, ¿qué podrías hacer?

—¡Transcribir la melodía! —gritaron algunos.

—¡No, esto no sirve! ¡Aún no hay notación musical! —opuse—. ¡Precisamente estamos empezando a descubrirla!

Largo silencio. Entonces toqué repetidamente la pequeña melodía, levemente, como un ligero fondo para el silencio. Todos reflexionaban intensamente. Finalmente Juan levantó su brazo derecho y, muy despacio, comenzó a dibujar algo en el aire.

—¡Bravo! —grité. Juan se quedó muy sorprendido—. ¡Has descubierto el camino correcto! ¿Que cómo? Pues así; acabas de dibujar la melodía en el aire. ¡Eso mismo es lo que probablemente hizo aquel director de hace tres mil años! Donde la melodía sube, levantó él la mano, y la bajó allí donde cae.

Poco a poco todos me entendieron e hicieron los movimientos manuales mientras cantaban la melodía. Luego probé con una serie de otras melodías y pronto todos tuvieron mucha práctica en saber cuándo las notas suben y cuándo descienden. Para ello, organizaron los movimientos de sus brazos. A una elevación de la melodía correspondía una subida de la mano, y a un descenso, una bajada.

—Muy bien. Éste es el primer paso —dije—. Ahora podemos representarnos cómo recuerda el director a los cantantes una melodía, cómo puede conducirla en cierta medida mientras la cantan. Ahora el paso siguiente: ¿qué puede hacer el director para distinguir la melodía, para no confundirla con las otras muchas que seguramente conoce?

—¡Transcribirlas! —propuso un muchacho.

—¿Cómo, si no hay notación musical? —replicó Juan con listeza.

De nuevo otro largo silencio. Después dije:

—Veamos, ¿cómo os explicaría alguien un camino, por ejemplo el de mi casa o el de la escuela, si ese alguien no entendiera el castellano?

—¡Mediante un dibujo! —propuso Karin, y corrió a la pizarra para demostrárnoslo.

—¡Magnífico, Karin! Lo que has dibujado parece el camino de tu casa al colegio, ¿es así?

Karin afirmó con vehementes movimientos de cabeza. Continué:

—Ahora volvamos de tu camino del colegio a nuestra pequeña melodía. ¿Cómo podemos retenerla si todavía no hay signos para las notas?

—¡Justamente así, con un dibujo! —gritaron varios a la vez.

—Pues vamos a intentarlo —propuse—. Coge la tiza, Juan, y ve dibujando la pequeña melodía mientras la toco...

Y mientras yo tocaba despacio, Juan trazó una línea. Ésta iba al principio hacia arriba, como la melodía, y después otra vez hacia abajo hasta el nivel inicial.

—Ved, esta curva que Juan ha dibujado es un retrato o copia de nuestra melodía. Así empezó quizá nuestra no-

12. De cinco líneas, de puntos gordos y de un milagro

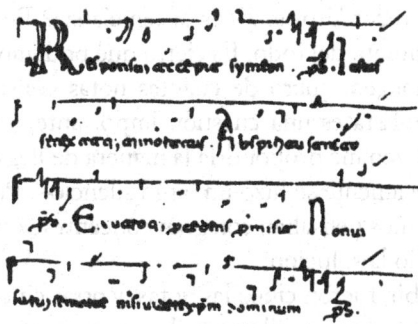

Notación italiana con línea de *fa*. Hacia el año 1100

tación musical, hace muchos, muchísimos años. Coged ahora una hoja de papel –aquí las he preparado para vosotros– y lápices. Yo tocaré un par de melodías, y vosotros las iréis dibujando. Cuando las notas vayan hacia arriba, también subirá la línea que debéis dibujar; cuando la melodía se mantenga durante más tiempo en la misma nota, vuestra línea irá horizontal sin subir ni bajar; y cuando la melodía descienda, vuestra línea irá hacia abajo. ¿Comprendido?

Estuvimos haciendo esto durante casi un cuarto de hora. En algunas hojas vi cosas tremendas. Pero casi todos habían comprendido en seguida la idea básica, y eso era lo principal. Es decir, de algo invisible, como lo son las notas o las melodías, puede hacerse un cuadro o imagen. Éste era el camino de la notación musical.

–Y ahora el siguiente paso, el tercero –anuncié–. Mirad la línea que Juan ha dibujado en la pizarra. Fue la imagen de nuestra primera melodía... Voy a tocarla otra vez para recordárosla. ¿Veis la semejanza? Pero aún no estoy contento del todo. Es cierto que podemos ver algo en esa imagen, ¿pero de cuántas notas consta nuestra melodía? Ésta es una cuestión importante, ¿no es verdad? ¿Quién me propondría la manera de llegar a saberlo? –nuevamente se hizo un largo silencio–. Podía verse que los niños pensaban con gran concentración. Esta vez Gabi halló la solución:

–Al subir, fueron cinco las notas, y otras cinco al bajar. ¿No podríamos sencillamente hacer un punto para cada nota? ¿Es decir, cinco puntos para subir y otros cinco para ir hacia abajo? ¡Entonces, realmente no necesitaríamos ya la línea!

¡Ésta era la solución! Gabi la puso inmediatamente en práctica en la pizarra. Ahora veíamos una imagen mucho más exacta de nuestra melodía, pues para cada nota había un punto. Expliqué a los niños que para esto, para lo que ellos habían hecho en una hora escasa, la humanidad había necesitado cientos de años. Esto elevó sensiblemente la alegría de mis pequeños amigos. Pero aún quería yo ir más lejos:

–Ahora vemos mucho más que antes, cuando sólo disponíamos de una simple línea. ¿Pero no podría hacerse la cosa aún más clara? Por ejemplo, no sé si la melodía comienza alta o baja o, digamos, en el centro...

Los niños afirmaron con la cabeza. Comprendían de qué se trataba, ¿pero cómo se expresaría eso en un dibujo?

–Vamos a ver –les ayudé un poco–, ¿cómo se mide la altura de una montaña?

–¡En metros! –gritaron muchos.

12. De cinco líneas, de puntos gordos y de un milagro

Una canción trovadoresca del siglo XIII

–¿Qué altitud tiene la montaña más alta de Europa, el Montblanc?

Algunos lo sabían:

–¡Cuatro mil ochocientos metros!

–Muy bien. ¿Y desde dónde se miden? –pregunté.

–Desde el nivel del mar –dijo Ernesto, que se interesaba por las ciencias técnicas.

–Bien. Ved, pues: aquí hay una línea horizontal, la superficie del mar. Y aquí se eleva una montaña...

–¡Ah, ya lo sé! –exclamó Juan–. Tenemos que hacer con las notas precisamente lo mismo... ¡Medir!

–¿Desde el nivel del mar? –dijo Rudi, y no pudo explicarse el porqué de que todos rieran.

–Claro que no –le replicó Juan–. ¡Eso del mar era sólo una comparación! ¡Tenemos que trazar una línea desde la que se pueda medir!

Como yo asintiera y sus camaradas lo miraran admirados, Juan trazó ahora en su dibujo una línea de este tipo.

La línea dividía al punto entre aquellos que estaban por encima de ella y aquellos que quedaban por debajo. De nuevo todo había vuelto a ser un poco más claro, pero aún faltaba uno de los pasos más importantes.

–Así, ahora sabemos –dije– que nuestra línea señala una determinada altura del sonido. Con la línea hemos definido los puntos que quedan por encima de ella... ¿pero los otros?

–¡Los mediremos! –gritó Pedro, pero inmediatamente le replicó Ernesto:

–¿Con qué? ¡No tenemos ninguna medida!

–Bien dicho –confirmé–. En el caso de la montaña teníamos un punto de partida: el nivel o superficie del mar, y una unidad de medida: nuestro metro. Pero en el caso de nuestras notas, provisionalmente sólo tenemos un punto de partida: la línea, que podemos situar donde queramos. Ahora necesitamos una medida...

–¿Y si dibujáramos una segunda línea? –dijo pensativo Juan–; ¿o varias?

–¡Muy bien! –exclamé–. Ahí tenéis resuelto el problema en su mayor parte. En la Edad Media, los hombres siguieron ese mismo camino: trazaron dos líneas paralelas auxiliares, una por encima y otra por debajo de la línea principal. Incluso les dieron colores distintos, para que fuera posible distinguirlas mejor. Cada una de las líneas significaba una determinada altura de las notas, de manera que así era posible ahora medir todas las distancias o intervalos de una nota a la otra...

Juan se dirigió otra vez a la pizarra y dibujó aquello de que acabábamos de hablar: una línea central, una superior y otra inferior. Y después dibujó los puntos que sig-

12. De cinco líneas, de puntos gordos y de un milagro

nificaban nuestra melodía, de tal modo que el más bajo quedaba por debajo de la línea inferior, y el más alto por encima de la superior. El central estaba atravesado precisamente por la línea del centro o principal. Aquello tenía un aspecto muy bonito. Pero Cristina puso una cara muy triste:

–¿No podemos dar a cada punto una línea?

–Claro que podemos. Y algo semejante es lo que hicieron también nuestros antepasados.

–¿Así vinieron a dar en las cinco líneas que hoy tenemos? –preguntó Ricardo.

–Sí, de tres se hicieron cuatro, después cinco, luego seis...

—¿Seis? —se admiraron los niños.

—Sí, e incluso más. Pero pronto se descubrió que con más líneas la imagen resultaba confusa: entonces había que estar contando para saber en qué línea se hallaba una nota. Así que se limitó la cosa a cinco, a las cinco líneas que hoy tenemos. Se las llama con una palabra griega, que sencillamente significa eso: «cinco líneas», pentagrama.

—¿Cómo es posible ver los puntos en las líneas? —preguntó Elsa.

—Tendrán que hacerse más gordos... —propuse.

Mis pequeños amigos se rieron con los puntos que debían hacerse más gordos. Entonces dibujé en la pizarra unos pequeños círculos en lugar de puntos, y se vio que eran mucho más fáciles de colocar en la línea. Ahora pedí a Juan que trazase un pentagrama, es decir, cinco líneas, y que en cada línea colocara un punto «engordado», o sea, que escribiera una nota. Lo hizo a la perfección.

—¡Estupendo! —dije después—. Ahora hemos colocado cinco notas. ¿No os parecen pocas? ¿Cuántas hay realmente? ¿Os acordáis?

—¡Ocho! —gritaron muchos, si bien muy precipitadamente, pues di la razón a Juan, que con voz firme y tranquila afirmó:

—¡Siete! —ay, ahora cayeron en la cuenta: *do, re, mi, fa, sol, la, si;* o como se dice en otros países: C, D, E, F, G, A, H.

—¿Cómo podemos colocar más notas en nuestras cinco líneas? —seguí preguntando.

Tras corta reflexión, Ernesto propuso:

—Entre las líneas.

—¡Espléndido! El espacio interlineal o intermedio sirve exactamente igual que la línea.

Y Juan dibujó un pequeño círculo en cada uno de los espacios interlineales. Ahora estaban colocados allí nueve: cinco en las líneas, cuatro en los espacios.

—Aún tendrían sitio dos más —dije—, uno debajo de la primera línea, la inferior; y otro encima de la quinta, la superior. Ahora ya son once.

—¿Qué punto es ahora el mío? Quiero decir, ¿cuál se llama como yo me llamaba en el juego de la escalera, *do* o C? —preguntó Cristina.

Entonces por desgracia hube de causarle una decepción: su nota no estaba allí. Nuestro dibujo empezaba con *re* o D, la nota de Elsa. Ésta era la nota que quedaba justo debajo de la primera línea, y Elsa escribió el nombre que le correspondía, y así la sucesión siguió hacia delante con toda sencillez como en nuestro juego: *mi* o E, *fa* o F, *sol* o G, *la* o A, *si* o H. Y entonces llegó la nota de Juan, su *do* o C, y después naturalmente otro *re* o D, un *mi* o E, un *fa* o F y un *sol* o G, ésta encima de la última línea; es decir, en el «segundo piso» las cosas sucedían como en el primero. Todos se sentían muy contentos, pero Cristina estaba al borde de las lágrimas. ¡Precisamente tenía que faltar su nota!

—Ahora vamos a colocar la nota de Cristina —anuncié.

—¿Cómo, si ya no hay más líneas? —preguntó la pequeña con tristeza.

—Si ya no hay más líneas, entonces podemos trazar una más —expliqué, y todos me miraron muy sorprendidos—. Podemos trazar tantas líneas como queramos. Pero no sería práctico trazarlas en toda su longitud, así que bastará con una parte pequeña, justamente la necesaria para que podamos colocar en ella el punto gordo de manera que éste no cuelgue en el aire.

Debajo de nuestras cinco líneas tracé, por decirlo así, una parte de una línea horizontal, guardando la misma distancia con las otras, y dibujé sobre ella un círculo también igual que los que representaban las notas. Este círculo era la nota de Cristina, el *do* o C grave con el que habíamos empezado nuestro juego en la escalera. La pequeña resplandecía de alegría. Y todos aprendieron que, además de las cinco líneas, podíamos trazar aún tantas «líneas auxiliares» como quisiéramos.

—Pero ahora ya no vamos a hablar más de puntos gordos —propuse—. Vamos a llamarlos como es debido: estas figuras o «reflejos» de los sonidos de nuestra escala se llaman notas. Las once, o mejor, las doce notas que hay en la pizarra representan cada una un sonido distinto. Pero sólo llevan con derecho a razón los nombres que les hemos puesto cuando delante de ellas va un signo muy importante, que aquí aún falta. Sin este signo, estas notas no significan absolutamente nada. El signo es lo que hace que sean algo. Se llama «clave», de llave. Al igual que una llave abre algo, así la clave delante de las líneas nos descubre su contenido, lo que sigue en ellas. Ahora

12. De cinco líneas, de puntos gordos y de un milagro

voy a poner delante de nuestras cinco líneas, de nuestro pentagrama, la clave más utilizada entre todas. Se llama clave de violín o de *sol,* que es como más se la conoce.

»Y se la llama así porque su arco interior se curva precisamente en la segunda línea, que es donde está la nota *sol* o G. Cuando aprendáis las notas según la clave de *sol,* entonces ya habréis ganado mucho. Pues son suficientes para que cantéis, y también lo son para el violín, para la flauta y para la guitarra...

Clave de sol   Clave de fa

−¿Y para el piano, no? −quisieron saber algunos niños.

−No −respondieron otros, que seguramente ya tocaban el piano−. Para él hay que aprender otra clave...

−¿Por qué? −preguntó Cristina.

−Es muy sencillo −expliqué−. ¿Podéis acordaros aún de cuántas teclas blancas habéis contado en mi piano?

−¡Cuarenta y ocho! −gritó Juan inmediatamente.

−Pues pensad ahora: todos estos cuarenta y ocho sonidos quieren tener su sitio, su nota. Pero sólo disponemos de once sitios o puestos; ¡tenemos que procurar todos los demás con líneas auxiliares! Ahora bien, tantas líneas auxiliares arrojarían una imagen muy confusa, uno no se orientaría en ellas y perdería su camino. Por esta razón fue inventada la clave. Por decirlo así, desplazan o cambian de sentido todo nuestro sistema de notación, nuestro pentagrama. En el caso de la clave de *sol,* que es la que acabamos de dibujar, las notas significan sonidos altos o agudos; y en el de otra distinta, la clave llamada de bajo o de *fa,* significan sonidos bajos o graves. Ved cómo es la clave de *fa.* Dibujé una clave de *fa* en la pizarra y expliqué a los niños que con su curva enlazaba la cuarta línea; con esta clave, allí está la nota *fa* o F, y de aquí que se la denomine clave de *fa.* También les expliqué que la nota *fa* que le corresponde es más grave que todas las notas que habíamos empleado en nuestro juego.

–¿Por qué? –volvió a preguntar Cristina.

–Porque ningún niño tiene una voz tan profunda –dije–. La clave de *fa* se emplea sólo para instrumentos graves: por ejemplo, para el violonchelo, que ya conocéis; para el fagot, que pronto veréis en un concierto; para el trombón...

–Y para el piano –añadió un chico nuevo—. Yo fui del mismo parecer.

–Sí, pero para el piano necesitamos ambas claves, la clave de *sol* para las notas agudas (aquí, comenzaba desde el centro del teclado hacia la derecha, hacia arriba) y la de *fa* para las notas graves, desde el centro hacia la izquierda. Por ello los niños que aprenden piano tienen que conocer bien ambas claves. ¡Pero no es difícil, en el colegio aprendéis cosas mucho más difíciles que ésta! Y ahora vamos a transcribir la pequeña melodía con la que empezamos hoy nuestra conversación, a transcribirla correctamente con notas: comenzó con *do,* la nota de Cristina, y después se dirigió hacia arriba por *re* y *mi* hasta *fa* y *sol.* Y luego volvió a descender de la misma manera... ¿Quién quiere copiarla en la pizarra?

12. De cinco líneas, de puntos gordos y de un milagro

Muchos querían hacerlo, pues todos lo habían entendido. Llamé a Birgit, que siempre estaba tan callada. Vino a la pizarra y escribió perfectamente lo que volví a tocar una vez más en el piano: *do-re-mi-fa-sol-fa-mi-re-do*.

–¡Muy bien! –gritaron sus compañeros muy contentos– ¡Ahora se ve de verdad y en seguida dónde sube y dónde baja, y de qué manera!

–Sí, ésta es una parte del milagro de nuestra notación musical –dije.

–¿Milagro? –se admiraron mis pequeños amigos.

–Pues sí, a mí se me figura como un milagro. Nuestra notación musical es la lengua más internacional que hay en el mundo. Otras lenguas son entendidas por cincuenta millones de personas o por cien o, a lo sumo, por doscientos o doscientos cincuenta millones. Pero aun así los miembros de dos pueblos distintos tienen que aprender los unos el idioma de los otros si quieren entenderse entre sí. Por el contrario, nuestra notación musical es empleada por todos los pueblos civilizados de la tierra; con su ayuda, pueden entenderse un inglés y un español, un italiano y un ruso, un africano y un japonés. Por ejemplo, podríamos hacer una pequeña prueba: inventarnos una melodía, la escribimos cien veces y la enviamos a cien lugares distintos del mundo. En todas partes esta melodía sonará igual, los niños de todos los países la cantarán igual que vosotros. También podríamos pedir a estos niños que grabasen la melodía con un magnetófono, y que nos la enviaran. Entonces podríamos escuchar que nuestra melodía fue comprendida en todas partes. Con nuestra notación musical puede escribirse todo, desde la canción más sencilla hasta la obra más difícil, para todos los instrumentos, para todas las voces y para la mayor orquesta. Podemos advertir cómo queremos que se toque algo, si fuerte o bajo, si despacio o deprisa; y todos aquellos que pueden leer las notas lo entenderán y sabrán responder. Así, una bella melodía puede dar la vuelta al mundo y llevar alegría a innumerables personas. ¿No es esto en verdad un auténtico milagro?

13. Vamos a un gran concierto

El número de mis pequeños amigos se incrementaba a cada velada. Participaban en nuestras reuniones con verdadero afán y veían con gran expectación cómo crecía de día en día el libro en el que yo anotaba todo lo que pasaba. Cristina me decía a veces que yo no debía repetir todas las tonterías que ella dijera; pero la consolé diciéndole que seguramente nadie encontraría allí tonterías. Entonces volvió a tranquilizarse, al igual que Rudi y algunos otros, que tenían un poco de miedo a la reproducción de nuestras conversaciones. Algunos me propusieron que pusiera en marcha un magnetófono, pues así me sería más fácil la transcripción. Pero no quise hacerlo. Pienso que algunos de mis amigos se habrían sentido un tanto cohibidos si supieran que cada una de sus palabras quedaba registrada con total fidelidad. Por el contrario, los niños están así distendidos, conversamos e incluso a menudo olvidamos que nos hemos propuesto escribir un libro todos juntos...

Llegó el día que llevé a mis amigos a un concierto. Primeramente, y como es natural, hablamos de lo que íbamos a escuchar allí. ¿Qué tipo de concierto sería?

–Uno sinfónico –dije.

¿Qué significaba esto? El concierto de una gran orquesta, es decir, de una orquesta «sinfónica». ¿Querría decir esto otra cosa que «filarmónica»? No, es justamente lo mismo. Además, ambos nombres vienen del griego: el primero significaba algo así como «acorde» o «sonar juntos»; el segundo, «amor a la música». El nombre de una orquesta, si sinfónica o filarmónica, eso no es importante. Por el contrario, sí es importante que en todas las orquestas sinfónicas del mundo figuren los mismos instrumentos.

–¿Qué instrumentos? –se interesaron los niños; pero pensé, y así se lo dije, que podría explicárselo mejor en el concierto.

–¿Hay otras orquestas además de las sinfónicas? –preguntó Ricardo.

–¡Oh, sí! La orquesta sinfónica toca sólo en conciertos grandes, llamados conciertos sinfónicos. En el programa figuran sinfonías, que son largas y complicadas obras musicales, de las que pronto volveremos a hablar más extensamente. Pero hay también otras piezas para orquesta sinfónica: oberturas, conciertos, suites, que igualmente os explicaré otro día. Hoy oiremos ya algo de todo esto. Mas como aparte de la música sinfónica hay una gran cantidad de otras (incluso he de deciros que la música sinfónica forma sólo una pequeña fracción de toda la música que existe), está claro que también tiene que haber otro tipo de orquestas. Por ejemplo, he ahí la

13. Vamos a un gran concierto

banda militar o las bandas municipales, emparentadas con ella. Aun cuando aquélla frecuentemente sirva a finalidades militares, como acompañar desfiles o el canto de himnos en ocasiones solemnes, en algunos países tiene gran importancia: consta sólo de instrumentos de viento y de percusión, es decir, de aquellos que son fáciles de llevar a desfilar. Pero algunos de éstos son a veces demasiado grandes; así, en las bandas militares, antiguamente era frecuente que los grandes bombos colgasen a ambos lados de los lomos de un caballo. ¿Qué otras orquestas más hay? La orquestina, también llamada antes orquesta de salón. Cuando aún no existían la radio ni los discos, tenía mucho trabajo: tocaba en los balnearios, en los grandes hoteles, en los transatlánticos, y en los cines acompañaba a las películas, que entonces eran mudas. Tocaba toda clase de música, también fragmentos de óperas y de sinfonías, que a menudo llegaban a ser conocidas correctamente gracias a este tipo de orquestinas; además, canciones, bailes, cuplés, en una palabra, todo. No había una formación fija; a veces constaba sólo de unos pocos instrumentos, ante todo piano y violines, y además quizá flautas, clarinetes, chelos y batería; pero otras alcanzaban considerable tamaño, veinte, treinta músicos y aún más. Y finalmente hay aún la orquesta de baile, que conocéis bien. Ésta puede ser una orquesta folklórica o de danzas populares: entonces consta de instrumentos que, al menos en parte, son autóctonos o propios del país de que se trate. En los países alpinos, por ejemplo, se toca la cítara y el acordeón; este último, por lo demás, se ha internacionalizado. En Rusia tocan la balalaica, en Escocia la gaita, en Italia la mandolina. El otro tipo de orquesta de baile es el mismo en todo el mundo; es la llamada orquesta de jazz, en la que los instrumentos más importantes son el saxofón, la trompeta y la batería. También se incorporan a ella el contrabajo, el piano y la guitarra, pero el contrabajista toca sin arco, pellizca o golpea las cuerdas. La guitarra es reforzada frecuentemente mediante la electricidad, lo que además le da otro sonido. El pianista puede cambiar su instrumento por un pequeño órgano eléctrico o añadir al piano un aparato que altera el sonido. En conclusión, la música de jazz ha introducido nuevos sonidos, que juegan un papel bastante importante en la música de nuestros días...

—¿Cuántos músicos tocarán hoy? —se interesó Gabi.

—Alrededor de ochenta, pienso; en la última parte, incluso más.

—¿Qué? —preguntó Cristina casi enfadada—. ¿Es que hay músicos que llegan tarde?

—No, no es a causa de eso —me eché a reír—. Que haya más músicos en la última parte tiene su causa en que no en todas las obras se emplea el mismo número de instrumentos. Y en lo que se refiere a llegar con retraso, ésa es sólo una mala costumbre de parte del público.

—¿También hay conciertos sin orquesta? —me preguntó Karin.

—Sí, la palabra «concierto» la empleamos hoy para toda función musical pública. Un pianista puede dar un concierto él solo, o también un cantante, un violinista o un violonchelista; pero éstos casi siempre son acompañados por un pianista. Además, hay conciertos con pequeñas agrupaciones de músicos: a esto se le llama música de cámara. También hay conciertos corales, unos con

13. Vamos a un gran concierto

coros pequeños, que igualmente se llaman coros de cámara, y otros con coros grandes, que unas veces actúan con acompañamiento de orquesta o de piano y otras sin acompañamiento alguno, lo que se llama *a capella*... En pocas palabras, hay una gran diversidad de manifestaciones musicales, cada una de las cuales encuentra sus adictos y partidarios.

Sumidos en tal conversación, habíamos llegado a la sala de conciertos. Era un soberbio edificio, bellamente situado en una plaza. Ahora estaba iluminado como para una fiesta, y muchas personas se arremolinaban para entrar por sus grandes puertas. En el amplio vestíbulo mis pequeños amigos descubrieron en seguida una fila de bustos de mármol. Juan reconoció a Beethoven, y Ricardo identificó los de Mozart y Schubert. Después tuvimos que pasar por entre gruesas cortinas, y a través de corredores alcanzamos la gran sala. ¡Cuán magnífica era! Completamente blanca y dorada y con las filas de sillas en rojo, hacía una impresión soberbia. Aún era pronto, así que todavía teníamos tiempo para seguir conversando. En el escenario estaban las sillas para los músicos, aún vacías, y las carpetas que había en los atriles todavía estaban sin abrir.

–¿Cuántas personas tienen sitio aquí? –preguntó Ernesto, el técnico.

–Casi dos mil.

–¿Hay aún salas mayores?

–Oh, sí, aun cuando dos mil significa ya un respetable número de espectadores. Londres tiene una sala de conciertos con cinco mil plazas, y hay conciertos al aire libre para diez mil e incluso para más de veinte mil oyentes...

—¿Y se oye allí la música bien?

—Eso depende de la acústica, es decir, del arte de los arquitectos que utilizan las leyes de la expansión del sonido. Es una cosa difícil. Pensad que el dulce sonido de un violín tiene que oírse en cualquier parte de este gran espacio, hasta en las últimas localidades de la galería, que es el último piso. Se habla de «acústica buena» o de «acústica mala» según haya sido conseguida o no esa muestra de habilidad. No depende sólo de las dimensiones de la sala, sino también del material que fue empleado en ella y aun de algún otro factor que no siempre puede determinarse con precisión. Así puede haber sorpresas al probar la acústica de una nueva sala de conciertos, y no siempre agradables...

Los niños miraban con curiosidad en todas direcciones, preguntaban esto o aquello y estaban muy expectantes. Entonces empezaron a entrar los músicos en el escenario por las puertas laterales, se sentaron en sus puestos y comprobaron la afinación de sus instrumentos. Ricardo descubrió un sitio más elevado en el proscenio, una especie de peana, y me preguntó:

—¿Es ése el sitio del director?

—Efectivamente, desde ahí, bien visible de todos, dirige la orquesta...

—¿Por qué se necesita un director? —quiso saber Cristina.

—Bien, eso no es tan fácil ni tan rápido de contestar, pero seguro que tú misma lo notarás una vez que haya empezado el concierto. Cuatro músicos, también cinco, seis, incluso ocho pueden tocar sin que los guíe un director. Pero una orquesta grande necesita una voluntad uni-

13. Vamos a un gran concierto

ficadora, al igual que una gran fábrica tiene que ser dirigida por una cabeza rectora; de este modo se ajustan mejor todas sus fuerzas y puede llegar a alcanzarse el máximo rendimiento: una orquesta es como una máquina muy delicada que tiene ochenta o cien ruedecitas o partes que han de entrelazarse sin refregones, sin obstáculos, con suavidad. Originalmente el director estaba sólo para marcar el compás. Pero las actuales orquestas han llegado hace tiempo a ser tan buenas, que ya no necesitan de eso; sin el director, los músicos podrían permanecer también dentro del compás. Ahora el director desempeña una tarea muy distinta. Por ejemplo, tiene que preocuparse por que, entre las muchas melodías que en muchas obras suenan simultáneamente, se escuche siempre con claridad la más importante; así a lo mejor tiene que dejar sonar más fuerte la flauta y más débiles los trombones. Pero ante todo ha de poner de relieve el carácter de una pieza musical: una sinfonía puede tener distintas atmósferas, melancólica en cierto pasaje, misteriosa en otro, alegre e incluso alborozada en un tercero. Ciertamente, el compositor ya ha escrito así su obra, para que así sea oída; pero el director debe ponerlo de relieve en los ensayos tan finamente como sea posible...

–Ah, ¿los músicos han ensayado antes?

–Sí, y ésa es incluso su principal tarea, y la del director. Para un concierto, una orquesta hace por término medio entre cuatro y seis ensayos; de este modo todo llega a quedar claro hasta en los más pequeños detalles, y transcurre irreprochablemente. Pero cuando en el programa figuran piezas especialmente difíciles, entonces puede ensayarse más.

—¿Y tocan todos realmente como quiere el director? —preguntó Cristina asombrada, con lo que una vez más despertó una viva hilaridad.

—Así lo espero —dije riendo—. Fijaos, los músicos se parecen un poco a vosotros, a los escolares, así lo pienso; sólo que, se entiende, en un sentido mucho más elevado, pues cada componente de una buena orquesta es un músico distinguido y posiblemente también profesor de música. Lo he pensado así en el sentido de que los músicos, como los escolares, comprenden muy pronto hasta dónde puede irse con el director o el profesor que tienen delante. Si él conoce bien la cuestión y sabe exponer con claridad sus conocimientos y deseos, entonces lo seguirán voluntariamente, entusiasmados incluso... tanto los músicos de la orquesta al director como los niños al maestro. Pero si no es así...

—¡... Entonces los niños no prestarán atención y se volverán malos! —añadió Elsa, tras lo cual Cristina continuó:

—¿Y los músicos tocarán mal?

Todos reímos mucho. Yo respondí:

—¡Oh, qué cosas me preguntáis! Bien, seguramente no tocarán mal, pero no tan bien como con un buen director. Cuando yo estudiaba música, tuve como profesor a un director famoso; acostumbraba a decirnos siempre: «¡No hay orquestas buenas o malas, hay sólo buenos o malos directores!», y yo he descubierto a menudo que mi profesor tenía razón, aunque también pueda haber excepciones. Como ya os expliqué, la orquesta es como una máquina muy complicada, que funciona soberbiamente en manos de un maestro, pero que puede llegar a arruinarse en las de un principiante o en las de un chapucero. Mas no os rompáis la cabeza con esto, hoy escucharéis con toda seguridad un bello concierto...

El escenario se había llenado con los miembros de la orquesta, hombres con frac y algunas mujeres con trajes largos negros. Cada uno tenía su instrumento y probaba su sonido y afinación, así que sonaba ese característico zumbar y preludiar que precede siempre a un concierto de orquesta o a una ópera. Especialmente, había una nota que sonaba una y otra vez. Les recordé a los niños que era justamente la que habíamos percibido con el diapasón en una de nuestras primeras reuniones. Era la nota La o A, con la que se afinan todos los instrumentos.

—¡Pero no veo ningún diapasón! —exclamó Juan.

—No, la orquesta no afina con un diapasón, sino con un instrumento que puede dar la señal de afinación con gran pureza, el oboe. Mirad allí, en la primera fila transversal detrás de los instrumentos de cuerda; allí está sentado el oboísta que da la nota con que afinan sus colegas.

Se oscurecieron un poco las luces de la sala; pero no llegó a hacerse un oscuro tan grande como el de los teatros, e incluso fueron encendidas sobre el escenario varias lámparas más, de manera que la orquesta quedó bañada en una luz deslumbradora. Se abrió una puerta lateral y apareció el director. Atravesó por entre los músicos, que se habían puesto de pie, y llegó hasta el borde del proscenio. Allí, con una elegante inclinación, agradeció al público su cordial aplauso de acogida, se volvió después a la orquesta, dio la mano al violinista que estaba sentado a su izquierda, saludó a todos y los invitó a sentarse. Ahora cogió la fina batuta, de unos 30 centímetros de largo, levantó el brazo derecho al tiempo que se hacía en la sala el más completo silencio, y cuando lo impulsó hacia delante con gesto poderoso, atacó la orquesta en pleno.

Mis pequeños amigos, antes tan bulliciosos y parlanchines, enmudecieron como por el efecto de un encantamiento. Los sonidos atrajeron toda su atención. Teníamos tantas cosas de que hablar, que no había podido decirles nada sobre el contenido de las piezas que escucharíamos. Pero también hubo un poco de intención por mi parte. Quería ver cómo acogerían los niños lo escuchado, lo que podían entender y sentir con ello. Los sonidos llenaron el amplio espacio; primero fluyeron solemnes, después emotivos y apasionados, por último como una grandiosa canción triunfal.

–¡Magnífico! ¡Soberbio!... ¿Qué fue eso? –así sonaron las voces de los niños por entre la fragorosa ovación que estalló al concluir la pieza.

–Sí, magnífico –estuve de acuerdo–, esto forma parte de lo más bello que posee la humanidad. Es la obertura (es decir, la introducción musical) que Beethoven escribió para *Egmont,* el drama de Goethe. Pronto hablaremos extensamente de Beethoven, de su vida y su obra.

–Sonaba como una batalla... como una lucha... finalmente como una victoria... y muy dulce y suave en muchos pasajes... –opinaron los niños, y yo confirmé plenamente sus impresiones:

–Sí, lo que Beethoven quiso describir aquí con su música es exactamente eso que habéis escuchado: la lucha de un pueblo oprimido, la rebelión, la victoria. Y los pasajes suaves, las dulces melodías, describen los senti-

13. Vamos a un gran concierto

mientos de una joven que ama al héroe de la libertad Egmont...

—¿Puede reconocerse siempre con tanta claridad lo que quiere expresar una música? —me preguntó Pedro.

—¡Oh, no! También hay piezas musicales que no quieren expresar nada concreto, que son única y sencillamente música. También hablaremos pronto de esto, y aún oiréis hoy algo de este tipo de música...

El director había abandonado el escenario después de haberse inclinado varias veces ante los nutridos aplausos del público. Tras él lo hizo ahora también un puñado de músicos. Los niños me miraron con curiosidad. ¿Acaso aquellos músicos no querían seguir tocando? Además no entraron suplentes, como sí sucede en los partidos de fútbol. ¿Qué había pasado? Expliqué a mis pequeños amigos que ahora venía una pieza en la que sólo se utilizan los instrumentos de cuerda.

—¡Ah, bueno...! —me dijeron con un suspiro de alivio.

Después tuve todavía tiempo para añadir que lo que seguiría sería una serenata, es decir una música nocturna, pues la palabra viene de *la sera,* la noche en italiano.

—Imaginaos un bello jardín, una tibia noche de verano, damas y caballeros lujosamente ataviados con trajes de 1787: es decir, los señores con casacas de colores y largas pelucas blancas; las damas con crinolinas, miriñaques y tocados primorosos. Todos se han reclinado sobre el césped. Una pequeña orquesta de cuerda, cada atril iluminado por una vela, toca entre los arbustos y parterres...

Dulce, suave y graciosa fluyó la música que ahora empezaba. Melodías deliciosas, sonidos que parecían esparcir el encanto de una dulce noche de verano. Nada de revolución o de guerra, como en la pieza precedente; todo parecía sonreír, si bien a veces algo se tornaba un poco meditabundo. La obra constaba de cuatro partes, y cada una de ellas se diferenció claramente de las otras. Una, la tercera, por el compás y el ritmo era una auténtica danza. Los niños escucharon encantados; incluso algunos mantuvieron cerrados los ojos para poder pintarse mejor el cuadro que yo les había descrito.

–Eso era de Mozart, niños –respondí a las preguntas que me llovieron por todas partes cuando concluyó la pieza y volvieron a sonar los aplausos–. Vivió en aquel tiempo en que las serenatas estaban todavía de moda y la música se tocaba principalmente en los palacios de la aristocracia. Las cosas eran entonces muy distintas a como lo son hoy, y por eso también suena la música como viniendo de un tiempo lejano y pasado, en el que aún no se presentía nada de la vida sin reposo, de la impaciencia y de las complicaciones actuales...

Ahora la orquesta había vuelto a ser tan grande como al principio. El director levantó nuevamente la mano como lo hiciera antes, pero sus movimientos fueron distintos; es difícil describir en qué consistía la diferencia, pero el caso es que todo pareció más triste que en las piezas precedentes. La obra que escuchamos ahora constaba de dos partes bastante largas y ambas estaban plagadas de melodías magníficas.

–¡Qué música tan triste! –dijeron algunos de los niños.
Y Juan añadió:
–Tuvo que haber una gran nostalgia en el corazón de este compositor...

13. Vamos a un gran concierto

Me sorprendí, pues el propio compositor, hace más de siglo y medio, había pronunciado casi idénticas palabras al referirse a él mismo.

—¿Quién fue? ¿Quién escribió esta música tan bella?

—Schubert —contesté—, un músico vienés pobre y sencillo, que sólo vivió treinta y un años y jamás sospechó que un día llegaría a ser mundialmente famoso...

—¿Y cómo se llama la obra?

—La llamó simplemente *Sinfonía en Si menor* por la tonalidad en que fue escrita. O, según la sucesión cronológica de sus sinfonías, la Octava de ellas. Pero casi siempre se la cita como la *Sinfonía incompleta o inacabada*, pues en aquel tiempo toda sinfonía debía tener cuatro partes o movimientos, y ésta sólo tiene dos. El porqué os lo explicaré en otra ocasión. Mas ahora es el descanso y debemos aprovecharlo bien: venid conmigo.

Abandonamos la sala, atravesamos varios corredores y finalmente lo hicimos por una puerta sobre la que estaba escrito: «Prohibida la entrada», lo que divirtió mucho a los niños. Entonces nos vimos en una pequeña sala donde los miembros de la orquesta pasaban el descanso. Todos me conocían y nos saludaron muy afectuosos. A mi ruego dejaron que los niños observaran sus instrumentos. Les explicaron cómo eran e incluso tocaron con ellos alguna pequeña melodía. Vimos las flautas, los oboes y clarinetes, el gran fagot, la trompa enroscada, las trompetas y trombones, después los distintos instrumentos de cuerda que ya habíamos contemplado en el museo: el violín, la viola, algo mayor; el violonchelo, mucho más grande; y el gigantesco contrabajo. Había tantas cosas que ver y oír, que el tiempo se nos pasó en un soplo.

Ya estaban sonando los timbres que daban a la orquesta la señal de volver al escenario. Tuvimos que darnos prisa para regresar a nuestras localidades. Ahora advertimos en el escenario un cambio. La tarima del director había sido corrida ligeramente hacia un lado, y el centro del proscenio lo ocupaba ahora un gran piano de cola. Su tapa estaba abierta del todo y realmente parecía un ala desplegada.

Por la puerta lateral entraron dos caballeros vestidos de frac. Por delante del director, al que ya conocíamos, avanzó un hombre más joven que se dirigió directamente al piano y se sentó ante su teclado después de haberse inclinado varias veces ante el público y también ante la orquesta. Durante unos instantes apoyó sus dedos en el teclado, con levedad y sin producir sonido alguno, como si quisiera probarlo, mientras volvía a hacerse total silencio en la sala. El director levantó el brazo y la orquesta en pleno hizo oír unos acordes tumultuosos sobre los que pronto se elevó la cristalina voz del piano. No fue difícil apreciar que éste no era un instrumento más de la orquesta, sino que de alguna manera desempeñaba el papel principal. Tan pronto sonaba solo como sirviendo de fondo a los diversos sonidos de la orquesta. La fuerza y la habilidad del pianista eran asombrosas: ¡Ciertamente, tenía fascinado a todo el auditorio!

Las ovaciones al final de la obra fueron extraordinariamente intensas. El pianista se levantó, dio la mano al director, quien se la estrechó cordialmente, se inclinó ante la orquesta, que también dio muestras de aprobación –vimos cómo los violinistas y los violonchelistas golpeaban en los atriles con sus arcos–, y después hizo una inclinación mayor ante el público, que no cesaba de aplaudir, y en el que mis pequeños amigos no eran precisamente los más perezosos.

–¡Qué maravilloso! ¡Cómo toca! –repetían. Ricardo, nuestro pequeño pianista, estaba sin habla, sólo acertaba a expresar su admiración con movimientos de cabeza.

–¿Qué es lo que ha tocado? –quisieron saber algunos.

–Sonaba... un poco... ¿húngaro? ¿No es así? –preguntó Gabi titubeando.

–¡Exactamente, tienes razón! El compositor nació en Hungría, aunque pasó toda su vida en otros países como pianista de fama mundial y gran compositor. Se llamaba Franz Liszt, y lo que habéis oído es uno de sus dos conciertos para piano y orquesta. Por concierto se entiende no sólo una manifestación musical. También puede llamarse «concierto» la actuación conjunta de un instrumento solista y de una orquesta. Lo que hemos escuchado fue un concierto de piano, pues el instrumento solista era un piano; pero también hay conciertos de violín, de violonchelo y, más raros, de flauta e incluso de guitarra...

–¿Por qué más raros? –preguntó Cristina, como era habitual.

–Porque entre el sonido del instrumento solista y el de la orquesta ha de haber lógicamente equilibrio, para que se haga justicia a ambos. Y la guitarra tiene un sonido que resulta débil frente a los numerosos instrumentos de la orquesta...

El piano fue empujado rápidamente hacia un lateral; los músicos, que se habían apretado un poco en el foro mientras el piano estuvo en el proscenio, volvieron a ocupar sus primitivos puestos. Pero además por las puertas laterales entraron en el escenario otros músicos nuevos. Los niños me miraron interrogativos.

—¿Cuántos músicos van a tocar ahora? —quisieron saber.

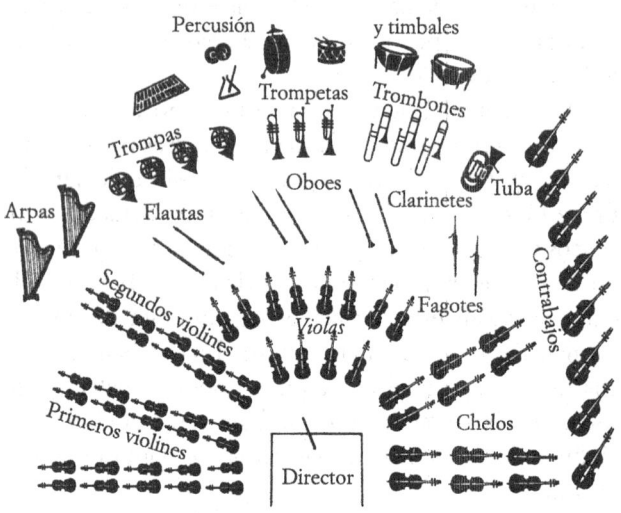

Distribución de una orquesta sinfónica

—Más de cien, creo —fue mi respuesta. Después hice deprisa un cálculo—: 16 violines primeros y otros tantos segundos, 12 violas, 12 chelos, esto hace ya 56, y además 8 contrabajos: son 64 instrumentos de cuerda. Ahora la madera: 4 flautas, 4 oboes, 4 clarinetes, 4 fagotes, en total 16, que con las cuerdas dan 80. Ahora el viento: ahí hay 8 trompas, 6 trompetas, 3 trombones, una tuba, por tanto otros 18. Ya llevamos 98. Más dos arpas: 100, y tres músicos que sirven los instrumentos de percusión; todos sumados dan 103. ¡Una cifra considerable!

Los niños también lo sintieron así, pues Juan me preguntó:

—¿Fueron siempre tan grandes las orquestas?

—Oh, no. Hace dos siglos, es decir, en la época de Mozart, una orquesta de veinte músicos ya era una cosa respetable, aun cuando a veces también había excepciones: en una ocasión festiva el pequeño Mozart dirigió setenta, y Händel, que vivió antes, circunstancialmente llegó a disponer de más. Pero esto era la excepción. El crecimiento de la orquesta empezó realmente en el siglo pasado. Y cuanto más creció, más necesario fue haciéndose el director, lógicamente. En las pequeñas orquestas del pasado, el papel de «conductor» o concertador lo asumía uno de los músicos; pero se contentaba con dar la señal de empezar y mantener un poco a su gente dentro del compás aquí y allá...

Había vuelto a aparecer el director. Comenzó la última pieza del programa de hoy. Ahora nos inundaron sonidos como no los habíamos oído hasta entonces. Las melodías ya no eran tan sencillas, tan claramente definidas como en la obra de Mozart; los sonidos eran mucho más susurrantes y también más poderosos e intrincados y fantásticos que en las obras precedentes. Eran ciertamente sonidos mágicos, que nos encantaban con los cuadros más colorísticos.

La obra tenía tres partes, y entre ellas había unos descansos muy breves. Utilicé el primero para susurrarles a los niños:

—*El mar...*

Muchos afirmaron con la cabeza, algo así se habían representado ya al oír la música. El final del concierto trajo una inaudita manifestación de entusiasmo del público. El director hizo que la orquesta, puesta en pie, participara siempre del jubiloso aplauso de la multitud. Él estaba en medio de los músicos y se inclinó repetidas veces. E incluso cuando ya había salido por la puerta lateral, hubo de regresar llamado por el público. Después de haber aplaudido largo rato, abandonamos la sala. Los niños estaban profundamente impresionados; querían saber aún un montón de cosas que no pude contestar en su totalidad con aquellas prisas.

—La última obra se llama *El mar*. Su compositor fue el gran maestro francés Claude Debussy, que murió durante la Primera Guerra Mundial.

—¿Fue eso una sinfonía? —preguntó el inteligente Juan.

—Por supuesto podría serlo, pues se trata de una obra en varias partes escrita para orquesta. Pero Debussy no quiso sujetarse a las estrictas reglas de la sinfonía, cuya construcción está bastante fijada tanto en el conjunto como en el detalle. Antes bien, quiso crear una pintura de ambiente. Esto es lo que conocemos como «poema sinfónico». La primera parte se llama «El mar del alba al mediodía»; la segunda, «Juego de olas»; y la tercera, «Diálogo del viento y el mar». El conjunto pertenece al dominio de la música de programa: pues aquí el compositor sigue un determinado programa poético que él mismo ha establecido. Él expresa algo, pinta algo, describe, relata. Lo contrario de esto se conoce como «música absoluta»: entre otros muchos, a ella pertenecen Mozart, también Schubert y a menudo Beethoven. Seguramente también tenían ellos algo delante de los ojos interiores, de los ojos del alma, mientras componían; pero no nos lo han dicho. A diferencia de Debussy, que con ayuda de los títulos ya nos señala lo que quiere describir...

Juan resumió:

—¡Entonces hoy hemos escuchado una obertura, una serenata, una sinfonía, un concierto y un poema sinfónico!

—¡Excelente, chaval! Y ésas son al tiempo las más importantes formas de la música orquestal. Quizá falte la suite, con lo que se entiende una libre sucesión de piezas breves frecuentemente de carácter danzable. O la variación, en la que un tema musical dado retorna en modificaciones que siempre son diferentes.

El edificio se vació y la multitud de los espectadores se perdió en todas direcciones. El regreso a casa se desarrolló en medio de interesante conversación. ¿Tendrían todas las ciudades una sala de conciertos tan bella? Bien, quizá no sean todas tan bellas, pero salas de concierto las hay hoy en todas las grandes ciudades del mundo. Ciertamente, en Italia, y también en España, en Portugal y en Sudamérica, es decir, en los países «latinos», la mayoría de las veces los conciertos se celebran en los teatros, mientras que en los restantes países tienen lugar en edificios construidos *ex profeso,* en las salas de conciertos. Entre ellas las hay antiguas y modernas, y no son pocas las diferencias de las unas a las otras. Las modernas son sencillas y emplean otros colores que las antiguas, que preferentemente utilizaban el oro, el rojo y el blanco. También hay rotondas destinadas a conciertos: la orquesta se sienta allí en el centro, y el público lo hace alrededor como en un circo. Expliqué que esto tiene la ventaja de que se reduzca la distancia entre el escenario y las gradas más altas de la sala. Y como Cristina preguntara «¿Por qué?», le recordé aquella tarde que estuvimos tirando piedras al estanque y hablamos del eco: el sonido corre unos 300 metros por segundo. Si, en consecuencia, la distancia desde la orquesta hasta los espectadores sentados más alejados se eleva a 100 metros –y esto es muy posible en grandes salas–, entonces cada sonido musical llega hasta ellos con un retraso de un tercio de segundo, y se cruza con el sonido que ha sido devuelto por las paredes y llega al oyente como eco, lo que produce una distorsión que por lo demás apenas es perceptible por el oído humano. Los niños mayores entendieron la explicación.

Pedro nos habló a todos con el corazón cuando dijo al despedirse:

–¡Pero cuánta música bella hay en el mundo!

14. Una visita a la ópera

¡Una palabra mágica: teatro! Cuando anuncié a los niños que al día siguiente iríamos a la ópera, toda la tropa estalló en un clamor de alegría. Recordaba cómo también yo, hace muchos años, había ido por primera vez al teatro con el corazón palpitante, cómo descubrí allí un mundo nuevo y extraño, cómo miraba lo que había en la escena cuando se levantaba el telón, y cómo aún hoy el teatro guarda para mí aquel secreto encanto que poseía en la infancia y juventud. Cuando se apagan lentamente

las luces de la sala, cuando ante nuestra mirada se abre un mundo de ensueño, en el que nada es imposible, entonces nos sucede algo notable: vivimos en un mundo de apariencias, en un mundo representado, como si fuera real. Magníficos paisajes, países lejanos, personas interesantes, palabras poéticas; y en la ópera se añade la música, melodías maravillosas, voces bellas, una orquesta embriagadora. ¿Quién se admirará aún de que teatro y ópera sean una afición, una pasión constante de la humanidad y el eterno paraíso de los niños?

Así pues, ahora íbamos a ver y oír una ópera. Para los niños de hoy día la ópera es una cosa bastante conocida. Si viven en una ciudad que tiene un teatro de ópera, incluso pueden haber asistido ya a alguna representación. Y si no la han visto, la habrán escuchado en la radio o la habrán seguido en una retransmisión por televisión. Ópera, es decir, teatro donde en lugar de hablar, se canta. Teatro con música, donde una orquesta se sienta en un foso delante del escenario y acompaña a los cantantes. Teatro, en el que frecuentemente también se baila... En pocas palabras, en el que hay mucho que ver y oír.

Durante el camino hablamos de ópera, naturalmente. Algún niño ya había visto ésta o aquélla, y se contaron cosas de *Rigoletto* y *Madame Butterfly,* de *Lohengrin* y *La flauta mágica.* Sólo la última acaba bien, consignamos en seguida; las demás eran muy tristes. Entonces Cristina, que como siempre iba pegada a mí, dijo muy decidida:

–¡No iré a la ópera, no quiero llorar!

La tranquilicé inmediatamente y le prometí que con seguridad hoy no tendría que llorar.

–¿Cómo se hace una ópera? –me preguntó Juan.

14. Una visita a la ópera

—Para una ópera, primero se escribe el texto o libro, y después la música. En casos especialmente felices, muy raros, el poeta del libro es al mismo tiempo el compositor de la música. Por ejemplo, éste fue el caso de Richard Wagner, igualmente capaz como dramaturgo y como músico. Si no, casi siempre la ópera es obra de dos personas: una escribe el texto, y después el compositor le pone música. Transforma el diálogo en canto, quizá intercala piezas orquestales (primero una obertura, es decir, una introducción), quizá también un ballet, o sea, una danza en grupo...

—¿Toca la orquesta todo el tiempo? —quiso saber Gabi.

—En la mayoría de las óperas, sí. Ciertamente, en otros tiempos las óperas no constaban de música desde el principio hasta el fin, entremedias había siempre partes habladas...

—¡En *La flauta mágica* es así! —afirmó Pedro, que ya había visto esta bella ópera de Mozart.

—En las operetas también se alternan música y partes habladas —añadí—. Las operetas son óperas ligeras, divertidas, cuyas melodías es frecuente que lleguen a hacerse muy populares. Pero en la mayoría de las óperas que hoy día podemos oír en nuestros teatros, la música corre desde el principio hasta el fin. Así, la orquesta interviene sin interrupción: primero toca la obertura antes de que se levante el telón, después acompaña las arias —así se llaman en la ópera las canciones que una persona canta sola—, los dúos o duetos, como se llama al canto de dos, los tercetos, los cuartetos, etcétera. También acompaña a los coros, que juegan un importante papel en casi toda las óperas, y al ballet...

–¿Se baila en todas las óperas?

–No, pero sí en muchas cuando viene bien a la acción. En algunos países, singularmente en Francia, el concurso del cuerpo de baile es especialmente importante y gustado. También hay obras en las que no se canta, sino que únicamente se baila: esto es lo que se llama función de ballet.

Entramos en la ópera. De nuevo, como en la sala de conciertos, nos encontramos primero en un amplio vestíbulo. Allí había aún muchas personas haciendo cola ante las taquillas donde se adquieren las entradas. Seguimos andando y de repente nos encontramos en la sala del teatro. Parecía aún mayor que la sala de conciertos. Pero cuando los niños me preguntaron la capacidad del lugar, tuve que decirles que aquí sólo había sitio para unas 1.500 personas. Nos sentamos en el patio de butacas, que es la parte delantera de la planta baja. Mis pequeños amigos miraron hacia arriba: a derecha e izquierda había palcos, y detrás una platea, y así volvía a ocurrir en todos los pisos que tenía la sala.

–Arriba del todo hay aún localidades de pie –dije, y pensé en las incontables veladas que pasé como estudiante en estas localidades, las más baratas de todas.

Las luces se apagaron, pero no de un golpe como cuando se da al interruptor. Aquí la luz fue haciéndose más débil hasta que se hizo el oscuro. Sólo lucía un resplandor por encima de la orquesta, que provenía de las numerosas bombillas colocadas sobre los atriles. Apareció el director. Lo advertimos primero por los aplausos, que empezaron en las filas de arriba; desde allí se veía antes su aparición, pues para alcanzar su tarima y subirse a ella tuvo que atravesar por entre las filas de los músicos. Después pudimos ver la parte superior de su cuerpo y advertimos que se inclinaba igual que lo había hecho el director del concierto. Pero a diferencia de aquél, éste se sentó de manera que pudieran verlo tanto los músicos desde el foso como los cantantes desde el escenario.

Sonaron los primeros acordes de la orquesta, suaves y dulces, pronto convertidos en melodías que parecían divertidas y retozonas. Después se descorrió el gran telón rojizo y nuestra mirada descubrió el interior de una pobre cabaña. A la izquierda, un hogar con una hornilla; en el centro, una mesa; detrás de ésta, una puerta, y más a la derecha una ventana, a través de la cual se veía el bosque. En el escenario se encontraban dos niños: el muchacho se ocupaba en hacer escobas y la muchacha estaba haciendo calceta. Al tiempo cantaban una bonita canción, que hacía más ligero su trabajo. Y también olvidaban con ella el hambre que los atormentaba. Hänsel (Juanito), el chico, se lamenta a su hermana Gretel (Margarita) de que ya no lo soporta más, pero ésta intenta consolarlo. Con una melodía llena de sentimiento expresa la esperanza de que, cuanto más grande es la necesidad, más cerca está la ayuda de Dios. Pero Hänsel no quiere tranquilizarse, y entonces confía a su hermana un secreto: la vecina les ha regalado un puchero de leche. Los niños se alegran tanto con ello que dejan su trabajo y empiezan un baile muy juguetón. Al tiempo viene de la orquesta una melodía arrebatadora, así que mis acompañantes se sintieron también tentados de participar con pies y manos en el alegre ritmo. El baile de ambos niños va haciéndose cada vez más alegre y añadiendo nuevos pasos, hasta que, locos de entusiasmo, tropiezan y caen al suelo, justamente en el momento que su madre entra por la puerta. Ésta los regaña: ¡Cantar y bailar en lugar de trabajar! Hänsel y Gretel intentan escabullirse, pero su madre los sigue alrededor de la mesa y finalmente, ¡zas!, vuelca el puchero de leche... ¡la única cena que tenían! Ahora tiene que enviar a los niños al bosque para que cojan a toda prisa algunas bayas silvestres. Ella se queda en la casa, llorando. Entonces se oye desde fuera una alegre voz masculina. Es el padre que canta una canción bien humorada. Al entrar en la cabaña sorprende a su mujer con la buena noticia de que ha podido vender todas las escobas y vuelve a casa con una cesta llena de viandas. Pregunta por los niños y para su espanto llega a saber que su madre los ha enviado al bosque. ¿Es que acaso no sabe ella que allí habita una terrible bruja que podría causar daño a los niños a la hora del anochecer? La música, que antes había sido tan amable e incluso a veces tan divertida, cambia totalmente con estas palabras: ahora se ha vuelto misteriosa y se nota en ella el estremecimiento y el horror del bosque espeso y nocturno. Los padres salen corriendo para ir en busca de sus hijos.

Cayó el telón, pero la orquesta siguió tocando y el teatro continuó oscuro. La música expresaba la sombría atmósfera del bosque. Cristina había cogido mi mano y me la apretaba angustiada.

—¿Se comerá a los niños? —me dijo en un susurro.

—No lo sé, Cristina —mentí también en voz baja—, pronto lo veremos...

Volvió a abrirse el telón, y nos encontramos en un pequeño claro del bosque. A través del espeso follaje caían

14. Una visita a la ópera

los últimos rayos de sol del atardecer. Allí estaban los niños. Gretel cantó una bella canción a la vez que trenzaba una guirnalda de flores. Hänsel vino corriendo del interior del bosque y mostró a su hermana, orgulloso, la cestilla llena de las dulces bayas que había cogido. A lo lejos sonó el canto del cuco, y los niños comenzaron a comerse las bayas siguiendo el ritmo del canto... hasta que la cestilla volvió a estar vacía.

Fue oscureciendo lentamente sin que los niños lo advirtieran. Y cuando quisieron tomar el camino de casa, no lo encontraron. Los misteriosos sonidos del bosque en penumbra los asustaron, el murmullo de los árboles, el viento, el eco, el graznido de alguna invisible ave nocturna. Su miedo alcanzó el punto culminante cuando apareció un hombrecillo y se encaminó hacia ellos. Pero los tranquilizó con unas pocas palabras, y la música, que había expresado con toda claridad el miedo de los niños, se transformó en una melodía tranquila y consoladora. Se trataba del «hombrecillo de la arena», que lleva un saco con arena que echa en los ojos de los niños buenos, para que se duerman. Así lo hizo con Hänsel y Gretel después que éstos hubieran dicho sus oraciones como todas las noches.

Cuando los niños se hubieron dormido, por una escala bajaron desde una nube catorce ángeles y se colocaron alrededor de los durmientes como si quisieran guardarlos de todo mal. Al tiempo que la música sonaba dulce y expresiva, cayó lentamente el telón. Y también volvieron a encenderse lentamente las luces de la sala.

–Esta ópera, *Hänsel y Gretel* en alemán y *Juanito y Margarita* en castellano, así llamada por el nombre de los dos protagonistas, fue compuesta por un músico alemán que se llamaba Engelbert Humperdinck y murió en 1921 a los sesenta y siete años de edad. La mayor parte de su fama la debe a este cuento infantil, que escribió en 1893 –les expliqué a mis pequeños amigos.

Teníamos tantas cosas que hablar y que preguntar, que el descanso nos pareció corto. Pronto volvieron a apagarse las luces y el director volvió a aparecer, siendo recibido una vez más con aplausos. La orquesta tocó un rato a telón corrido. Cuando éste se abrió, el escenario presentaba el mismo cuadro que antes del descanso, el espeso bosque. Ciertamente, habían desaparecido los ángeles que velaban el sueño de los niños, y por entre el follaje caían las primeras luces del amanecer. Entró un segundo hombrecito tan diminuto como el anterior. Salpicó los ojos de Hänsel y Gretel con el rocío de las flores que llevaba y los despertó. Ambos niños miraron en torno a sí admirados, a la vez que en la orquesta sonaba una música maravillosa, como si cien pájaros entonaran su concierto matutino. Hänsel y su hermana se contaron el uno al otro sus sueños, y resultó que los dos habían soñado lo mismo. Catorce ángeles habían bajado del cielo tal como habían implorado en su oración vespertina.

Miraron sorprendidos en todas direcciones buscando a los ángeles desaparecidos: ahora, visible todavía sin precisión a través de la ligera niebla de la mañana, hay allí una casita. Los niños se acercan a ella llenos de curiosidad: ¿Es posible que exista una casa de mazapán y dulces, una auténtica casa comestible? Hänsel y Gretel empiezan a golosinear. Los interrumpe una voz. Ambos se asustan, pero parece que ha sido tan sólo el viento. De nuevo se ponen a comer, pero entonces aparece la bruja. Es vieja y fea, como tienen que serlo las brujas de los cuentos. Encanta a Hänsel y lo encierra en una jaula en tanto da instrucciones a Gretel sobre cómo debe calentar el horno, donde pronto habrá de desaparecer el desdichado muchacho.

Cristina me apretó la mano más fuerte. ¿No le había prometido yo que la ópera no sería triste? Pues ahora parecía que lo era, y mucho.

La bruja rompe en salvaje danza de victoria y vuela con su escoba por los aires. Gretel vuelve a aparecer en el escenario, y Hänsel, que se ha echado a dormir pero ha podido oír bien la fórmula mágica de la bruja, se pone de acuerdo con su hermana. Ésta se muestra visiblemente tan poco diestra con el encendido del horno, que la bruja tiene que enseñarle cómo se hace. Para ello ha de acercarse más y más a la abierta puerta del horno, detrás de la cual se ven arder las llamas.

Mis pequeños amigos estaban en tensión: «¡Adelante, Hänsel!», parecían decir sus encendidas miradas. ¡Y así fue! Hänsel y Gretel se precipitaron sobre la bruja y la empujaron dentro de las fauces del gran horno.

Cristina lanzó un suspiro de alivio, y a la vez que apretaba mi brazo con su mano izquierda, se enjugó en cada ojo con la derecha una lágrima furtiva.

Gretel y Hänsel bailan ahora un vals excitante, que de repente es interrumpido por una violenta explosión. El horno salta en pedazos y muchos niños, cubiertos aún de una capa de mazapán, salen de entre sus pedazos. ¡Eran víctimas de la malvada bruja! Por el camino del bosque vienen corriendo los padres de Hänsel y Gretel y estallan

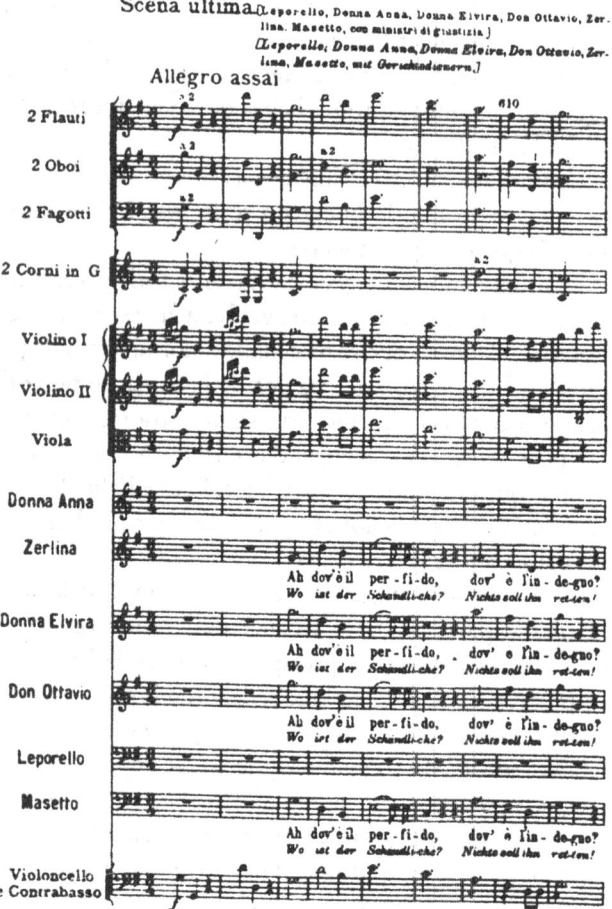

Dos páginas de la partitura de *Don Giovanni,* de Mozart

14. Una visita a la ópera

de gozo al encontrar a sus niños sanos y salvos. En una divertida escena todos los niños juntos sacan de entre las cenizas de la estufa una gran torta: es la bruja, que ahora sufre el destino que había pensado para muchos niños inocentes. Toda la gente que hay en el escenario canta por último la bella melodía con que Gretel había consolado a su hermanito al principio: cuanto más grande es la necesidad, más cerca está la ayuda de Dios. Con un alegre baile concluye la pieza.

Aplaudimos fuerte cuando cayó el telón. Y ahora volvieron a aparecer los cantantes, para inclinarse ante el público: primero todos juntos, después Hänsel y Gretel solos, luego los padres, después incluso los hombrecillos de la arena y del rocío, y por último la bruja, que recibió quizá la ovación más fuerte. Entre los espectadores, seguramente muchos niños se alegraban ahora de que no se hubiera quemado. Cristina la miró primero muy mal, pero después rió complacida. Al fin y al cabo aquello había sido sólo una ficción...

El camino a casa transcurrió con una conversación muy viva. Sobre los cantantes, si habían actuado bien, y si el bosque estaba bien representado, y sobre la casita, y sobre la orquesta, y de que en una ópera realmente sólo se entiende una parte del texto y que en su mayoría hay que adivinarlo, o saberlo previamente. También de cómo el director había «mantenido juntos» a todos y cómo indicaba siempre a los cantantes cuándo tenían que cantar; y sobre si todo esto estaba en el libro que había tenido ante sí en su atril.

—Sí —les expliqué— en la partitura, donde está copiado todo lo que la orquesta toca y los cantantes cantan.

14. Una visita a la ópera

—¡Un libro estupendo será éste, cuando usted apunte todo lo que ya hemos visto, oído y hablado! Desde el primer día... —se expresó Juan.

—Bien, ya lo veremos.

15. Una mirada al pasado musical

A la tarde siguiente volvimos a reunirnos en mi casa. Vino una multitud de niños, e involuntariamente me acordé de aquella tarde de hace unas pocas semanas, cuando dos arrapiezos, que entonces aún me eran desconocidos, habían abierto tímidamente la puerta y habían entrado, para darme la idea de un libro sobre música, destinado a la juventud. Ahora había llegado a formarse un nutrido grupo, y mi estudio apenas podía contenerlos. Pero no hicimos cuestión alguna de la estrechez de espacio. Aunque ya hacía tiempo que no había suficientes sillas y bancos, esto no perturbaba nuestra alegría lo más mínimo. Los pequeños visitantes se agrupaban donde podían, de cualquier manera, en las mesas o en el alféizar de las ventanas, en la alfombra, en el banco del piano, en la escalera..., en esos escalones donde habíamos aprendido los nombres de las notas.

15. Una mirada al pasado musical

Hoy caía fuera una fría lluvia de otoño. Prendí fuego a la leña de la chimenea, y así se extendió el cómodo ambiente adecuado para que hablásemos de muchas cosas. Mis pequeños amigos ya habían planteado a veces preguntas sobre la vida de los grandes músicos: cómo y dónde vivieron, qué habían creado, qué suerte habían corrido, cuál había sido su destino. Pero en el transcurso de las últimas semanas habían surgido otras preguntas que quedaron sin respuesta. Hoy me pareció llegado el momento de charlar un poco sobre historia de la música. Así lo propuse.

–¿Qué es la historia de la música? –me preguntó Cristina.

–Bien, historia es la narración, la recopilación de todos los acontecimientos de importancia, en cualquier aspecto, para la marcha del mundo. Así, la historia de la música es la descripción de todos los acontecimientos musicales; de todas las ideas que los hombres han tenido en relación a la música; de todos los instrumentos que construyeron para hacer música. Precisamente ya hemos visto un poco de esto aquella vez en el museo: cómo vino a hacerse de la espineta y del címbalo, en el transcurso de varios siglos, nuestro piano moderno; o nuestro violín a partir del *ravanastron* indio pasando por los *kamanya* y los *rabāb* árabes. Pero no sólo los instrumentos se desarrollan con el transcurso del tiempo y son inventados de esta manera, o quizá mejorados de esta otra, o llegan a hacerse internacionalmente populares. La misma música está sujeta también a cambios. Lo que a un pueblo le parece bello y armonioso, pudiera resultarle insatisfactorio a otro o incluso al mismo en otra época. Ya hemos hablado de consonancias o disonancias, ¿os acordáis?, es decir, de los acordes «buenos» y «malos». Pero ni todos los pueblos ni todas las épocas tienen la misma opinión sobre el particular. Así, en cada parte del mundo y en cada época, la música tiene sus propias leyes o teorías, como también se llama a tales reglas. Se transforman, se modifican como los puntos de vista humanos, a veces se convierten en todo lo contrario. Mas a la historia de la música pertenecen también otros temas más sencillos, como por ejemplo el relato de la vida de los compositores...

–A todos los que escriben música... quiero decir, a aquellos a quienes se les ocurre música, ¿se les llama compositores? –quiso saber Pedro.

–Sí, a todos los que crean una nueva pieza, una nueva obra musical, y la trasladan al papel pautado, bien se trate de una gran ópera, de una sinfonía, de un baile o de una pequeña canción. Tiene que ser algo que no existía antes con esta forma. Lo que el poeta es en el arte de la palabra y el pintor en el reino del color, eso es el compositor en la música: el creador de algo nuevo...

–¿Cuándo vivió el primer compositor? –preguntó Gabi.

–Eso nadie lo sabe. Ni siquiera sabemos con exactitud cuándo vivió el primer hombre. Y si éste cantó algo, entonces él fue el primer compositor. Ciertamente, todavía no necesitaba trasladar al papel...

–¿Por qué? –preguntó Cristina entre la hilaridad de todos.

–Porque todavía no había papel... porque aún no se podía escribir –le respondieron de todas partes.

15. Una mirada al pasado musical

–Los hombres aprendieron a escribir música muchísimo después que la escritura de letras y palabras –proseguí–. Y por esta razón no sabemos nada del comienzo de la música, de sus primeros pasos durante milenios y milenios en esta tierra...

–Lástima –dijeron algunos.

–Sí, una gran lástima, sin duda. Pues tenemos fundamento para sospechar que muchas de las viejas culturas, que muchos de los grandes imperios que hubo en la tierra en la remota Antigüedad hicieron mucha y muy bella música. Sabemos que la música tuvo máxima importancia para algunas de esas civilizaciones hundidas y desaparecidas.

–¿Cómo es que no podían escribir notas, si sabían tanto? –formuló Juan, como de costumbre, una inteligente pregunta.

–Hubo pueblos que no quisieron escribir su música deliberadamente. ¿Os parece asombroso? Creían que la música proviene de los dioses, que es algo tan grande, tan sublime, que el hombre común puede experimentarla y disfrutarla, pero no entenderla. Por esta razón sólo eran músicos los sacerdotes. Trataban la música, igual que la religión, como misterio. Una notación musical de general entendimiento, tal como hoy la tenemos, habría contradicho esta manera de pensar. Pero ya hubo también en la Antigüedad pueblos que podían transcribir la música a signos; lo malo es que no podemos leerlos, no sabemos descifrarlos. Y por eso sólo puedo contaros muy pocas cosas de la música de aquellas épocas lejanas, por desgracia. Hay algunos puntos de partida: pinturas funerarias, jarrones, leyendas, libros antiquísimos...

—¿Qué tienen que ver todas esas cosas con la música? —se interesó Pedro.

—Pueden tener mucho que ver. Por ejemplo, cuando en las tumbas egipcias se encuentran pinturas murales que muestran escenas musicales. Vemos allí instrumentos musicales, y por su forma podemos deducir cómo eran tocados y casi, casi cómo sonaban. En numerosos jarrones y otras piezas de cerámicas antiguas aparecen con todo detalle magníficos instrumentos y personas que hacen música. Viejos libros nos hablan de la gran importancia que tales pueblos daban a la música. De algún hombre destacado de aquellos tiempos, sabemos que tenía la música por el mejor medio para la educación de la juventud. En muchas culturas del pasado, el puesto ocupado por la música era probablemente más importante que el que hoy desempeña. Ya hemos mencionado una vez a Orfeo, el cantor griego, que con toda seguridad también sería compositor y ha llegado así a convertirse en la personificación de la música auténtica y bella. Su voz ha de haber sido tan dulce, que conmovía profundamente a todos los hombres, amansaba a los animales salvajes y detenía el curso de los ríos, para escucharle...

Mis pequeños amigos sonrieron. Los que habían estado conmigo en el parque zoológico en aquella ocasión famosa recordaban muy bien el efecto de la música en los animales. Pero eso de los ríos...

—Así consta en los poemas, y éstos siempre tienen derecho a exagerar un poco. Mas estas exageraciones lo único que nos demuestran es cuán estimada y honrada era la música en aquel entonces. ¡Si se le imputaban tales prodigios, entonces sus efectos por fuerza tenían que ser

15. Una mirada al pasado musical

Orfeo

muy grandes! Seguramente los hombres de aquellos tiempos eran más sensibles a las impresiones musicales de lo que lo somos hoy en general, por desgracia. No es tan importante si un río fluye literalmente despacio, para poder escuchar la música que suena en sus orillas; quizá sea únicamente una imagen poética. Pero creo que nos muestra que los hombres suspendían sus trabajos y trajines, que mitigaban sus prisas y podían olvidar todas las preocupaciones, cuando sonaba música. Y así llega a carecer de importancia si Orfeo ha vivido realmente o hubo entonces mil de sus semejantes que, mediante el sonido de la música, supieron despertar en el pueblo sentimientos buenos y nobles...

Mis amigos estuvieron de acuerdo. Miré al reloj, el tiempo pasaba, y aún quería contarles algo más.

–La música también fue especialmente estimada en el imperio chino. Ya conocían las notas, igual que nosotros. La escala china constaba de cinco...

–¿Sólo cinco? –exclamaron inmediatamente algunos niños. Recordaban que nosotros hacemos música con doce notas, y miraron involuntariamente hacia el teclado de mi piano, para ver si allí seguían todas: las siete teclas blancas y las cinco negras en cada «piso» u octava.

–Los chinos –proseguí– daban a sus notas nombres propios: la más alta se llamaba «El emperador», la más baja, «El labrador»...

Mis visitantes estuvieron de común acuerdo en que esto era mucho más bello que C, D, E o *do, re, mi*.

–Es interesante que hoy haya aún pueblos que hacen música con tales escalas de cinco notas: en Asia, en África, en la India...

–¿Cómo suena esta música de cinco notas? –quisieron saber algunos.

–Bien, podéis haceros una idea de esta escala. No es igual en todas partes, pero podéis representárosla si, sencillamente, tocáis las cinco teclas negras de nuestro piano... Así lo hice, pulsé los sostenidos de *do, re, fa, sol, la,* uno detrás del otro, hacia arriba y después de nuevo hacia abajo. Luego aún conté a los niños algunas cosas más de aquellos tiempos lejanos, distantes de nosotros a menudo miles de años. Los indios cuentan que fue el dios Brahma quien les entregó, en tiempos remotos, su instrumento popular más conocido y hoy todavía en uso, *la vina*. En la Biblia también se contienen bastantes referencias a la música, a las trompetas de Jericó y al rey David, que tocaba el arpa magistralmente.

–La historia de las trompetas de Jericó... ¿no es el relato del derrumbamiento de las murallas? –preguntó Juan.

–Efectivamente. En la Biblia se dice que las murallas se derrumbaron a causa del sonido de instrumentos de viento. Es decir, de trompetas o de trombones o de otros instrumentos semejantes que había entonces, algo así como el *sofar*, que en Israel sirve de instrumento religio-

so. Y gracias a este derrumbamiento de la asediada ciudad de Jericó, los hijos de Israel pudieron alcanzar una victoria...

–¡Eso no es posible! –protestaron algunos–. ¡El sonido de unos cuantos instrumentos musicales no puede derribar murallas!

–Bien, no afirmaría yo eso con tanta seguridad –los apacigüé, y todos me miraron sorprendidos–. En los últimos años ha ido poniéndose más y más de manifiesto que la Biblia es un libro histórico bastante exacto. Además, vosotros sabéis ya que todo sonido proviene de ondas, de ondas acústicas o vibraciones. Y las vibraciones sonoras de muchos potentes instrumentos juntos pueden ejercer una fuerza muy grande. Sí, incluso creo que, bajo determinadas condiciones, pueden derribar un muro. ¿Creéis que cien hombres que van por un gran puente pueden representar un peligro para él? ¿No? ¡Y sin embargo nunca se deja a una compañía de soldados desfilar por él marcando el paso, ya que podría derrumbarse! ¿Por qué? Pues por las vibraciones que produce el paso uniforme y regular. Entonces, ¿por qué no podrían llegar a derribar muros unas vibraciones sonoras muy potentes?

Mis pequeños amigos continuaron mirándome con cara de sorpresa. En un santiamén se enzarzaron en una viva discusión. Precisamente yo me alegré mucho de que sucediera así. No deben aceptar por las buenas sin más ni más lo que les digo y cuento. ¡Deben aprender a pensar por sí mismos, deben discurrir juntos sobre las cosas que les interesan, calibrar el pro y el contra, formarse un juicio propio!

15. Una mirada al pasado musical

Pude proseguir pasados algunos minutos.

–El mundo antiguo de que hemos hablado fue, sobre todo, un mundo asiático, que se extendió hacia el oeste alrededor del Mediterráneo. Hace miles de años ya hubo allí culturas superiores...

–Por favor, ¿qué es cultura? Usted ha utilizado la palabra ya un par de veces, y además la leemos a menudo: ¿qué significa? –quiso saber Gabi, y otros asintieron con la cabeza.

–Es bueno que preguntes. Debéis hacerlo siempre que no entendáis algo perfectamente. Cultura... es la totalidad o conjunto de conocimientos humanos; no sólo forma la cultura el progreso en la técnica, en el arte, en el bienestar, en el saber, en la investigación, sino el sentimiento, la relación de los hombres con otros, el entendimiento recíproco. Si hay amor al prójimo, piedad para con los débiles y los desdichados, respeto a la Ley, atención a la opinión ajena, sentido de la belleza, amor a la libertad, nobleza en el pensamiento, sentido de la justicia..., todo esto es importante para la cultura de un pueblo o de una época. Y seguramente también lo es alguna otra cosa que no resulta fácil de encerrar en palabras. Si se habla de pueblos en estadios culturales inferiores, se está pensando que no poseen ninguna, o sólo tienen muy pocas, de las buenas cualidades que acabo de enumeraros. Por el contrario, en una cultura superior estas cosas están bien desarrolladas. En los imperios de los chinos, de los indios, de los egipcios, de los babilonios, de los asirios, de los judíos, de los caldeos, de los sumerios hubo a veces culturas superiores. Estados sumamente desarrollados que apenas les fueron a la zaga a los nuestros modernos, y que incluso nos sobrepasaron en algunos aspectos. Especialmente sabemos de los griegos y de su vieja cultura, pues nos han sido transmitidas bastantes cosas de ellos.

–¿También la música?

–Se han hallado piezas musicales griegas grabadas en piedras. Pero descifrarlas tampoco es fácil en este caso, y no me atrevería a afirmar que conocemos la antigua música griega. Sólo sabemos que para ellos la música jugaba un papel considerable. Había música popular, había música sacra y ya incluso una especie de teatro musical...

–¿Como la ópera?

–Yo no creo que las piezas teatrales griegas fueran cantadas (esto sería ya la ópera), pero sí que las embellecían con música, que había preludios e interludios, y también coros. En muchos escritos de la antigua Grecia pueden leerse cosas muy bonitas sobre la música de aquel enton-

Sacerdote egipcio con arpa

ces, en sus viejos jarrones puede reconocerse a bailarines y músicos, y en los famosos Juegos Olímpicos la música desempeñaba un papel importante.

Al oír estas palabras, muchos de mis pequeños amigos se animaron. Juegos Olímpicos, claro que ya los conocían.

–¿Pero no eran sólo fiestas deportivas? –me preguntaron llenos de curiosidad.

–En modo alguno. En sus orígenes, hace dos mil quinientos años, fueron una grandiosa muestra de todo lo que producía el pueblo en los dominios del cuerpo y del espíritu. ¡Deporte y arte unidos! Al igual que para los vencedores en las competiciones atléticas, también había distinciones para los mejores músicos. Y en ambos dominios hubo en Grecia máximos logros...

–¿Por qué no ha durado más esa bella época? –dijo Karin.

–Bien, corta... no lo fue, niña mía. Duró muchos siglos. Pero nada es eterno en este mundo, todo tiene su nacer, su florecer y su expirar. Un día Grecia también llegó a estar vieja, cansada, desunida y por ello débil, y entonces vinieron los romanos y la conquistaron. Y tomaron muchas cosas de la cultura de los vencidos. A decir verdad, los romanos tuvieron conocimientos muy superiores a los de los griegos en algunos terrenos: construyeron excelentes carreteras, organizaron fuertes ejércitos, fueron maestros en la administración de países que eran mucho mayores que el suyo propio y estaban muy lejos. Pero en el dominio del arte, tuvieron que aprender o tomar mucho de otros, de los griegos, de los etruscos, de los cretenses. Así, llegaron a Europa restos de las grandes culturas mediterráneas: poesía, teatro, ciencias, escultura, danza y música. En Roma se cierra la historia del Mundo Antiguo y al mismo tiempo comienza la de Europa. Aquí tengo un mapa, vamos a verlo desde más cerca. Aquí se extiende la gigantesca Asia con aquellos poderosos Estados, que ya tienen tras sí varios miles de años de historia y seguramente otros tantos de historia de la música, aunque tampoco sepamos mucho de esto. Aquí está Asia Menor, los lugares de los que habla la Biblia. He aquí Egipto, igualmente una potencia de la Edad Antigua, también en el dominio musical. En una época en la que aún no se hablaba de Europa, en todos estos países que os he nombrado había grandes ciudades, había poetas y escultores, pintores y muchos músicos que llenaban su mundo con la belleza del canto y de los instrumentos. Y aquí está Grecia, esta pequeña y abrupta península que se destaca en el Mediterráneo. Y aquí Roma, que poco antes del comienzo de nuestra cronología, es decir, del comienzo de la Era Cristiana, empezó a extender sus brazos conquistadores en todas direcciones.

–¿Conocemos la música romana? –quisieron saber varios.

–Una parte de ella. En Roma había mucha música militar, pues fue un Estado guerrero. También había grandes fiestas populares con música, pero éstas transcurrían a menudo con crueldad, pues en ellas se azuzaba a fieras unas contra otras o se obligaba a los esclavos a pelear entre sí a muerte. Lógicamente, la música que acompañara tales cosas apenas podría ser amable o graciosa. Pero en Roma hubo además otro tipo de música, y ésa la conocemos. Nació en cierta medida bajo tierra...

15. Una mirada al pasado musical

Músico romano

–¿Cómo? ¿Bajo tierra? –se admiraron los niños.
–Sí. Allí mantuvieron los primeros cristianos sus reuniones secretas, en las catacumbas. Y allí buscaron una nueva música que pudiera dar expresión a su fe. Ya hemos visto a menudo cómo los hombres pueden expresar mejor y con más vigor sus sentimientos gracias a la música. Pero como la música que había entonces en Roma no era apropiada para dar expresión a una nueva religión del amor y de la esperanza, buscaron otra diferente. Entonces vino a su lado el apóstol Pablo y les enseñó los cantos de su vieja patria asiática. En ellos subyacía mucho de la música sacra del gran templo de Jerusalén, es decir, de la música judía, la cual asimismo era entonada, como lo sería la cristiana, en honor de un Dios único, supremo y todopoderoso. Y así como el libro sagrado de los cristianos, la Biblia, procede del Antiguo Testamento de los judíos, así la música cristiana primitiva nació también de la judía...

—¿Cómo se sabe esto tan bien? —preguntó Ricardo.
—Conocemos esta música perfectamente. Desde aquellos lejanos días, desde hace casi dos mil años, no ha vuelto a desaparecer de la tierra. Hasta hoy ha sido cultivada en muchas iglesias y monasterios. Se llama «canto gregoriano», pues el papa Gregorio, que vivió hacia el año 600, la reunió y editó en un grueso libro. ¿Queréis escuchar un disco de esta música?

El espacio de la habitación se llenó con sonidos característicos. Con esta música, uno se sentía trasladado muchos siglos atrás.

—Esto suena como si cantase sólo uno, pero hay varios, ¿no es así? —quiso saber Juan.

—Suena como una oración. Propiamente, no del todo cantada: ¡más bien hablada o declamada! —dijo Gabi.

—El canto gregoriano suena siempre así —añadió uno de los nuevos chicos de nuestro círculo—. ¡En el colegio cantamos una misa gregoriana!

—Naturalmente, el canto gregoriano es muy distinto de nuestra actual música. En él hay una única melodía para cantarla al mismo tiempo, es decir, todos cantan lo mismo. Así pues, se trata de una música «monódica», como la llamamos. Aquí no juega papel alguno que la canten cinco o cien, todos cantan igual, y por eso la llamamos «monódica», que quiere decir unísona, una sola melodía. No hay acompañamiento, no se emplean instrumentos, salvo quizás en algunas ocasiones el órgano, para apoyo de las voces. Asimismo la melodía es muy distinta de las utilizadas en épocas más recientes; como ha observado muy bien Gabi, tiene algún parecido con una oración casi hablada, o mejor dicho, con una declamación expresiva y en alta voz. Ritmo, en el sentido que hoy tiene, tampoco lo hay en esta música; compás, ya hay algo, pero todavía poco. Pese a ello este canto tiene sus reglas, muy precisas, y no es fácil aprenderlas y ejercitarlas.

–¿Es siempre religioso el canto gregoriano? –preguntó Karin.

–Sí, siempre. Y durante mucho tiempo en la música de la Edad Media no hubo otra cosa sino cantos religiosos, eclesiásticos. Justamente como en la pintura de aquel tiempo: también estaba totalmente al servicio de la Iglesia, de la religión. Sólo llegaría a ser de otra manera cuando los tiempos cambiaron radicalmente...

–¿Cuándo fue eso? –me preguntaron algunos.

–Durante varios siglos el cristianismo se extendió por toda Europa. Los sacerdotes recorrieron las vías de comunicación que había entonces para enseñar la fe, y a menudo se valieron del auxilio de la música. Fundaron monasterios en los que se utilizaba la música cristiana, es decir, el canto gregoriano. La lengua de la Iglesia, y por tanto de la música, era el latín. Pero la joven cultura cristiana de Europa se vio amenazada hacia el final del primer milenio de nuestra era, después de que por el este, por el norte y por el sur pueblos paganos, y en parte salvajes, hubieron llevado una y otra vez la guerra por todas partes. Y como los sacerdotes no podían defender a Europa, otro estamento fue ganando cada vez mayor importancia: los guerreros, los caballeros. Todos vosotros conocéis las antiguas fortalezas, los viejos castillos que todavía hoy se yerguen en las colinas, ya arruinados, ya conservados, junto a las encrucijadas de caminos o los cursos fluviales. Allí vivían los caballeros. En el verano solían salir a pelear al frente de un puñado de campesinos. Pero en los largos meses de invierno permanecían en sus castillos y celebraban fiestas, en las que la música desempeñaba un importante papel. En la gran sala se sentaban los caballeros y las damas, y escuchaban la voz de un cantor ambulante, que asimismo era un caballero, llamado en los países alemanes *minnesänger* (cantor de amor) y en Francia *troubadour* (trovador, en castellano). Había corrido mucho mundo y ahora, en su canción, hablaba de lo que había visto y oído, de batallas y combates, de países y hombres extranjeros, de una deslumbrante boda en una corte principesca y de muchas otras cosas. La mayor parte de las veces todo esto era nuevo

15. Una mirada al pasado musical

para los oyentes, pues aún no había periódicos y las comunicaciones eran difíciles y malas. Casi siempre el cantor se acompañaba con un pequeño instrumento pulsable, algo así como un arpa pequeña; inventaba siempre nuevos versos y melodías. Al final los caballeros le daban las gracias, y una hermosa dama quizá le regalaba como premio una flor. ¿Queréis oír también esta música? Tengo aquí un disco con canciones de *minnesänger*...

–Ahora nosotros somos los caballeros –dijo Rudi entre los aplausos de sus amigos.

–Y nosotras las hermosas damas –añadió Gabi.

–¿Pero a quién le regalaremos la flor? –reflexionó Karin mientras cogía un clavel del jarrón que estaba encima de mi escritorio.

Viniendo del disco, sonó una voz masculina más dulce e insinuante que las del cantor gregoriano.

–¡Esto ya se parece mucho más a nuestra música! –enjuició Pedro después de que hubiera sonado una sucesión de deliciosas canciones.

–Tiene melodía y ritmo –opinaron otros.

–¿Qué significa exactamente ritmo? –preguntaron algunos.

–Todo lo que está vivo tiene ritmo –comencé a explicar, aunque no me sentía cómodo, pues yo sabía muy bien que esto no es fácil de describir con palabras sencillas.

–Nuestro corazón tiene un ritmo, podéis percibir sus golpes en el pulso, es decir, sus latidos. Nuestros pasos producen un ritmo que es distinto al andar que al correr o al saltar. En la naturaleza hay muchas clases de ritmos: pensad cómo golpean las olas en la orilla o cómo se eleva el sol todas las mañanas... ¿quién no sabe algún otro ritmo?

–¡Día y noche! –gritaron algunos.

–¡Las estaciones del año! –hicieron constar otros.

–¡Las fases de la luna! –dijo Juan.

–¡Muy bien, niños! Ya habéis descubierto que el ritmo proviene de un movimiento que siempre retorna.

–Los bailes tienen ritmo, ¿no es verdad? –preguntó una chiquilla nueva.

–Naturalmente. Precisamente el ritmo es el elemento básico en el baile. El vals tiene otro ritmo que la polca o que el tango o que el rock...

–¿En qué lengua cantaba el cantor del disco? Sólo he entendido unas pocas palabras... –dijo Birgit.

–Era un castellano muy antiguo, bastante diferente del nuestro. Naturalmente, hubo canciones trovadorescas en francés, en inglés, en alemán; pero todas sonaban de manera distinta de las canciones actuales. En aquel tiempo las lenguas europeas estaban en sus primeros balbuceos. Mas lo esencial es que esta música, que entonces era nueva, se cantaba en la lengua del pueblo, y ya no en latín como el canto gregoriano, que ya nadie podía entender fuera de los clérigos y las personas letradas. Pero no es sólo la lengua lo que ha cambiado en estas canciones, sino también su contenido. Al señor del castillo, a los caballeros y a las damas les interesaban lógicamente otras cosas que al clérigo, que siempre tenía puesto el pensamiento en la esperanza de una vida dichosa y feliz después de la muerte...

–¿Cuándo vivieron los *minnesänger?* –quiso saber Juan.

15. Una mirada al pasado musical

–Pues hace de setecientos a novecientos años. Incluso nos ha llegado una fecha concreta de aquel tiempo, que está relacionada con un acontecimiento musical. En el año 1207 se reunieron en el Wartburg, en Turingia, los mejores *minnesänger* de la época. Se enfrentaron todos en un auténtico combate, en un torneo de cantores...

–¿Y quién ganó? –preguntó un muchacho que es un entusiasta del deporte.

–Se dice que el vencedor fue el *minnesänger* Walther von der Vogelweide. Algunas de sus melodías han llegado hasta nosotros. En ellas se aprecia perfectamente que tomó por modelo las canciones populares...

–¿Había ya canciones de este tipo? –exclamaron algunos.

–Naturalmente. Ya hemos hablado de que, con toda seguridad, no puede haber un solo pueblo que no tenga música. En Europa había ya de seguro canciones populares cuando el canto gregoriano se generalizó en los monasterios e iglesias. Ahora bien, estas canciones y bailes permanecieron en segundo plano porque el cristianismo era muy estricto y no quería que, en este valle de lágrimas, los hombres gozaran y se divirtieran, para que así pudieran dedicarse a pensar en Dios con mayor fuerza y devoción. Pero seguro que en la época de los *minnesänger* sonaban ya por todas partes las canciones populares. Y los *minnesänger,* que procedían del pueblo, adoptaron estas melodías como fundamento de sus composiciones. Además, entre los *minnesänger* hubo también personalidades muy distinguidas. El rey inglés Ricardo Corazón de León fue hecho prisionero por su enemigo, el duque de Austria, que lo aherrojó en las sombrías mazmorras de la fortaleza de Dürnstein, en el Danubio...

–¡Yo sé eso! –gritó muy contenta una chiquilla que pertenecía al tropel de los «nuevos»–. Las últimas vacaciones estuve en Dürnstein. De la fortaleza no quedan más que unas ruinas; pero en la localidad muchas cosas recuerdan aún a Ricardo Corazón de León...

–Este rey era trovador, y gracias a ello pudo llegar a ser descubierto y liberado. Su compañero de armas y fiel servidor Blondel fue de castillo en castillo para tratar de encontrarlo. Naturalmente, no podía buscarlo sin ocultar su identidad, pues en otro caso también él habría sido hecho prisionero. Pero todas las noches cantaba ante uno de aquellos castillos una canción que había compuesto el rey. Y una noche Ricardo le contestó con la misma melodía...

–¡Aquélla tiene que haber sido una época muy bella! –observaron algunos.

–Bien, según como se mire. En el mundo ha sucedido casi siempre que cada época fue bella para quienes estaban en el poder y lo poseían todo; por el contrario, era dura para los pobres, que siempre habían de temer algo... La época de los caballeros, de los *minnesänger* y trovadores también llegó a su fin lenta, progresivamente, como sucede siempre. Se anunciaba una nueva era: las ciudades se hicieron cada vez más grandes y más fuertes. ¡Entre sus muros la vida se mostraba totalmente distinta de la del monasterio y el castillo feudal! Allí era más segura, más cómoda y más relacionada. Se comerciaba y se enviaban barcos por los mares del mundo, es decir, se tenía contacto con lejanos países. Y esto cambió a los hombres. Los burgueses, como se llamaba a los habitantes de las ciudades, cambiaron la armadura de hierro por ropas elegantes y a la moda. Adornaron sus casas, cada vez más bellas, con pinturas encargadas a artistas de fama. Y decidieron engalanar sus ciudades con grandiosos edificios, con iglesias, colegiatas y catedrales. Amaban la sociabilidad, y la música tenía que ver con ella. En la casa burguesa sonaban la espineta y el címbalo (ambos son predecesores de nuestro piano), y se les añadía la flauta y el canto. Se tañía el laúd, que, al igual que la guitarra, había sido traído a Europa por los árabes hacía ya varios siglos, y ahora se había convertido en el instrumento favorito de los burgueses, en especial de las mujeres. En las iglesias, órganos cada vez más perfeccionados acompañaban el servicio divino y también sonaban en actos solemnes y en ocasiones festivas. Después se situaron grandes coros a su lado. No sólo cantaban ahora los clérigos, como sucedía en los ya lejanos días del canto gregoriano; los propios burgueses amaban el canto. Algunas tardes se reunían (el regidor, el zapatero, el escribano, el médico, el panadero, el sastre); constituyeron en toda forma uniones, es decir, agrupaciones que sometieron la música a reglas, incluso a reglas muy estrictas. En muchas ciudades alemanas se les conoció como *meistersinger* (maestros cantores), para diferenciarlos de los *minnesänger*. Para llegar a «maestro» había que estudiar mucho, se tenían que escribir versos y ponerlos en música, y después aún había que cantarlos bien. Ahora podéis representaros perfectamente que si los burgueses ya llevaron tan lejos la música, aunque sólo pudieran ocuparse de ella en los ratos de ocio, los músicos profesionales tendrían que estudiar y hacer con ella mucho más. Y así las antiguas formas musicales se tornaron insuficientes. El canto eclesiástico, tal como lo había enseñado el papa Gregorio, no podía expresar el mundo de ideas de los burgueses, pero tampoco la canción de los *minnesänger* se conformaba a sus conceptos. Por lo demás, era muy sencilla, se cantaba a una voz y con un acompañamiento poco elaborado. Mas el burgués aspiraba en su arte fundamentalmente a cosas elevadas. Os lo explicaré lo más claro que me sea posible, pues el cambio que se produjo en la música fue de especial importancia. Entre los clérigos, en la iglesia, el canto monódico era el adecuado, pues ninguno quería aventajar al otro, ya que todos deseaban servir a Dios de la misma manera. En el castillo feudal cantaba únicamente el *minnesänger;* quizá le replicaba otro, algo así como en un torneo de canto en una competición musical, pero no cantaban juntos. De aquí que esta música fuese también monódica... seguro que recordáis lo que quiere decir esto: se toca o canta una única melodía al mismo tiempo. Pero en la ciudad, la cosa era de otro modo. Allí muchos querían cantar y hacer música juntos, y no hubiera sido interesante si todos hubieran tenido que desempeñar las mismas tareas. En la vida, cada burgués puede y quiere desarrollar su propia actividad, y así ha de ser también en la música. ¡De estos afanes de cada uno ha de nacer la obra total o de conjunto, es decir, las melodías de todos los cantores tienen que formar un gran todo! Así surge el canto a varias voces, que se conoce con una palabra griega: «polifonía». Surgen coros de muchas voces; pero de voces no sólo en el sentido de personas, es decir, de que cantan muchas personas, sino

15. Una mirada al pasado musical

de voces en el sentido de melodías. Esto es algo nuevo, totalmente distinto de lo que había habido hasta entonces en la historia de la música. Justamente algo nuevo como quizá la perspectiva en el dibujo y la pintura, que precisamente fue descubierta en aquel tiempo y hoy es natural. ¿Cómo dibuja un niño cuando aún es pequeño? Naturalmente, no distingue todavía entre cosas cercanas y lejanas, hace todo igual de grande; tampoco ha aprendido aún a representar la fachada lateral de una casa de madera que al verla produzca la misma impresión que cuando se la ve en la calle. Con la perspectiva, es decir, con la representación espacial de las cosas, los hombres de aquel entonces han descubierto una nueva dimensión del arte. Las cosas no tienen sólo dos dimensiones, como se las representaba anteriormente: altura y largo. Tienen también una tercera: profundidad o ancho. En una escultura se dan las tres de suyo, lógicamente, pero en un cuadro, que consta de una sola superficie, se tuvo que descubrir la tercera dimensión, por decirlo así hubo que hacerla nacer como por encanto, es decir, por la perspectiva. Y seguramente no fue casualidad que, más o menos en la misma época, los hombres descubrieran también en la música una nueva dimensión, que la hicieran nacer como por encanto: por multiplicidad de voces, por la polifonía. Esto sucede aproximadamente en el siglo XII, si bien los primeros intentos en esta dirección son un poco anteriores. En las ciudades los compositores aprendieron pronto a escribir para varias voces, y los coros lo pusieron en práctica. Misas, pero también otras piezas, con tres, cuatro, cinco, incluso ocho melodías al mismo tiempo. Para los oyentes tuvo que ser esto al principio una cosa difícil...

El maravilloso mundo de la música

—¿Ocho melodías al mismo tiempo? —se asombraron los niños.

—¡Y aún muchas más! Se llegaron a componer obras para cuarenta y ocho voces. Pero figuraban únicamente en el paciente papel pautado, pues nadie puede escuchar y distinguir algo tan extremadamente dividido. Y así la multiplicidad de las voces, la música polifónica, llegó a hacerse tan complicada con el transcurso del tiempo, que el pueblo ya no pudo entenderla. Por ello se quiso

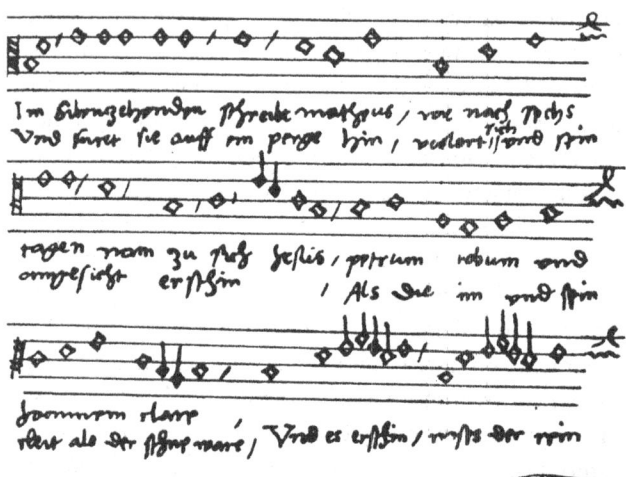

Notación del maestro cantor Hans Sachs.
Año 1519

15. Una mirada al pasado musical

tener canciones sencillas, cuyas melodías pudieran distinguirse con claridad. También se quiso escuchar ritmos de danza, y al encuentro de este deseo vinieron las orquestas, que entonces estaban surgiendo, y que al principio habían tenido que apoyar a la música coral polifónica (pues es más fácil cantar con acompañamiento que sin el apoyo de un instrumento), pero que pronto se independizaron. Tocaban en los palacios de aquel tiempo primero acompañando los banquetes, y después el baile que seguía a continuación. Y se avanzó así tan lejos, que ya pudieron dar auténticos conciertos. De esta manera los tiempos que llamamos Renacimiento y Barroco llegaron a ser grandes épocas de la música. Hubo importantes compositores, cuyos nombres citaremos mañana. Los instrumentos llegaron a ser muy bellos, como habéis podido verlos en el museo; sonaban maravillosamente y fueron tocados por verdaderos maestros. Pero creo que por hoy ya hemos hablado más que suficiente. A la multiplicidad de voces, a la «polifonía», siguió después de nuevo una época de música simplificada: una sola melodía con «acompañamiento». Y el acompañamiento constaba de armonías, es decir, de acordes. ¿Ya no sabéis lo que son? –Me dirigí al piano y pulsé a la vez las notas *do-mi-sol*–. Las primeras armonías constaban de este y otros acordes semejantes de tres notas; a veces ya se les añadía un acorde de cuatro. Exactamente igual a como hoy busca sus acordes un guitarrista y los liga, aunque no haya estudiado música y toque de oído. Esto significa que acordes y armonías son innatos al hombre. Unas épocas hicieron música con más «consonancias», es decir, con acordes «buenos», y otras –como la nuestra– recurren a numerosas «disonancias», a acordes «duros». Tales cambios, como este de la música a varias voces, polifónica, a otra para una voz con acompañamiento, la música con armonía, naturalmente no se producen de un día para otro, sino que son el resultado de un largo proceso. Tienen que estar relacionados con transformaciones del oír y del sentir humanos. Una tal transformación parece haberse producido en el siglo XVI, cuando la música polifónica fue cediendo terreno lentamente y surgió la música dispuesta en acordes. Durante algún tiempo existieron ambas simultáneamente... Pero ya basta por hoy. Mañana oiremos algunos discos relativos a todo esto. Y después llegaremos a las más grandes épocas de la música, a los maestros más famosos, cuyos nombres ya conocéis en gran parte...

Mis pequeños amigos se marcharon con caras alegres. Aunque les había dicho que habíamos hablado de las cosas más difíciles y pesadas de la historia de la música, habían pasado la tarde, al contrario de lo que me temía, sin fatiga ni aburrimiento. Estoy seguro de que volverán mañana. Y hoy varios de ellos soñarán quizá con los *minnesänger*.

15. Una mirada al pasado musical

Reunión musical en el siglo XVI

16. Los grandes maestros de nuestra música

A la tarde siguiente hice algunos preparativos: los discos estaban a mano, dejé abierto el piano y detrás de mi escritorio colgaba un gran mapa de Europa. Pronto vinieron mis pequeños amigos; las puertas no tuvieron un momento de reposo, allí reinaba un alegre barullo de voces que sólo cedió lentamente cuando invité a todos a sentarse tan bien –o tan mal– como pudieran.

–¿Hablaremos hoy sólo de Europa? –preguntó Juan señalando el mapa.

–Sí, pues los grandes maestros de los que hoy hablaremos vivieron sin excepción en Europa. Es más, he de añadir en seguida que la historia de la música que estamos considerando es la historia de la música europea. Ciertamente, una historia de la música china, o de la árabe, o de la indonesia se presentaría ante nosotros bajo un aspecto completamente distinto. Pero nosotros estamos contemplando la historia de la música de nuestro círculo

16. Los grandes maestros de nuestra música

cultural, los maestros que pertenecen a la civilización occidental, a Europa. Hoy sus nombres y sus obras son conocidos en todo el mundo; la radio y los discos fonográficos los han difundido, así que hoy incluso en Japón o en Irán, países cuyo desarrollo musical ha seguido un curso totalmente diferente al nuestro, Beethoven, Mozart y Bach, Verdi, Debussy y Tchaikovski son bien conocidos y amados... ¿Recordáis todavía nuestra conversación de ayer? ¡Trató de muchas cosas! Del comienzo de la música que nos es conocida, y así nos trasladamos a Asia. Sólo pisamos territorio europeo cuando vinimos a Grecia. Naturalmente, eso no quiere decir que en los países asiáticos no haya habido después mucha música. Ocurre que nos olvidamos frecuentemente de esto cuando hablamos de la historia de nuestra música. Al mismo tiempo que los grandes maestros europeos vivieron músicos (en los países árabes, en Extremo Oriente, también en los países de la América precolombina), de cuya música, antes de la penetración de los blancos, no sabemos absolutamente nada. Por desgracia, no se puede abarcar la música de toda la tierra, así que nos contentamos con la historia de la música de Europa, es decir, de nuestra cultura. ¿Recordáis hasta dónde llegamos ayer?

—¡Hasta la polifonía! —exclamó Ricardo.

—¡No, más lejos! ¡Hasta la armonía! —le corrigió Pedro, y todos movieron afirmativamente la cabeza como si aquello fuera la cosa más natural del mundo.

—Oigamos ahora unos pocos discos que nos acercarán, también en lo que se refiere al sonido, a aquello de que hablábamos ayer. Primero, algunas piezas para varias voces, es decir, música polifónica. Empezaremos con obras de dos de los primeros compositores que escribieron tal tipo de música. Se llamaban Léonin y Pérotin y fueron organistas en París, esto es, maestros organistas del siglo XII...

Sonó entonces una música muy característica. Muy áspera, me atrevería a decir. Se trataba de melodías simples que se superponían, de lo que a menudo resultaban disonancias muy duras. Nos hizo una impresión extraña, aunque sin duda también muy fuerte. Percibimos que los hombres de aquel tiempo tienen que haber vivido de manera muy distinta de la nuestra, y que seguramente también pensaban y sentían de otro modo. El caso es que los niños quedaron fuertemente impresionados por esta música.

El siguiente disco nos trajo la música de un maestro del siglo XIV. Era una misa de Guillaume de Machault, que nació en Las Ardenas; mucho más rica en el sonido que el disco anterior, pero aun así peculiarmente áspera y dura, todavía un poco extraña a nuestro oído. También era evidentemente imagen de una época desaparecida hace ya largo tiempo. Un muchacho dijo que, al escucharse esta música, se veía cómo las personas iban a una gran catedral vestidas con trajes antiguos; lo encontré estupendamente expresado.

Y de nuevo un salto de dos siglos. Entre tanto la polifonía, la multiplicación de las voces, había alcanzado su punto culminante. Escuchamos una obra del gran compositor flamenco Jan Pieter Sweelinck, que trabajó en Amsterdam en el siglo XVI. Sonaba rica y opulenta, percibimos un entramado de varias melodías que avanzaban a la vez; todo parecía estar en movimiento perpetuo, como un río que fluye constantemente. Las melodías se unían y volvían a separarse, era como una onda incesante, «como las olas del mar», dijo Birgit, y lo encontré muy acertado.

Después siguió un disco con algunas canciones italianas del siglo XVI que se llaman «madrigales». Son también claramente polifónicas, es decir, también se escuchan en ellas varias líneas melódicas que se combinan y producen bellas sonoridades de conjunto; pero, pese a ello, allí puede percibirse ya una melodía predilecta, por decirlo así, una melodía principal. Eran piezas encantadoras, en parte graciosas, gentiles, agradables, y también serias a veces. Nombré a sus compositores: Adriaan Willaert, Jacob Arcadelt, Luca Marenzio, Orlando de Lasso y Claudio Monteverdi.

–Por los nombres también podéis deducir cosas interesantes. Los dos compositores primeramente citados, Willaert y Arcadelt, no proceden de Italia, sino de los países flamencos...

–¿Dónde están? –preguntaron algunos.

Me dirigí al mapa e indiqué la parte noroeste del continente europeo, donde hoy están los Países Bajos y la parte norte de Bélgica. Expliqué a los niños que, en estos países, la polifonía llegó a alcanzar un auténtico florecimiento, y que los maestros flamencos fueron considerados los más importantes durante mucho tiempo. Ellos fueron los que extendieron por toda Europa la música a varias voces; algunos de ellos –por ejemplo estos Willaert y Arcadelt– llegaron a Italia y se convirtieron en profesores de una joven generación de compositores italianos, que compondrían con particular gusto y belleza madrigales como esos que acabamos de oír. También Orlando de Lasso es un hombre del norte, asimismo de origen flamenco. Pero viajó, como hacen hoy los artistas famosos, por media Europa, estuvo en Italia, en Francia, en Inglaterra, por último en Múnich, donde dirigió la orquesta de la corte del duque Alberto V. Fue distinguido en todas partes con el título de «Príncipe de la Música», y ha sido uno de los músicos más famosos de la historia. ¡Y en aquel entonces llegar a ser famoso era muy difícil! Murió en 1594, y ese mismo año falleció su colega italiano Palestrina, tan famoso como él. Pero antes de hablar de él vamos a oír una obra suya.

Un potente coro desplegó sus voces. De nuevo parecieron desarrollarse muchas melodías al mismo tiempo, entrecruzarse, mas pese a ello surgió una imagen sonora de una claridad grandiosa. Uno creía estar en una catedral, ver las poderosas sagitas, los ventanales multicolores, las torres lanzadas hacia el cielo y las magníficas formas.

–Éste ha sido un fragmento de la misa que Palestrina dedicó a su benefactor, ya fallecido, al papa Marcelo. Realmente se llamaba Giovanni Pierluigi, pero se le conoce como Palestrina por su lugar de nacimiento, una pequeña ciudad al norte de Roma. Otro polifonista magnífico fue el español Tomás Luis de Victoria, que murió en 1611. Victoria escribió sólo música religiosa. Vivió en pleno Siglo de Oro español, cuando España produjo también los más grandes pintores y literatos de su historia. Su obra más grandiosa es la colección de *Oficios de*

16. Los grandes maestros de nuestra música

Giovanni Pierluigi Palestrina

Semana Santa, que contiene treinta y siete composiciones, en las que hay combinaciones del canto gregoriano con la polifonía. ¿Queréis que escuchemos una antífona de esta colección?

—¿Qué es una antífona? —preguntó Gabi, que estaba sentada en la silla de mi escritorio.

—Es otra palabra griega que significa repetir, responder como el eco. En música es un canto cantado por dos coros, que parece que se responden el uno al otro como el eco. La que vamos a oír es muy breve y se cantaba el Domingo de Ramos antes de la misa.

Un coro mixto cantó deliciosamente, y efectivamente pareció a todos un poco como el eco, pero incesante en este caso.

—¡Qué bonito! —dijo Cristina.

Varios niños comenzaron a hacer efectos de eco, y hubo con ello otro poco de barullo. Cuando conseguí que volviera a hacerse el silencio, proseguí:

—Orlando de Lasso, Palestrina y Victoria forman parte de los más grandes maestros de la música, pero también de los últimos. Esto no quiere decir que, después de su muerte, no fuera compuesta más música a varias voces, sino sólo que (como decíamos ayer) comenzó a desarrollarse lentamente la época de la armonía. Uno de los músicos más importantes de todos los tiempos, que vino al mundo un siglo después de la muerte de Lasso y Palestrina, siguió amando la música a varias voces y regaló así al mundo algunas de las más grandiosas obras polifónicas que tenemos: Juan Sebastián Bach...

—¡Ah! —exclamó Ricardo— ¡Yo toco música de Bach!

Y a invitación mía, a la que se adhirieron encantados sus camaradas, se sentó al piano y nos tocó algunas pequeñas piezas de Bach, una gavota, una zarabanda y una giga, todas ellas bailes de moda en el siglo XVIII. Aplaudimos fuerte cuando Ricardo terminó.

—El instrumento favorito de Bach era el órgano. Con este «rey de los instrumentos», como se le llama a menudo, la música a varias voces destaca particularmente bien. En los órganos grandes hay dos teclados manuales que están hechos exactamente igual que los del piano, aunque ciertamente éste tenga hoy sólo uno, de manera que cada mano puede tocar uno de ellos...

—¿Por qué? —preguntó Cristina, que siempre callaba cuando la conversación versaba sobre cosas tan serias. Pero esta pregunta brillaba también en los ojos de muchos de sus compañeros.

–Quizá hayáis visto ya alguna vez los botones o tiradores que hay colocados en un órgano. En ellos está precisamente la más importante diferencia con el piano, pues con cada uno de estos botones podemos modificar el timbre del instrumento, podemos hallar maravillosas combinaciones análogas a las que produce la orquesta sinfónica. Así, se pueden disponer sonidos distintos para un teclado y otros diferentes para el segundo. Esto es lo que se llama registración. En los órganos más grandes puede haber tres teclados, cuatro e incluso más. Además, hay un pedalero, que es una especie de teclado que se acciona con el pie. No tiene nada que ver con el pedal del piano que veis aquí: éste no puede producir notas, sino sólo influir en su duración y fuerza; por el contrario, en el pedalero del órgano pueden tocarse con el pie auténticas melodías. ¡Imaginaos todo lo que puede arrancar de un órgano un buen organista! Bach parece haber sido uno de los organistas más consumados de todos los tiempos...

–¿Cómo es que «sólo» lo parece? –preguntaron algunos.

Yo sonreí.

–No es que yo lo dude. ¿Pero cómo podemos saber si los artistas de los siglos pasados han tocado mejor que los actuales, o tan bien o menos bien que ellos? ¡No hay términos de comparación, por desgracia! Bach conmovió a sus oyentes, así como más tarde Beethoven y Mozart, Chopin y Liszt emocionaron como pianistas a su público. Los miembros de la familia de Bach eran músicos desde varias generaciones atrás, pero ninguno de fama mundial; tampoco lo fue Juan Sebastián, el más grande de todos ellos...

—¿No? —se admiraron mis pequeños amigos.

—No. ¡La fama de Bach surgió mucho después de su muerte! En vida fue, como sus antepasados y parientes, un músico, compositor y organista altamente apreciado, que jugó un valioso papel en la vida musical de la Alemania central. Se empleó varias veces como organista y escribió música litúrgica y otra de iglesia para su propio uso. Después, cambió estos puestos por el de *kapellmeister,* es decir, maestro de capilla o de orquesta, en uno de los numerosos palacios principescos que había en la Alemania de aquel tiempo. Y allí compuso obras profanas, es decir, aquellas que podían llegar a ser tocadas en conciertos y en ocasiones solemnes de sus amos. A decir verdad, componía siempre «de encargo», como la mayoría de los músicos de aquella época, que sólo muy raramente componían lo que se les ocurría o les gustaba, sino siempre aquello que era habitual entonces, la música que en aquel tiempo se «consumía»...

—¿No era esto muy... muy desagradable, tener tan poca libertad? —preguntó Juan. Titubeé un poco al contestar.

—Naturalmente, esto nos parece hoy un poco duro. Estamos acostumbrados a que nuestros compositores y pintores, nuestros escultores y poetas creen cuando sienten deseo de hacerlo, cuando se les ocurren buenas ideas. Mas a los artistas de los siglos XVII y XVIII no les sucedía esto jamás, no podían actuar. Y frente a los artistas «libres» tenían una ventaja que no carece de importancia: estaban a cubierto de la necesidad, del hambre y de la vida vagabunda. Pero Bach, además, estaba contento con su destino de empleado de poderosos señores o de comunidades religiosas, aunque a veces también le habría gustado vivir un poco mejor. Tuvo una vida dichosa, repartida entre el mucho trabajo y su amor a la familia. Compuso un número de obras casi increíble, muchas de ellas de enormes dimensiones, como la *Misa en Si menor,* las *Pasiones,* especialmente una según el evangelista San Mateo...

–¿Qué es una *Pasión?* –quiso saber Karin.

–Se llama así la narración de la historia de los sufrimientos de Jesucristo, sobre todo cuando es en forma dramatizada, es decir, con personajes y acción. Ya sabéis que los sufrimientos, la muerte y la resurrección de Jesucristo fueron relatados por varios evangelistas. La más grande obra de Bach es la puesta en música de la versión que debemos al evangelista San Mateo...

El portátil, un antecesor del gran órgano.
Tenía un teclado y carecía de pedal

Puse en el tocadiscos, para los niños, un fragmento de esta obra. La escucharon con gran atención y se entusiasmaron con la belleza y grandiosidad de esta música. Oímos la voz del evangelista, que cantó palabras de la Biblia. Después cantaron otras voces y por último sonó un majestuoso coro. Entonces les dije que esta parte estaba compuesta en forma de «Fuga».

Juan se interesó inmediatamente:

—¿La palabra «Fuga» tiene que ver aquí algo con el sentimiento de huida que normalmente expresa?

Sus compañeros no estaban menos asombrados que yo de los amplios conocimientos del muchacho, y se alegraron cuando contesté afirmativamente a su pregunta:

—Así es, Juan, incluso guarda estrecha relación. Seguramente ya habréis cantado en la escuela alguna vez un canon, es decir, una canción en la que todos cantan la misma melodía, pero no al mismo tiempo. Estas distancias desde la entrada de una voz a la de otra producen la impresión como si una voz corriera delante de otra o como si la segunda lo hiciera detrás de la primera, la tercera detrás de la segunda y así sucesivamente. Bien, la Fuga es una especie de gran canon, donde la primera voz «huye» también delante de la segunda y ésta delante de la tercera. Por eso ya se hablaba en la Edad Media, cuando surgió esta forma musical, de Fuga...

—Quisiera apuntar las fechas de todos los grandes músicos —dijo un chico de los nuevos, llamado Alfredo, y muchos estuvieron de acuerdo con esta idea—. ¿Puede decirme, por favor, cuándo vivió Bach?

—Con mucho gusto, pero vamos a empezar un poco antes. Aquel papa Gregorio, el recopilador de las melodías litúrgicas, murió en el año 604. El compositor de la primera música a varias voces que os hice escuchar, Léonin, trabajó en la iglesia de Notre Dame de París, entre 1100 y 1200; no sabemos exactamente las fechas... ¿quién hubiera apuntado en aquel entonces el nacimiento y la muerte de un músico? Eso se hacía sólo con los reyes, los príncipes y los papas. De Guillaume de Machault sabemos algo más: ha de haber nacido en 1300 y muerto, probablemente, en 1377. También fue cuestionada durante mucho tiempo la fecha de nacimiento de Palestrina; hoy se acepta el año 1525. Murió en Roma en el año 1594. Como ya os dije, ese mismo año murió, en Múnich, Orlando de Lasso, del que se cree que nació en 1532. Tampoco se conoce con exactitud cuándo nació Tomás Luis de Victoria: se cree que fue en Ávila entre 1548 y 1550; murió en Madrid en 1611. Uno de los más grandes músicos de aquel tiempo, y de todos los tiempos, fue Claudio Monteverdi; vino al mundo en 1567, en Cremona, la ciudad de los famosos constructores de violines, como recordaréis, y murió en Venecia en 1643. Vayamos ahora con Bach: su año natal es 1685, y su lugar de origen, Eisenach, en Turingia...

Me llegué al mapa e indiqué Eisenach. Después, Arnstadt, Weimar y Cöthen, lugares todos que están estrechamente relacionados con la historia de Bach. Por último, Leipzig.

–Bach pasó en Leipzig los últimos veintisiete años de su vida; allí murió en el año 1750, muy apreciado por los músicos, mas, como ya dijimos, inadvertido del resto del mundo. No pocos compositores, de los que hoy apenas se conoce el nombre, eran entonces más famosos que Bach.

Sello de Bach

–Alcanzó una edad de sesenta y cinco años –calculó Pedro.

–Sí, y fue una vida bastante larga si la comparamos con la de otros grandes músicos y si tenemos en cuenta que en aquel tiempo la vida de las personas era en general más corta que hoy. Mozart murió a los treinta y cinco, Schubert a los treinta y uno, Mendelssohn a los treinta y ocho, Chopin a los treinta y nueve, igual que Weber... Bellini llegó sólo a los treinta y cuatro y Pergolesi a los veintiséis...

–¿Por qué murieron tan jóvenes? –preguntó Gabi pensativa.

–Ésa es una pregunta difícil, niña mía. La mayoría de las veces los hombres geniales son mucho más sensibles frente a los rigores y las rudezas de nuestro mundo que los hombres corrientes. Muchas cosas que a nosotros ciertamente nos disgustan, pero que volvemos a olvidar en seguida, a ellos los hieren profundamente. Viven, y así tenemos que representárnoslo, en otro mundo, en el mundo de su fantasía. Por eso tenemos muchas veces la sensación como de que soñaran. Y su naturaleza soñadora choca a menudo duramente con el medio en el que viven. Por supuesto, también hay entre los artistas naturalezas más duras, aquellos que supieron proteger su vida interior perfectamente frente a la incomprensión del mundo. Pero la mayoría no pudo hacerlo. Además, vivieron tan ensimismados en sus pensamientos, en sus sueños, que en la vida real no encontraron tiempo para atender a su salud. En hombres especialmente dotados para las artes suele hallarse también una naturaleza delicada, frágil. Pero esto son sólo pensamientos que se me ocurren en este instante porque me preguntáis... Quizá haya, entre los artistas creadores, dos tipos opuestos: los soñadores y los luchadores. Cada decepción hace al soñador más débil frente a la vida, pero fortalece la obstinación, la voluntad del luchador...

–¿Y Bach fue un luchador? –quisieron saber varios.

–También es difícil contestar a eso. No lo fue frente al mundo, pues no le importaba lo más mínimo el reconocimiento, el éxito exterior. Pero en su fuero interno era un hombre muy entero, que jamás dudó de su vocación. Ante todo, la religión fue lo que le confirió esta firmeza. Para él, el hecho de haber creado algo bello para el prójimo era la mayor de las satisfacciones. Componía a la mayor gloria de Dios, y así apenas le interesaba lo que dijera el mundo sobre ello. Era feliz cuando podía tocar su amado órgano o estar en casa en el círculo de su amplia familia. Así fue la vida de Bach; ésta no le trajo de fuera mucho reconocimiento, y él en modo alguno fue un músico brillante o que alcanzara éxito internacional, pero tampoco uno triste o incluso desdichado, como pronto habremos de oír de otros grandes maestros. Tenemos que hablar del gran coetáneo de Bach, de Georg Friedrich Händel. Nació el mismo año...

—... Luego en 1685... —puso en claro Alfredo, nuestro cronista.

—Así es, y no lejos del lugar natal de Bach, esto es, en Halle.

—¿Serían entonces amigos de la infancia? —dijo Elsa.

—Pues no. Al contrario. ¡Por extraño que parezca, jamás llegaron a conocerse! ¡Dos grandes músicos de la misma época! Hoy apenas podría darse tal cosa, pues los músicos tienen oportunidad de reunirse en muchas ocasiones. Pero en aquel tiempo tales casos eran frecuentes. Tampoco llegaron a conocerse el uno al otro Beethoven y Schubert, a pesar de que vivían incluso en la misma ciudad; e igualmente Wagner no trabó conocimiento con Verdi, aunque durante décadas ambos fueron los más famosos compositores operísticos del mundo. Como suele suceder, el talento musical de Händel se manifestó ya en la infancia, pero su padre no quiso saber nada de que su hijo se dedicara a la música. Sin embargo, el pequeño empezó a imponer su voluntad muy pronto, y cuando tenía dieciocho años marchó como músico a Hamburgo y luego a los veintiuno a Italia, para formarse completamente...

—¿Por qué precisamente a Italia? —preguntaron algunos.

—Durante varios siglos Italia había sido el país musical más importante. Vuestra pregunta me da oportunidad de hablar un poco de esto. Ya os cité el nombre de Monteverdi. Y también sabéis qué es una ópera. Bien, la ópera tuvo en Italia su propio hogar. Hacia el año 1600 un grupo muy cultivado de gentes, que se reunía regularmente, tuvo el deseo de volver a traer a la vida el antiguo teatro griego. Creían que aquellas piezas teatrales habían sido cantadas en vez de habladas, y ahora intentaron lo mismo. Entonces les ocurrió lo que a Cristóbal Colón...

–¿Cómo? ¿También hizo él música? –preguntó Rudi admirado, y todos rieron.

–No, esto no, hablo en otro sentido. Colón partió para encontrar un nuevo camino hacia algo que ya se conocía de antiguo, esto es, una ruta oeste hacia la India, porque creía firmemente que la Tierra era redonda, lo que entonces era aún ignorado por casi todos. Y así descubrió algo totalmente nuevo e insospechado: América. Y aquellos señores de Florencia también querían despertar de nuevo a la vida algo antiguo –la tragedia griega–, y así hallaron algo nuevo: la ópera. Al principio, las óperas fueron tocadas sólo en los palacios de la aristocracia, pero en el año 1637 se construyó para ellas, en Venecia, el primer teatro público. ¡Esto fue algo sumamente importante! Pensad que antes podían escuchar las óperas sólo los invitados, y que ahora cualquiera era libre de comprarse una entrada. Acudían, pues, personas que poseían formación y gusto, pero también otras que procedían del pueblo y simplemente querían divertirse, oír bellas voces y melodías sugestivas. Así, la ópera, que en los palacios habría sido un arte muy serio y en ningún caso «recreativo», tuvo que conformarse al nuevo público y hacerse más popular, vulgarizarse un tanto. Los primeros teatros fueron muy distintos de los nuestros: el patio de butacas y la platea estaban vacíos, cada uno tenía que traerse consigo su medio de asiento. La gente que llegaba antes se hacía traer allí por sus criados incluso tendida en sofás...

Los niños se miraron con desconfianza. ¿No estaría yo gastándoles una broma? Mas cuando vieron que hablaba en serio, se echaron a reír inconteniblemente.

–Sí, entonces muchas cosas eran de otra manera. Pero cuando hacía su aparición un cantante famoso o favorito, todos ponían gran atención y enmudecía el tumulto que casi siempre dominaba allí. Gracias a los cantantes, pronto llegó a ser la ópera tan popular, que en todas las ciudades italianas los teatros brotaron como hongos; Venecia y Nápoles llegaron a tener ocho y hasta diez, que se abrían todas las tardes...

–Como hoy el cine –añadió Juan.

Escenario de ópera en el siglo XVII

16. Los grandes maestros de nuestra música

–Exactamente. La comparación es muy buena. La ópera fue para la gente de los siglos XVII y XVIII lo que es para nosotros el cine. Los cantantes eran tan conocidos como hoy los actores cinematográficos. Y había que producir constantemente nuevas óperas, pues la demanda era enorme. Ser compositor de óperas en Italia era la meta dorada de los músicos de toda Europa, si podían entusiasmarse con este género artístico. Sólo lentamente se instaló la ópera en los otros países. No era entonces cosa fácil el poder enviar las partituras de las óperas, ni bastaba con ello...

–¿Por qué? –preguntó Cristina.

–¿Quién hubiera podido cantarlas en Francia, en Rusia, en Austria, en Alemania? Aún no había allí cantantes de ópera bien adiestrados, había que traerlos de Italia. Pero no sólo los cantantes, también el director de orquesta, el coro, a menudo la orquesta misma, el grupo de baile, y además hasta el apuntador, esto es, el hombre que susurra a los actores o cantantes sus papeles, metido en una pequeña caja o concha que hay delante del escenario o desde las bambalinas, para que aquéllos no pierdan el hilo, y después, naturalmente, los pintores para los decorados, los sastres y los zapateros para el vestuario... y ante todo el intendente o director de todo el espectáculo. Pero también tenían que viajar con ellos el poeta y el compositor... sí, habéis oído correctamente: cada teatro tenía sus propios poetas y sus propios compositores, para que pudieran producir constantemente nuevas óperas, pero también para que pudieran cambiar algo a toda prisa cuando a una cantante no le gustaba su papel, o cuando en honor de un príncipe presente entre

El apuntador en el teatro del siglo XIX

el público se incluían algunos versos con deseo de felicidad y eran cantados por toda la compañía...

–¿Qué es la compañía? –preguntaron algunos.

–Es una palabra que se emplea en la vida teatral y significa la totalidad de los actores y cantantes actuantes. Todos juntos, esto es la compañía. Por eso se dice: un teatro tiene una buena compañía, es decir, posee buenas fuerzas, buenos actores.

–Pues para que todos puedan viajar juntos, se necesitará un tren entero –dijo Cristina moviendo la cabeza.

–Bien que lo habrían necesitado, pero en aquel tiempo aún no había ferrocarril, Cristina. Los cantantes de ópera tenían que viajar en coche de caballos, y podéis imaginaros qué aspecto ofrecería una ciudad cuando entraba en ella una de estas compañías, para representar allí ópera durante una temporada.

—¡Como un circo! —exclamó Birgit.

—Sólo que sin fieras... —dijo Rudi sosegadamente.

—El caso es que, durante mucho tiempo, los compositores de ópera fueron italianos. Por ejemplo, Monteverdi, cuyas óperas se representan todavía hoy, o Pergolesi, que vivió de 1710 a 1736 y murió, por tanto, muy joven. Pero no sólo había ópera en la Italia de entonces. Allí tocaban las mejores orquestas; allí había los más famosos constructores de instrumentos (ya los hemos citado: Amati, Stradivarius, Guarneri); allí fue inventado el piano, hacia el año 1700, por un hombre llamado Cristofori. Allí hubo compositores muy importantes, que se cuentan entre los nombres más grandes de la historia de la música: Corelli, Vivaldi, Tartini y casi una enorme multitud de otros que podríamos seguir citando. Allí llegó a ser uno de los primeros virtuosos de instrumentos de tecla Domenico Scarlatti, hijo de un famoso compositor de óperas...

—¿Qué es un virtuoso? —quiso saber Pedro.

—Alguien que domina algo con especial habilidad. Hay así virtuosos del piano, virtuosos del violín, personas que tocan estos instrumentos con gran destreza. Pero la palabra se aplica también a otros terrenos, incluso al fútbol, como seguramente saben nuestros muchachos: un jugador especialmente hábil, técnicamente sobresaliente, es un virtuoso del balón... Así, no debéis admiraros de que, con una vida musical tan rica en la Italia del siglo XVII, Händel quisiera trasladarse allí: en los palacios había una música maravillosa, en numerosos teatros de ópera se reunía el pueblo todas las tardes, en las iglesias podían oírse coros y órganos, en pocas palabras, aquélla fue una de las épocas musicales más brillantes en la historia de Europa. Händel obtuvo grandes éxitos en Italia, compuso allí varias óperas que fueron ejecutadas entre grandes aplausos. Después, volvió a viajar hacia el norte, hacia Alemania, cruzando en sentido contrario los Alpes, pero no se quedó allí mucho tiempo y continuó hacia Inglaterra...

–¿Luego viajó más que Bach? –precisó Juan.

–¡Mucho más! Bach nunca salió de Alemania, es más, casi siempre permaneció en un reducido espacio de la Alemania central. Pero Händel viajó intensamente, y esto era, en el tiempo de las diligencias, mucho más fatigoso que ahora. En Londres alcanzó el pináculo de la fama, compuso numerosas óperas –todas en lengua italiana, como era costumbre en aquel entonces–, las preparó en su propio teatro y las dirigió. Enfermó a causa de este exceso de trabajo y tuvo que ir a Alemania a recibir una cura de aguas termales, pero en cuanto sanó, regresó a Inglaterra. Allí ya no volvió a escribir óperas, pues se dedicó al oratorio...

–¿Qué es eso? –me preguntaron los niños.

–Realmente sería una especie de ópera, si se llevase a un escenario. Pero el oratorio no se toca en el teatro, sino de alguna manera como concierto. Los cantantes, que incorporan diversos personajes, exactamente igual que en la ópera, se sitúan en el podio de la sala de conciertos, naturalmente sin caracterizarse. Detrás de ellos lo hacen la orquesta y el coro. No hay bastidores ni decorados.

Pero aun así el oratorio es también muy dramático. El asunto puede versar sobre un tema bíblico, por ejemplo alguno de los muchos que ofrece el Antiguo Testamento, o sobre uno histórico. Händel puso música a ambos tipos, y el más famoso de sus oratorios llegó a ser el que se llama *El Mesías,* que escribió en veinticuatro apretados días. Voy a dejaros oír un fragmento, el más conocido de su obra, cuando los coros cantan el «Aleluya»...

Sonidos efervescentes, un jubiloso coro de voces masculinas sostenido por una potente orquesta, nos dieron una magnífica muestra del grandioso arte de Händel.

–Cuando esta obra sonó por primera vez en Londres, poco antes había sido estrenada en la capital de Irlanda, Dublín, el rey de Inglaterra, que estaba presente, se puso en pie al oír el «Aleluya», para expresar su alta consideración al compositor. Y naturalmente todo el público allí congregado tuvo que ponerse de pie, ya que el rey así lo había hecho. Hasta hoy ha persistido la costumbre de que el público inglés escuche de pie este número. Händel llegó a ser cada vez más famoso y se contó entre los músicos más conocidos de su tiempo, cuando no era tan sencillo como hoy el hacerse un nombre internacional...

–¿Por qué? –se interesaron algunos niños.

–Hoy los discos y la radio, así como la televisión y la prensa, que en todas partes informan sobre lo que sucede, se preocupan de que un gran éxito sea inmediatamente conocido aquí y allá. Ciertamente, hoy hay muchos más acontecimientos musicales que en aquel entonces, y por eso no se puede predecir cómo y cuándo se llegará a ser famoso. Pero en aquel tiempo no había telégrafo y eran escasos los periódicos o revistas que se ocupaban con asuntos musicales. A decir verdad, las obras importantes llegaban a imprimirse, pero transcurría mucho tiempo hasta que alcanzaban a otras ciudades y países. La mayoría de las veces eran sólo los propios maestros quienes se interesaban, en otras tierras, por las obras de sus colegas. Por ejemplo, sabemos muy bien cómo atraían a Bach las composiciones de sus contemporáneos italianos, especialmente las de Vivaldi. Händel vivió más que Bach; murió en Londres nueve años después que él...

–... Esto es, en 1759 –precisó Alfredo.

–Muy bien. Los ingleses le dedicaron un monumento funerario en la abadía de Westminster, donde sólo se entierra a los reyes y a personalidades de máximo renombre. Händel es uno de esos compositores que, ya en vida, fueron reconocidos como grandes maestros, y así continúan hoy. Ahora veremos algo muy parecido en el caso de otro compositor, aunque el ascenso de éste es aún más asombroso, pues empezó como un pobre y joven lugareño y terminó como compositor de la corte, en Viena, venerado por la familia imperial...

–¿De quién se trata? –fue la pregunta que oí a varios.

–De Haydn, Joseph Haydn... –me dirigí al mapa e indiqué un punto al sur de Viena–. Nació aquí, en Rohrau, muy cerca de la frontera austro-húngara...

–¿En qué año? –quiso saber inmediatamente nuestro cronista.

–En 1732. Ya de niño tenía una voz muy bonita, que llamaba la atención de todos. Un pariente se lo llevó a su casa de Hainburg... aquí, junto al Danubio... para educarlo. Mas parece que allí no le iban las cosas muy bien al pequeño, y fue una gran suerte que un día viniera a Hainburg un músico de Viena sumamente influyente, oyera al muchacho e inmediatamente se lo llevara a la ciudad imperial para incorporarlo a los «niños cantores» de la iglesia de San Esteban. Así se inició para Haydn una época dichosa; se pasaba todo el santo día rodeado de música, trabó conocimiento con las obras más hermosas, pudo entrar en muchos de los principales palacios cuando su coro daba allí conciertos, e incluso en el palacio imperial. Se cuenta que Joseph, que no era lo que se dice un niño tímido, de tal manera andaba haciendo diabluras por corredores y escaleras, trepando a los balcones y otras cosas por el estilo, que la propia emperatriz hubo de prohibir sus diabluras y, como no obedeciera, ordenar que le tirasen de las orejas.

–¿Por qué no lo hizo ella misma? –preguntó Cristina.

–¡Vamos, Cristina, una emperatriz no hace una cosa así! –la reprendió su hermano; pero Cristina no parecía estar muy convencida de tal cosa.

–Muchos años después volvieron a encontrarse la emperatriz y el compositor, que entre tanto había llegado a ser famoso. ¿Recordarían todavía aquella pequeña escena en el palacio de Schönbrunn? La juventud transcurre demasiado deprisa, y un día la voz de Haydn comenzó a perder su claro y agudo sonido...

–¿Por qué? –volvió a preguntar Cristina.

–Esto es una cuestión de la naturaleza, así está dispuesto por ella, ¿te das cuenta? La voz de los jóvenes cambia, se muda, se hace más grave, cuando crecen. Dime, ¿suena mi voz como la tuya? ¿O como la de los

Joseph Haydn

niños más chicos que hay entre vosotros? Fíjate, los mayores, Juan, Rudi, Alfredo, conservan aún algo de la voz que tenían cuando eran más pequeños...

–Su voz suena mucho... mucho más grave que la mía –contestó Cristina–, y más grave que las voces de los demás niños.

–Así es, Cristina. Cuando yo era de vuestra edad, naturalmente tenía esa misma voz. Cuando somos pequeños, chicos y chicas tienen la misma voz. Después, en el caso de los chicos, la voz se hace distinta, se produce lo que se llama el cambio de voz. No se puede dar para ello una edad exacta, pues depende de muchas cosas distintas; pero por lo general se produce entre los doce y los quince años. La voz se hace entonces menos firme, el cantar ya no marcha tan bien y a veces incluso se torna imposible. Y luego el joven comienza a tener voz de hombre, paso a paso, pero cada vez más...

–¿Y eso es lo que le sucedió a Haydn? –preguntó Elena.

–Naturalmente. Y como ahora ya no tenía sitio en el coro, lo pusieron de patitas en la calle. Mas, ¿adónde podía encaminarse? A casa, no quería, pues hacía mucho tiempo que había tomado la decisión de llegar a ser músico. Se inició una época difícil para él: solo en la gran ciudad, noches al raso, días de poco comer. Ganaba unos pocos cruzados, que era una moneda de aquella época, tocando el violín en los bailes, copiando partituras para un músico o acompañando al piano las clases de un famoso profesor de canto. Tuvo que aprender solo, por sí mismo, todo lo que un compositor tiene que saber. Que lo consiguiera, atestigua su extraordinaria tenacidad; muchos otros no habrían soportado una juventud tan dura y se habrían decidido por una profesión más fácil. Un día, cuando ya tenía veintisiete años, consiguió el puesto de violinista y luego el de director en el palacio de un aristócrata bohemio. Después, uno de los mejores melómanos de Europa, el príncipe Esterházy, lo llamó a su palacio de Eisenstadt... aquí, otra vez al sur de Viena, cerca de la patria chica de Haydn. El príncipe tenía allí una magnífica orquesta, así como un pequeño y encantador teatro, y recibía como invitados a los caballeros y las damas más importantes del Imperio y de toda Europa. Haydn hizo de aquella orquesta una de las mejores de la época. Naturalmente, tenía que componer sus propias obras, estudiarlas y ensayarlas, y después dirigirlas en las veladas musicales. También hacía mucha música con el príncipe, que tocaba muy bien el barítono, un instrumento parecido a nuestro violonchelo. Haydn pasó casi treinta años al servicio de la familia Esterházy. A la muerte del viejo señor, se jubiló con una pensión y decidió pasar una vejez tranquila en Viena, donde se compró una casa con el dinero ahorrado. Pero entonces allí se llevó la mayor sorpresa de su vida: su nombre había llegado a hacerse famoso en toda Europa. Todos aquellos distinguidos visitantes que lo habían oído en el transcurso del tiempo recordaban con admiración al hombre al que debían aquellas horas tan bellas. Haydn se convirtió en el punto central de la vida musical de Viena, e incluso le vinieron invitaciones para salir al extranjero...

–Ahora ya no sería travieso –dijo Cristina, mientras pensaba con evidente pesar en aquel trasto de crío haciendo travesuras por el palacio imperial.

–¿Quién sabe? –contesté, y todos se miraron admirados–. Al menos, nunca perdió su humor. ¿Queréis que os cuente algunas de sus travesuras musicales?

–¡Sí, sí, por favor!

–Bien. Haydn se enfadaba mucho con ciertos invitados a los conciertos de palacio que se dormían mientras sonaba la música, y así compuso una sinfonía en la que, después de un largo pasaje suave y melodioso de la orquesta, seguía un fuerte golpe de timbal. Naturalmente, aquellos señores se despertaban con un gran susto. O esta otra: en aquel tiempo, a los empleados no se les daba vacaciones. Pero Haydn quería que sus músicos pudieran también descansar al menos una vez. Mas ¿cómo un empleado, y Haydn lo era, podría dárselo a entender a un príncipe? Entonces compuso una sinfonía en cuyo último movimiento los músicos, uno tras otro, guardan sus instrumentos, apagan las velas de sus atriles y se marchan. Al final restan sólo dos violinistas, miran en torno suyo asombrados, tocan todavía un poco más y después también se marchan. El príncipe hubo de reír... y comprender. Y aún otra: Haydn compuso una encantadora sinfonía toda ella con instrumentos infantiles, silbatos de reloj de cuco, carracas y otros por el estilo...

Mis pequeños amigos estaban muy contentos. ¡Qué gran maestro aquel, que tenía tales cosas en la cabeza!

—Entonces, ¿cuántas sinfonías compuso Haydn en total? Tienen que haber sido muchas —dijo Juan.

—Sí, conocemos más de cien. Y además es bastante probable que hubiera todavía más y se hayan perdido. Entonces no se hacía con los manuscritos lo que hoy se hace. Y cuando Haydn ya había dirigido en un concierto una obra escrita por él, la guardaba y a veces nunca más volvía a sacarla a la luz. Por tanto, era fácil que se perdiera. Bien, el caso es que Haydn, cuando era ya un anciano, fue invitado desde lejanas ciudades a salir de Viena, y viajar a ellas para dirigir y naturalmente programar sus propias obras. Viajó a Londres, alcanzó enorme éxito y recibió el título de doctor en Música *honoris causa* por la Universidad de Oxford. El rector, que pronunció el solemne discurso de recepción, lo llamó «el más grande músico de esta época». Haydn denegó con la cabeza y replicó que conocía a otro que era mucho más grande que él: Wolfgang Amadeus Mozart. Los ingleses tuvieron esto por un gesto de humildad de un hombre notable, y hacía ya tiempo que habían olvidado que, un cuarto de siglo antes, un niño prodigio de ese nombre había causado sensación en toda Europa. Durante su viaje, Haydn recorrió el Rin y en la ciudad de Bonn conoció a un joven que le presentó unas cuantas composiciones, para rogarle su juicio al maduro maestro. Haydn lo halló muy dotado y añadió que con gusto le daría clase si el joven viniera alguna vez a Viena. Este instante cambió la vida de este joven, pues a partir de entonces sólo tuvo el deseo de ir a Viena, a la gran ciudad de la música. Y él también cambiaría el curso de la historia de la música...

–¿Quién era aquel joven? –preguntaron todos expectantes.

–Se llamaba Ludwig van Beethoven... ¡Pronto hablaremos de él! Haydn regresó a Viena, pero ya no pudo encontrar allí a aquel amigo al que tenía por el más grande de los músicos...

–¡Mozart! –añadieron los niños inmediatamente.

–Sí, Mozart. Había muerto joven y pobre. En seguida os contaré su vida. Volviendo a Haydn, éste se halló aún más famoso después de su viaje a Inglaterra. También contribuyeron a ello nuevas obras que escribió entonces, ya setentón: los dos grandes oratorios (ya sabemos lo que es un oratorio) llamados *Las Estaciones* y *La Creación*, y el *Himno imperial*. Este último tiene una melodía magnífica, señorial... Seguramente la conocéis todos: es el viejo himno alemán, el himno nacional de la actual Alemania. Haydn lo compuso para el emperador austríaco; amaba a su país y con dolor aún hubo de ver desfilar por Viena a las tropas de Napoleón. Murió durante esta ocupación...

–¿En qué año? –preguntó Alfredo, lápiz en mano.

–En 1809. Ya hacía dieciocho que había muerto Mozart, aunque era mucho más joven que Haydn, y Beethoven llevaba viviendo en Viena casi otros tantos, muy famoso y sumamente apreciado. Viena había asumido en muchos aspectos la herencia de Italia, se había convertido en el punto central, en la capital del mundo musical.

16. Los grandes maestros de nuestra música

Wolfgang Amadeus Mozart nació, en el año 1756, en Salzburgo, en la magnífica ciudad al pie de los Alpes donde hoy tienen lugar anualmente los famosos festivales en su honor. Su padre era un excelente músico al servicio del arzobispo. Ya sabéis que Mozart, de niño, llevó a cabo verdaderos milagros musicales; ciertamente, no puede encontrarse otra palabra para casi todo lo que hizo entonces. Obras maduras como muy pocos adultos pueden llevarlas a término...

–¿Fue, por tanto, un niño prodigio? –preguntó Elsa.

–¿Es inteligente en todo un niño prodigio? –se interesó Fede.

–¿Y siempre muy serio? –añadió Karin.

–¡Oh, no, no siempre! Puede ser un niño como los demás, como vosotros, alegre, divertido, travieso. Tampoco se eleva tanto en todo por encima del término medio, casi siempre se trata de rendimientos superiores en uno o en unos pocos dominios: puedes ser un músico brillante, y no entrarte las matemáticas en la cabeza. O puedes jugar magistralmente al ajedrez, y no ser capaz de aprender un idioma extranjero. O quizá dibujas ya como un consumado artista, y tu ocupación favorita son los juguetes y las muñecas...

–¿Qué es lo que Mozart podía hacer ya cuando era un niño? –quisieron saber muchos.

–A los cuatro años de edad tocaba muy bien el clavicordio, uno de los precursores de nuestro piano moderno. A los cinco compuso pequeñas piezas, deliciosas. A los seis, su padre se los llevó, a él y a su hermana, un poco mayor y también una superdotada musical, para la primera gran gira de conciertos. Actuaron en muchas ciudades, sobre todo en círculos privados y en palacios, como era costumbre entonces...

—¡Conciertos con seis años! —se admiraron los niños.

—Mozart podía hacer todavía más cosas. Ya tocaba bien el violín e incluso el órgano, aunque sus piernecillas no alcanzaban el pedalero. Y aún podía hacer otras más: no sólo componer, es decir, encontrar una melodía y transcribirla con armonía, con acompañamiento y con todo lo que le es propio; también podía improvisar, es decir, sentarse al piano o al órgano y dejar correr libres sus ideas, o sea, tocar las bonitas cosas que se le ocurrían en aquel instante. En aquel tiempo gustaba mucho esto. Una tal improvisación podía ser completamente libre o realizarse sobre un tema que alguien proponía al ejecutante, por ejemplo una melodía conocida o una canción popular. El improvisador inventaba entonces nuevas variaciones sobre esta melodía, es decir, modificaciones y cambios de la misma, y esto podía durar un cuarto de hora, o media o aún más, y traía siempre algo nuevo, algo así como si alguien sacara preciosos adornos una y otra vez de un gran saco. Pero esto no es todo, Mozart podía hacer aún más cosas.

—¡Imposible! ¡Eso no puede ser! —exclamaron mis pequeños amigos llenos de admiración.

—Pues sí. ¿Sabéis lo que hizo? Un día, entonces era ya un muchacho más o menos como el mayor entre vosotros, oyó en Roma una pieza musical que le causó profunda impresión, pero de la que también sabía que no estaba transcrita en partitura y que no podía ser tocada fuera de aquella iglesia. ¿Qué hizo? ¡Puso gran atención, se grabó en el cerebro todo lo que oyó, corrió a su albergue y allí transcribió todo de memoria sin cometer una sola falta!

El estupor alcanzó su punto culminante. ¡Escribir entera de memoria una pieza musical que se ha escuchado sólo una vez!

—¿Cómo es eso posible? —preguntó Juan, sumamente pensativo.

—Mi querido Juan, con mi mejor voluntad no puedo dar respuesta a esa pregunta. Por eso hablábamos de un milagro... pues un milagro no tiene explicación racional. Imaginaos un niño como vosotros, mimado por sus padres, que aprende y juega, y se divierte como vosotros..., y que después coge su cuaderno de notas o se sienta al piano y domina cosas que sólo aprenden los adultos, y éstos aun con gran esfuerzo. ¡Y a él todo esto le era tan fácil como si se tratase de la cosa más sencilla del mundo! Papá Mozart, excelente violinista y profesor de música, viajó con sus dos hijos por media Europa: Austria, Alemania, Suiza, Francia, Inglaterra, Holanda, Bélgica, Italia. ¡Por todas partes conciertos, asombro, triunfo, invitaciones, regalos! Wolfgang aparece siempre relajado, natural, un muchacho alegre, feliz y espontáneo. En cierta ocasión promete a una princesa, que lo levanta del suelo después de haber resbalado en el pulimentado piso de su palacio, que se casará con ella...

—¿Y lo hizo? —quisó saber Cristina inmediatamente.

—¡Oh, no, niña mía! Una princesa no se casaba con un músico, ni aunque éste fuera tan genial como Mozart...

—¡Qué lástima! —dijeron mis pequeños amigos, y todos se pusieron un poco más serios. Gabi añadió—: ¡Qué lástima, la historia de Mozart había empezado tan bien!...

—Sí, empezó muy bien, pero acabó pronto, y de manera triste. Triste para nosotros, quiero decir, pues Mozart conservó siempre su alegría, aunque el mundo lo tratara después con tanta dureza. Cuando creció, la atención que atrajo sobre sí no fue ya tan grande como antes; había dejado de ser un niño prodigio, para convertirse en un músico joven cuya maestría impresionaba a la gente bastante menos. El arzobispo de Salzburgo, a cuyo servicio había entrado, lo trató como a un servidor insubordinado y lo despidió porque necesitaba demasiados permisos para sus viajes musicales. Mozart marchó a Viena, donde aún están en pie algunas de las casas donde vivió. Ganó con mucho esfuerzo lo que él y su familia necesitaban para vivir. Sus mejores composiciones (las sinfonías, las óperas *El rapto del serrallo, Las bodas de Fígaro, Don Juan,* sus piezas instrumentales, su música de cámara, todo ello de excepcional perfección) hallaron comprensión sólo en algunos auténticos conocedores y melómanos. Lo primero que realmente gustó a la multitud fue *La flauta mágica,* pero Mozart estaba ya enfermo de gravedad. A veces aún podía caminar hasta el teatro, que le quedaba cerca de casa, e incluso dirigir allí por sí mismo este o aquel número de su ópera; pero la mayor parte del tiempo tenía que guardar cama, temblando de fiebre y cada día más débil. Sus amigos lo visitaban después de cada representación y le informaban del éxito. Lo encontraban siempre trabajando; estaba escribiendo otra gran obra, pero no pudo concluirla. Les contó que un caballero misterioso y desconocido había venido un día a su casa y le había encargado esta obra: un *Réquiem,* es decir, una misa de difuntos. Y al pobre y enfermo Mozart, este hombre la parecía un mensajero de la muerte. Murió y dejó esta maravillosa obra sin el final...: la completó un alumno a partir de los esbozos de su maestro...

–¿Cuándo murió Mozart? –quiso saber Alfredo.

–El 5 de diciembre de 1791, esto es, antes de cumplir treinta y siete años de edad.

–¡Qué pena! –dijeron los niños.

–Y esto no es todo. El día de su entierro fue en Viena frío y lluvioso. Sólo unos pocos amigos acompañaron al féretro a la iglesia, pero después nadie fue desde allí con él al cementerio, nadie, sólo un perro, como puede verse en algún dibujo de la época...

Se hizo un profundo y largo silencio en la habitación. Todos pensaban en lo que acababan de oír. Finalmente, Karin musitó:

–Pero después muchos visitarían su tumba...

Callé algunos instantes.

–No, Karin, Mozart murió tan pobre, que no fue posible comprar para él una tumba particular. Hubo de ser enterrado en una fosa común, como se las llama, esto es, junto con otras personas que murieron en Viena ese día o el siguiente. Casualmente, poco después falleció a su vez el encargado del cementerio, y ya nadie supo a ciencia cierta dónde dormía Mozart el último sueño... Mas no nos entristezcamos por esto...

–¿Cómo no vamos a hacerlo? –dijeron algunos.

–Ciertamente, pensar esto es impresionante. También debiéramos ponernos en guardia para no cometer jamás tamaña injusticia y ayudar a todos los hombres, especialmente a los que tienen talento e incluso genio. Pero creo que el mayor consuelo consiste en que Mozart, a pesar de todo, no fue olvidado; que su música sigue sonando a través de los siglos; que alegra a millones de seres humanos y los hace felices y más ricos en su interior...

Lentamente me levanté del banco donde estaba sentado al lado de Cristina, Juan y Elsa. Afuera había oscurecido, una gran nube negra cubría la mayor parte del cielo. Pero por debajo de su borde inferior el sol poniente brillaba con tonalidades doradas e iluminaba el jardín de mi casa. Puse un disco y los niños pudieron escuchar la magnífica *Sinfonía en Sol menor,* que hace la número cuarenta entre las atribuidas a Mozart. Disfrutaron mucho con ella. Después, encendí la luz, pues ahora estábamos casi en plena oscuridad. Pareció como si hubiéramos vuelto a encontrarnos con la realidad.

–¿Y ahora le toca el turno a Beethoven? –preguntó Ricardo.

–Sí, Beethoven –asentí con la cabeza–, aquel joven que fue presentado en Bonn al maestro Haydn. Había nacido en esta ciudad en 1770. También se manifestó muy pronto su talento musical, si bien no tan asombroso como el del pequeño Mozart. Puede leerse que dio su primer concierto con seis años de edad, pero en realidad ya tenía ocho. Su padre, que tenía ante sí el ejemplo de Mozart, le quitó a su hijo dos años. La juventud de Beethoven también transcurrió muy distinta de la de Mozart: nada de giras de conciertos, nada de éxitos internacionales, sino duros estudios para ganar dinero lo antes posible y poder contribuir a sostener el modesto hogar de sus padres. La visita de Haydn cambió su vida. El embajador austríaco, el conde Waldstein, que lo presentó al famoso compositor, lo ayudó después a realizar el anhelado viaje a Viena. Lo proveyó con cartas de recomendación, así que Beethoven fue acogido hospitalariamente en la resplandeciente ciudad, que le era extraña. Y escribió en el diario de Beethoven unas palabras que me gustaría deciros: deseaba que Beethoven recibiera, mediante un esfuerzo continuado, el espíritu de Mozart de manos de Haydn. Con esto quería decir que Beethoven debía estudiar con Haydn, para llegar a ser un gran maestro como lo había sido el recientemente fallecido Mozart...

Beethoven a los dieciséis años

–¿Y sucedió así? –quisieron saber los niños.
–Bien, Beethoven llegó a ser, como sabéis, uno de los más grandes compositores de todos los tiempos. Pero los estudios con Haydn no marcharon bien; el uno no entendía al otro, y no hay que admirarse por ello. Haydn era viejo, y su arte pertenecía aún a aquella época aristocrática que ahora caminaba hacia su fin. Pero Beethoven era joven, y deseaba proporcionar música nueva a los

tiempos y al hombre nuevos. En aquella época hubo poderosas convulsiones, Beethoven vivió lleno de entusiasmo, si bien desde lejos, la Revolución Francesa, que quería traer a todos los hombres «libertad, igualdad y fraternidad». Naturalmente, cambios políticos importantes producen también siempre un nuevo arte, pues cambia el pensar y el sentir de los hombres. La nueva música, que correspondía a la época de la burguesía en ascenso, fue creada en gran parte por Beethoven...

—¿Y le fue bien en Viena? —preguntó Cristina preocupada, pues no se le quitaba de la cabeza la historia de Mozart.

—Sí, al principio incluso magníficamente. Gracias a las cartas del conde Waldstein, Beethoven tuvo acceso a los círculos más distinguidos, que lo hicieron prosperar mucho en todos los sentidos. Pudo dar conciertos, casi siempre como pianista de sus propias obras, halló muchos alumnos, pudo hacer imprimir sus composiciones. Los retratos del Beethoven de aquellos años nos muestran a un elegante joven, vestido a la moda de la época, esto es, ya sin la peluca que llevaban Haydn y Mozart, y que Beethoven se puso sólo en raras ocasiones y a disgusto...

—Gracias a Dios —suspiró Karin—, al menos éste fue feliz.

—Cómo me agradaría confirmarlo; pero, por desgracia, bienestar y buena salud no duraron demasiado. Y entonces Beethoven llegó a convertirse en uno de los hombres más desdichados. Las causas fueron varias. Una es fácil de entender: cuando aún no había cumplido los treinta años, padeció una enfermedad de oídos que se fue agravando progresivamente hasta dejarlo pronto completamente sordo. Quizá sea esto lo más amargo que puede pasarle a un músico...

»Ya es malo para un hombre corriente: ¡Imaginaos, pues, lo que tiene que ser para un músico! ¡No puede oír nunca más lo que él mismo compone! Apenas puede seguir tocando, ya no puede dirigir; por último, Beethoven ya no oye los aplausos que le dedica el público. Tiene que apartarse de todas las conversaciones, pues no puede decir a cada persona: "¡Hable más alto, grite, pues yo, el músico, soy sordo!". Y así Beethoven se retira progresivamente de la compañía de los hombres, a la soledad. Su carácter, orgulloso y fuerte, tampoco tolera que sus amigos quieran ayudarlo; no soporta la piedad ajena, pocas veces se le oye quejarse. Sólo a su diario, a veces a sus cartas y sobre todo a su música confía Beethoven lo que sufre... Más aún, hay otras causas de la desdicha de Beethoven. Pensad en un hombre que quiere crear algo muy grande, algo muy nuevo, algo que aún no existe. Trabaja con exceso en este plan, jamás está contento con la realización, lucha por cada melodía, siempre aspira a la mayor perfección, a lo más sublime, cree que los hombres no pueden comprenderlo...

—¿Y lo han comprendido?

—Juan, ésa es una pregunta difícil. Quizá fueran pocos los coetáneos que llegaron a entenderlo, esto es cierto; sólo mucho después todos los amantes de la música han reconocido su verdadera grandeza y su significado. Pero ya en vida de él muchos hombres sintieron que Beethoven tenía algo especial que decir, su mensaje, por decirlo así; pues lo que él componía ya no era simplemente música, sino una llamada a la humanidad, al amor. En este sentido fueron conmovidos por sus nueve grandes sinfonías, por su ópera *Fidelio* y por muchas otras de sus obras. ¿Recordáis aún el concierto?

—¡Sí, por supuesto! ¡Allí oímos *Egmont,* de Beethoven!

—¿Queréis que oigamos ahora otra cosa de Beethoven? —pregunté.

Como todos dieron su conformidad con entusiasmo, puse un disco con su *Quinta sinfonía*. Los niños la escucharon en silencio y con profundo interés. Cuando, a través de una misteriosa transición, el tercer movimiento sube constantemente hasta alcanzar lo gigantesco y desembocar en el júbilo del movimiento final, vi en los rostros de mis pequeños amigos que eran capaces de compartir verdaderamente el sentimiento de esta música.

—Se oye ahí una multitud de cosas... —dijeron tras el acorde final.

—Mucha... mucha soledad —dijo la sensible Karin.

—Mucha bondad y amor —opinó Gabi.

—Y mucho, mucho... ¿cómo podría yo expresarlo? ¡Mucho desafío y combate —completó Juan su opinión—, y una gran victoria al final!

—¡Excelente, muy bien! —me admiré con toda sinceridad—. Creo que habéis captado los rasgos más importantes de la música de Beethoven. La soledad, que fue a la vez su martirio y su consuelo; el amor que sentía por toda la humanidad, y que podía dárselo sólo con su música; el desafío, la resistencia frente a su propio cruel destino y frente a toda tiranía en el mundo; la lucha, que a todos nos atañe, para contribuir a la victoria del bien. Y finalmente el triunfo, deseado vivamente, de la luz sobre las tinieblas, que al mismo tiempo es la propia victoria de Beethoven sobre sus sufrimientos, el triunfo del espíritu sobre la materia...

Se había hecho tarde. Habíamos hablado sobre tantas cosas interesantes que las horas se nos habían pasado volando. Así que proseguí de este modo:

–Beethoven murió en el año 1827. En su entierro se puso de manifiesto la gran admiración de que gozaba en el mundo musical de la época y entre el pueblo. Miles de vieneses inundaron las calles por donde siguió su ruta el cortejo fúnebre. Entre ellos un joven lloraba con el corazón roto de dolor, pues ahora se había esfumado su sueño de llegar a conocer personalmente al divino Beethoven. Mañana hablaremos de este joven... ¡Por hoy, buenas noches, niños!

17. Otra conversación más sobre historia de la música

–¿Quién era el joven que lloraba tanto durante el entierro de Beethoven? –me preguntaron los niños al día siguiente nada más poner los pies en mi casa.

–Uno de los más grandes compositores de todos los tiempos, aunque probablemente serían muy pocos los que lo conocerían en medio de aquella multitud. Su vida, que andaba entonces por los treinta años de edad, se desarrolló siempre en Viena, excepción hecha de unos pocos y cortos viajes por Austria. Pero no en los bellos palacios donde el niño Mozart fue invitado, donde Haydn viviera en ocasiones y Beethoven hallara muchos de sus amigos y más fieles partidarios. No, el joven procedía del suburbio, donde las casas son pequeñas e insignificantes y los caminos conducen a los bosques de Viena y a los viñedos. Allí nació, allí transcurrió su breve vida, allí murió. Y allí escribió, día tras día, una indescriptible profusión de magnífica música. Os hablo de Franz Schubert...

17. Otra conversación más sobre historia de la música

—¡El compositor de la *Sinfonía inacabada!* —gritaron varios.

—Muy bien. ¿Sabéis, además, por qué quedó inacabada esta obra? No fue porque Schubert falleciera en el transcurso de su composición. No, había escrito las dos primeras partes —movimientos, como se dice en el caso de sinfonías—, y ahora, de acuerdo con las reglas de la época, debía hacerlos seguir de un alegre minueto o de un vivaracho *scherzo* y de un movimiento final también más rápido y alegre que los dos primeros. Pero Schubert encontró éstos tan tristes, que no se le ocurría una continuación alegre. Entonces envió lo compuesto a un amigo que vivía en otra ciudad, para pedirle consejo. Mas aquel amigo estaba muy ocupado, pospuso la cosa, y así el manuscrito no fue hallado hasta que el amigo falleció, ¡y para entonces hacía ya treinta y siete años que Schubert había muerto!

—¡Luego Schubert no la oyó! —se admiró Juan.

—Nunca. Pero esto no constituye una excepción: ¡nunca llegó a oír una sola de sus nueve sinfonías! Y del total de 1.200 obras que escribiera, sólo una fracción reducida...

—¿También fue Schubert un niño prodigio? —quiso saber Cristina.

—No, si bien la musicalidad se manifestó también en él muy pronto. Sus padres eran pobres y no podían enviarle a la escuela superior, pero su talento musical vino en su ayuda: ganó una beca en uno de los mejores colegios de Viena porque agradó a sus profesores por la belleza de su voz y por su capacidad para cantar a primera vista fragmentos difíciles. Era muy tímido, y los restantes alumnos se divertían a su costa. Las matemáticas y otras asignaturas le causaron muchos quebraderos de cabeza. Además, en aquel instituto daban poco de comer; los muchachos pasaban allí internos la semana, y era costumbre que el grueso de la manutención les viniera de su casa. Por el contrario, Franz no podía recibir nada, y casi todas las noches hubo de irse a la cama con hambre. Pero aún le entristecía más no poder comprar papel pautado para anotar en él sus ideas musicales, que eran muchas. Siguió así toda su vida: allí donde fuera o estuviera, siempre estaba lleno de melodías. Las anotaba en cualquier parte, en un cuaderno escolar, en una servilleta, más tarde hasta en la carta de un restaurante...

En ese instante se abrió la puerta, y en el umbral apareció una joven cantante que estudiaba conmigo. Allí se quedó, estupefacta al ver mi estudio lleno de niños. Por mis últimas palabras, dedujo el tema de nuestra conversación.

—¡Esto parece una auténtica «schubertiada»! —dijo riendo.

—¡Sólo falta que usted nos cante algo! —repliqué—. ¿Qué le parecen *El tilo* y *Serenata?*

Los niños apoyaron mi ruego y la joven cantó ambos *lieder,* acompañada al piano por mí. A su término, el «público» rompió en entusiastas aplausos.

—La *Serenata* es precisamente esa canción que Schubert escribió en una carta de restaurante, pues en el local donde estaba comiendo con sus amigos no tenía a mano otra hoja de papel...

—¿Y no le molestaría toda la gente que había alrededor? —se admiraron los niños.

—No, cuando vivía en su música, estaba como ensimismado, nada podía distraerlo. Todo lo contrario que Beethoven, que era muy nervioso e interrumpía su trabajo al menor ruido que le llegara de la vecindad.

—¿Qué quiso decir la cantante con la palabra «schubertiada»? —preguntó Karin.

—Con este nombre fueron conocidas las reuniones que celebraban los amigos de Schubert. ¡Mirad aquí, este cuadro representa una de esas «schubertiadas»!

Los niños se apiñaron ante el cuadro que cuelga encima de mi piano. En él había hombres y mujeres retratados vistiendo las ropas burguesas de la Viena de 1820. Escuchaban a dos hombres sentados al piano.

—Este de aquí —e indiqué el más alto de los dos— es el entonces famoso cantante Vogl, uno de los primeros que apreció los *lieder,* las canciones de Schubert; y este otro, con los dedos apoyados en el teclado...

—¡Schubert! —gritaron todos los niños como si fueran uno solo.

Franz Schubert al piano

–¡Sí, hoy lo conocen todos, pero qué pocos sabían entonces algo de él!

–Pero aquí no parece estar triste –dijo Elsa, y los demás asintieron.

–Por supuesto que no. Porque su música haga sonar tonos tan melancólicos no debemos creer que fuera alguien permanentemente triste. Incluso era una persona muy alegre cuando estaba en el círculo de sus amigos, en fiestas y excursiones. Su vida transcurrió de una manera sencilla. Nunca logró un puesto en la vida musical de Viena, jamás alcanzó un gran triunfo y apenas tenía dinero, pues nadie quería pagarle nada por sus composiciones. En 1827, después de que muriera Beethoven, al que veneraba, enfermó él mismo. Y como falleciera un año más tarde, a la edad de treinta y uno, su familia le dio sepultura cerca de Beethoven, satisfaciendo así su último deseo, expresado cuando ya deliraba de fiebre...

Se hizo el silencio en la habitación por unos instantes. Mis amigos pensaban en aquel hombre bajo, algo grueso, con gafas, que escribió una música tan maravillosa. Después, me miraron como si preguntaran: «¿Qué viene ahora?».

–De Haydn, Mozart y Beethoven se habla a menudo como de los grandes clásicos vieneses. También hay que añadir a Schubert. Realmente, vienés lo era sólo Schubert, como hemos visto, pero todos vivieron en esta ciudad, la cual les debe su fama inmortal de ciudad de la música...

–¿Y por qué se les llama clásicos? –se interesó Juan.

–Con la palabra clásico se designa algo grande y significativo, una norma, un modelo. Pero la palabra tiene

17. Otra conversación más sobre historia de la música

aún otro significado especialmente en las artes. Intentaré explicároslo. Haydn y Mozart escribieron su música para la aristocracia, y lo mismo hizo Beethoven durante sus primeros años vieneses. ¿Cómo vivían aquellos señores? ¿Habéis visto alguna vez los bailes de aquel tiempo?

–¡Oh, sí! –exclamó Gabi, que es una buena bailarina–. El minueto, por ejemplo, la gavota... Son bailes lentos con muchas reverencias, y todos los pasos están medidos con exactitud.

–¡Excelente! ¡Lo has dicho muy bien! Todos los pasos están medidos con exactitud... Por supuesto, los bailarines de aquel tiempo no se daban cuenta de ello; para ellos era una cosa natural, crecían con estos bailes y los aprendían de niños. Todo era ceremonioso en la vida pública de la nobleza, todo estaba medido y calculado. Y la música era también como los bailes: las melodías eran simétricas, quien escuchara la primera parte podría completar más o menos la segunda, el número de compases estaba determinado, el ritmo permanecía invariable largo trecho. Así, todo producía el efecto como si estuviera regido por un rígido ceremonial. Lo que compusieron Haydn, Mozart y sus coetáneos posee una forma irreprochable, al igual que en la corte y los palacios no se puede aparecer vestido de manera que no sea irreprochable, justamente como lo pretenden la moda y las normas sociales de la urbanidad. Después vino la Revolución Francesa, y el mundo empezó a cambiar. Las reglas y la moda ya no las dictaron los aristócratas, sino la nueva y encumbrada burguesía. Ésta no conocía aquel ceremonial, ya no bailaba el minueto, no llevaba peluca. Tenía otros ideales, aspiraba a otras metas para la humanidad. También su música llegó a ser distinta de como lo había sido en el pasado, en la época aristocrática: al período clásico de la música le sigue el romántico, que realmente comienza ya con Beethoven y con Schubert. En el transcurso de su vida, Beethoven se muda de clásico a romántico. Es indudablemente un romántico en la descripción de la naturaleza que hace en su *Sexta sinfonía,* como también lo es en la Quinta, que ya hemos escuchado, y en la Novena, donde un coro entona la gran canción de la confraternidad de todos los hombres. El artista romántico busca expresar con su producción cosas que al clásico no se le ocurrían ni por asomo: la lucha con la vida o con el destino, la libertad del hombre...

–¿Hay muchos músicos románticos? –preguntó Ricardo.

–Muchos. Esto es lógico, pues el romanticismo duró un siglo largo. Y también porque a los anteriores países musicales se les añadió una serie de otros nuevos, de manera que a finales del siglo XIX toda Europa consta de pueblos musicalmente creativos. La vida musical se transforma totalmente. Ahora los palacios de la nobleza no son ya su punto central, sino primero los salones burgueses y pronto las salas de conciertos públicos, en las que puede entrar todo el mundo. Comienza la época de los virtuosos, esto es, ante todo de los pianistas y violinistas deslumbrantes, que dominan asombrosamente sus instrumentos y viajan de ciudad en ciudad, para hacerse escuchar por multitudes de entusiasmados oyentes. Las orquestas, pequeñas aún en los tiempos de Haydn y de Mozart, crecen ahora cada vez más, y pronto, al mediar el siglo, llegan a abarcar hasta cien músicos. Y ahora es cuando empieza el gran papel que juega el director. Los teatros de ópera recorren el mismo proceso. Desaparecen los últimos escenarios privados de los nobles, y los teatros de ópera públicos se hacen cada vez más grandes e importantes, la mayor parte de las veces sostenidos, en casi todos los países, por las autoridades estatales o musicales. Ciertamente, ahora tendríamos que hablar de todos los países europeos, pues por todas partes se agita una vida musical propia con sus propios compositores, los mejores de los cuales frecuentemente llegan a ser mundialmente conocidos, pues con el ferrocarril y el telégrafo los países se acercan los unos a los otros, y se sabe mucho más y mucho más rápido lo que sucede en cualquier lugar del mundo. Pero no vamos a repasar aquí toda la historia de la música, sino sólo a nombrar sus maestros más importantes y hablar un poco de ellos, para que después, cuando escuchéis su música, podáis entenderla un poco mejor. Empezaremos por Italia, de cuya ópera ya hemos hablado; también hemos citado ya a Palestrina y a Monteverdi, a Corelli, a Vivaldi y a algún otro compositor más. Bien, a comienzos del siglo XIX vivieron algunos operistas muy significativos. Ante todo Rossini, que en su época fue increíblemente famoso. Sería muy largo relacionar la totalidad de sus treinta y siete óperas, pero recordad *El barbero de Sevilla,* que es una deliciosa ópera cómica, y sus dos óperas serias más bellas, *Otelo* y *Guillermo Tell.* Tras el gigantesco éxito de estas óperas en París, donde vivía Rossini, se retiró a la vida privada aunque sólo tenía treinta y siete años de edad...

–¿Y qué hizo después? –preguntó Pedro.

–Nada. Era rico, famoso... y comodón. ¡Bueno, miento! Hizo aún algo, seguramente vais a reíros... ¡cocinó! Sí, era un apasionado cocinero, y para obsequiar a sus invitados siempre estaba inventando nuevos platos, algunos de los cuales figuran aún en la carta de los restaurantes de todo el mundo.

–¡Qué distintos son entre sí los músicos! –dijo Juan pensativo, mientras sus camaradas se desternillaban de risa.

–Tienes mucha razón. Muy diferentes fueron otros dos colegas de Rossini de gran talento, el hipersensible y delicado Bellini, que compuso la bella ópera *Norma,* y el nervioso y enfermo Donizetti, ante todo creador de la ópera *Lucia de Lammermoor,* el cual acabó cayendo en la demencia... De Francia procede uno de los primeros y más conscientes románticos, Héctor Berlioz. Cuando tenía poco más de veinte años, compuso su más importante obra sinfónica, la *Sinfonía fantástica,* en parte con sonidos orquestales muy nuevos y la idea de que la música puede describir algo a la manera de un relato literario. La ópera, que aproximadamente a partir de 1830 tuvo en París uno de sus más deslumbrantes lugares de adopción (allí vivieron también muchos compositores extranjeros, como los antes citados Rossini, Bellini y Donizetti), brinda también buenos maestros franceses. Gounod llegó a ser el más popular de ellos, ante todo por su puesta en música del *Fausto,* de Goethe; pero quizá el más importante ha sido Bizet, al que debemos una de las óperas más bellas que existen, *Carmen.* Alemania ofrece algunos de los más grandes compositores románticos: primero Schumann y Mendelssohn, luego el dramaturgo-músico Richard Wagner, que ejerció gigantesca influencia sobre toda su época mucho más allá del terreno meramente musical. En Viena, donde está vivo el recuerdo de Haydn, Mozart, Beethoven y Schubert, hallaremos más tarde a Johannes Brahms, uno de los más eminentes maestros de todos los tiempos; allí vivieron también el gran sinfonista Anton Bruckner, el compositor de *lied* Hugo Wolf y el rey de la llamada música ligera, Johann Strauss...

De éste los niños conocían toda una serie de títulos de valses: *Junto al bello Danubio azul, Voces de primavera, Historias del bosque de Viena, Rosas del Sur, Vida de artista* y otros muchos. Escribí los complicados nombres de compositores y obras en una pizarra, y en el mapa indiqué a los niños los lugares y países de donde procedían estos músicos.

–Y ahora oiremos citar pueblos que hasta ahora no habían hecho aparición en la historia de la música. De Hungría procede Franz Liszt...

–¿El compositor de la *Rapsodia húngara?* –preguntó Ricardo.

–Sí, pero mejor dicho: de las *Rapsodias húngaras,* pues escribió muchas. Fue una de las más inteligentes figuras en la historia de la música, más tarde hablaremos de él... De Polonia procede otro maestro, que era al tiempo compositor y virtuoso del piano, como Liszt, y amigo suyo...

–¡Chopin! –lo sabían algunos de mis oyentes.

–Muy bien. También los checos tienen en esta época sus primeros músicos significativos, Smetana y su alumno Dvorák. Del primero quizá algunos conozcáis su ópera cómica *La novia vendida,* en la que aparecen tan bellas melodías. También compuso un ciclo de poemas sinfónicos que llamó *Mi patria* porque describen los paisajes de Bohemia y escenas de su historia. De ellos el más conocido es *El Moldava:* vamos a escucharlo en un disco... Prestad atención: primero vienen los dos arroyuelos que nacen en las montañas, después el bello tema del río, del Moldava, y luego su curso por saltos y peñas...: en la orilla, al pasar, hay una fiesta popular, se escucha la polca que allí se está bailando...; después cae la noche, la luna riela en las aguas, las ondinas cantan misteriosas melodías...; por último, el río, que ahora es ya ancho y poderoso, corre bajo los puentes de la vieja y bella Praga y se pierde en la lejanía...

¡Qué fácil resultaba ahora escuchar con pleno entendimiento esta expresiva pieza musical! Incluso los más pequeñines entre mis amigos pudieron hacerse, con estos sonidos, una imagen de lo que el compositor quiso describir.

–Ahora entra en la historia de la música el mayor imperio de Europa: Rusia. El primero en emplear melodías rusas en composiciones artísticas serias fue Glinka, y tras él siguió un grupo de cinco amigos, de los cuales dos llegaron a ser maestros importantes: Mussorgski y Rimsky-Korsakov, y un tercero, Borodin, dejó también bella música, aunque compuso poco. De Rusia procede uno de los compositores más tocados: Tchaikovski. De Escandinavia, o más exactamente, de Noruega, procede Grieg...

–¡Cuéntenos un poco más sobre todos estos compositores, por favor! –rogaron mis pequeños amigos.

17. Otra conversación más sobre historia de la música

—¡Sobre Chopin! —gritaron varios.

—Nació en Varsovia... ¡Es una lástima que no haya discos suyos!

—¿Por qué no hay? —pregunto Cristina.

—Porque el disco gramofónico es un invento muy reciente, Cristina. ¡Qué interesante sería comparar, por ejemplo, la forma de tocar el violín del famoso Paganini con la de los virtuosos actuales! En su tiempo parecía a todos los oyentes tan perfecta, tan fantástica, que incluso se rumoreaba que el italiano había hecho un pacto con el diablo para poder tocar así.

—¿Y tocaba mejor que los violinistas de hoy día?

—Como cuando hablábamos de Bach en su calidad de extraordinario organista, realmente no hay respuesta para esa pregunta. Técnicamente, es decir, en lo que se refiere a la habilidad de los dedos, con toda seguridad nuestro tiempo ha sobrepasado al suyo. Lo que en aquel entonces sólo podía tocarlo él, se aprende hoy en los cursos superiores de nuestros conservatorios; pero el gran virtuoso posee algo más que la mera técnica. Ante todo la personalidad, es decir, la fuerza o intensidad de la expresión al tocar, y si en esto los artistas actuales han sobrepasado a aquéllos, no lo sabemos. Así, por desdicha, tampoco sabemos cómo haya podido tocar Chopin sus propias obras, sus *mazurcas* y *polonesas,* los bailes de su patria polaca, que él escuchaba de niño todos los días. Las llevaba grabadas en la cabeza cuando, con veinte años, abandonó Varsovia para exhibir en las más importantes ciudades de Europa su arte de pianista. Sus amigos lo acompañaron hasta los límites de la ciudad y allí, al despedirse de él, le regalaron un recipiente con tierra polaca, para que jamás olvidase su patria. Poco después de su partida estalló en Varsovia una revuelta contra Rusia, que en aquel tiempo oprimía a Polonia. Los amigos de Chopin lucharon en las barricadas, pero fueron derrotados y murieron. Él mismo jamás pudo regresar a su casa, y así muchas de sus obras contienen melodías de hondo anhelo de Polonia, de melancólica nostalgia. Tras una estancia en Viena, Chopin se instaló en París, donde murió todavía joven...

–¡Por favor, toque algo de Chopin! –me rogaron los niños.

Lo hice gustoso. En primer lugar toqué en el piano un pequeño y sencillo, pero muy íntimo, vals y después el estudio llamado *De la Revolución,* que produjo gran entusiasmo entre mis oyentes. Realmente, en esta pieza, parece como si se tuviera ante los ojos la revuelta de los patriotas, los sangrientos combates, el trágico final. Por último toqué el preludio, escrito en la isla de Mallorca durante la estancia de Chopin en la cartuja de Valldemosa, al que se ha dado en llamar *La gota de agua,* una pieza lenta y profundamente triste, en la que reaparece siempre la misma nota como una gota de agua que golpease monótonamente en el tejado; sólo se ilumina un poco la pieza en su sección central, parece como si se oyeran campanas –quizás las campanas de las iglesias de Varsovia tal como imaginara oírlas Chopin en su fantasía transida de nostalgia–, y después de nuevo la soledad, la desconsoladora caída de la gota de agua. Durante mi «interpretación», algunos de mis oyentes habían realizado dibujos, que ahora examiné. Era sorprendente cómo varios de ellos habían podido dar ex-

17. Otra conversación más sobre historia de la música

presión a aquel estado de ánimo sombrío y desesperanzado.

—Luego Chopin no regresó jamás a su casa... —suspiró Karin.

—Él no, sólo su corazón.

—¿Su corazón? ¿Cómo?

—Cuando murió, fue enterrado en uno de los cementerios del París viejo. Pero sus amigos, que sabían cuánto había añorado Polonia, hicieron que se le extrajera al cadáver el corazón y lo enviaron a Varsovia, donde se conserva en una iglesia.

—¡Por favor, querría tener las fechas de Chopin y las de todos esos músicos que ha nombrado usted! —pidió nuestro cronista Alfredo.

—Chopin vino al mundo en 1810 y murió en 1849...

—Enterrado en París... —repitió una chica que anotaba todo lo que yo decía.

—Sí, pero pese a ello en tierra polaca... —añadí y, ante la mirada interrogativa de los niños, continué—: ¿Os acordáis del recipiente con tierra polaca que había recibido Chopin al despedirse de Varsovia? Sus amigos de París la esparcieron sobre su sarcófago, así que de algún modo descansa en tierra patria...

—Ay —suspiró Gabi—, ¿son tan tristes las historias de todos los grandes músicos?

Le respondí sonriendo:

—Quizá ocurre que los artistas han de sufrir en este mundo de manera especial o que son más sensibles que los hombres comunes..., no más débiles, sólo mucho más sensibles. Pero también hay músicos cuya vida no es tan triste, sino rica en éxitos, brillante, casi una permanente fiesta...

Aunque casi todos mis oyentes opinaron que precisamente lo triste en estas historias era lo más bello de ellas, continué así:

—Tomemos por ejemplo a Mendelssohn... o a Liszt. Franz Liszt era ya en plena juventud un famoso virtuoso del piano, y pronto el más famoso de Europa. Todas las ciudades lo aclamaban cuando, agitando de aquí allá su largo pelo de artista, hacía relampaguear el piano. Pero no entendían sus composiciones. Y él no era hombre que quisiera imponerlas a toda costa y las tuviera siempre en primer plano. ¡Al contrario, dio a conocer las obras de otros muchos compositores! Descubrió el talento de Chopin apenas hubo llegado éste a París, y le

Un concierto en casa de Franz Liszt. En el fondo, Héctor Berlioz y Carl Czerny

allanó el camino hacia la fama. Ayudó a Richard Wagner cuando, en un momento muy crítico de su vida, hubo de huir de Alemania y, sin medios para sostenerse, no sabía ya qué camino seguir...

A los niños les gustó este proceder de Liszt.

—¿Y Mendelssohn? —preguntaron algunos.

—Fue, aún más joven que Liszt, un auténtico niño prodigio en el sentido de Mozart. Una casa paterna rica le posibilitó los mejores estudios. A los dieciséis años consiguió algo casi increíble a esa edad: una verdadera obra maestra, la obertura para la comedia *El sueño de una noche de verano,* del gran dramaturgo inglés William Shakespeare, de quien oiréis hablar mucho en el colegio cuando seáis mayores. ¡Vamos a escucharla!

Volvió a sonar el tocadiscos. Los niños concentraron rápidamente su atención en la mágica música. Después expresaron sus opiniones: era como un bosque..., crepuscular, a media luz..., había luciérnagas y como cosas muy pequeñas volando por allí..., un cortejo de elfos blancos a la luz de la luna... De nuevo me admiró cuán bien habían aprendido a oír música mis pequeños amigos. ¡Precisamente eso es lo que quería expresar Mendelssohn en esta pieza!

—La vida de Mendelssohn transcurrió feliz y llena de éxitos. Llegó a ser uno de los primeros directores de orquesta significativos y dirigió en Leipzig los conciertos de la Gewandhaus, que ya entonces tenían tras sí una larga historia y aún existen hoy. Además fue nombrado director del Conservatorio recién fundado en la misma ciudad, que pronto se convirtió en una de las más importantes escuelas de música del mundo. Entre los profesores llamados así por él se contaba su buen amigo Schumann...

—¿Nos contará usted algo sobre Schumann? —preguntó Ricardo—. Yo toco piezas de las *Escenas de niños.*

—Con gusto y en seguida. Pero todavía unas palabras más sobre Mendelssohn: escribió cinco sinfonías, las más conocidas se llaman la *Escocesa* y la *Italiana,* porque las creó con sus impresiones de estos países. También compuso dos importantes oratorios bíblicos, *Elías* y *Paulus,* así como muchas canciones y coros. Pocos músicos han sabido expresar como él, mediante el canto, el paisaje alemán...

Algunos niños recordaron ahora que con su coro escolar cantaban *¡Oh, amplios valles, oh, cimas!,* y otros conocían *¿Quién te puso tan alto allí arriba, oh, bosque bello?*

—Tras una vida extremadamente activa y llena de alegrías, Mendelssohn murió joven, con sólo treinta y ocho años. Había venido al mundo en Hamburgo, en 1809, y el año de su fallecimiento es 1847; murió en Leipzig. Creo que no os di antes las fechas de Liszt: nacido en Raiding, una aldea de la frontera austro-húngara, en el año 1811, y fallecido en Bayreuth en el año 1886. Una vida larga y colmada de honores. Pero vayamos ahora con Schumann. Nació en 1810 en Sajonia, en Zwickau, y en su juventud hubo de sufrir penalidades hasta conseguir hacer de la música su actividad habitual. Editó en Leipzig una revista de música, pero sobre todo se dedicó a la composición, después de que la lesión de un dedo le impidiera completar sus estudios y llegar a ser pianista profesional. Ahora vamos a pedirle a nuestro amigo Ricardo que nos toque algo de *Las escenas de niños.*

17. Otra conversación más sobre historia de la música

Efectivamente, Ricardo nos hizo oír algunas de estas piezas deliciosas: *Dicha perfecta, De países y gentes lejanos, El caballito de madera,* y por último la maravillosa *Rêverie,* que sin el menor empacho puede ser señalada como una de las melodías más bellas jamás escritas. Los niños querían oír más música de Schumann, así que pedimos a la cantante que había venido tan inesperadamente a mi casa, y que había escuchado con interés nuestra conversación, que nos cantara uno de sus *lieder.* La acompañé al piano en el *Claro de luna,* que ella escogió. Por decirlo así, la íntima melodía se cernía sobre los armoniosos sonidos del piano precisamente como, en la canción, el alma se cierne sobre la tierra para buscar su patria. Esta frase no es mía; fue Karin quien la dijo. Y después yo mismo canté otra canción más, para los niños; por supuesto, no por hacer oír mi voz, que realmente no suena particularmente bien, sino porque esta canción sólo puede ser cantada correctamente por un hombre. Se llama *Los dos granaderos;* el poema es de Heinrich Heine y describe el penoso regreso a la patria, desde el cautiverio ruso, de dos soldados de Napoleón. En Alemania reciben la noticia de la definitiva derrota y el confinamiento de su emperador. Lo aman, le permanecen fieles, y así sólo tienen ahora un deseo: morir. Uno ruega al otro que lleve su cadáver a Francia, para darle allí sepultura. Pero querría yacer en la tumba completamente armado, para poder seguir a su emperador y luchar de nuevo por él si un día Napoleón Bonaparte volviera a cabalgar entre el fragor de la batalla. En pocas palabras, esta canción da una imagen expresiva de aquella época, quizá más fuerte que la que puedan proporcionar los más largos relatos históricos.

Como la conocida melodía de *La Marsellesa* dejara oír al final su llamada de alerta, cundió el entusiasmo entre mis jóvenes amigos. Después no había manera de poner fin a sus preguntas. ¿Por qué aparecía allí *La Marsellesa?* ¿No es el himno nacional francés? Por supuesto, pero en aquel entonces aún era ante todo la enardecida canción de lucha de la revolución, cuyos sonidos llevó Napoleón por media Europa. ¿Quién había compuesto *La Marsellesa?* Un joven oficial del ejército francés, llamado Rouget de l'Isle, el cual, llevado de exuberante entusiasmo, sólo acertó en esta ocasión a crear una melodía tan grandiosa.

Después conté más cosas de la vida de Schumann.

–Su destino tomó un giro trágico. Cuando aún era joven, cayó en ataques de melancolía cada vez más graves; en sus fantasías oía músicas deformadas, martirizantes, y por último se volvió loco. Desesperado, se arrojó al Rin. Ciertamente, pudieron salvarlo; pero, completamente sumido en tinieblas, pasó los dos últimos años de su vida en un manicomio. Allí murió, cerca de Bonn, en el año 1856... ¿Queréis oír aún otra pieza musical donde aparece *La Marsellesa?*

Los niños se quedaron sorprendidos.

–Sí, pero os advierto que aquí todo es completamente distinto de lo que acabamos de oír. No sólo porque esta otra pieza sea orquestal, un poema sinfónico, sino más bien porque, en la canción de Schumann, la derrota de Napoleón está contemplada desde el punto de vista francés, y, en la pieza para orquesta, desde el ruso, esto es,

17. Otra conversación más sobre historia de la música

como victoria. La obra fue compuesta por Tchaikovski, del que estoy seguro que ya habéis oído música...

—¡Sí, ballets, *El lago de los cisnes!* ¡*Cascanueces!* —gritaron varios niños.

—Muy bien. Tchaikovski escribió mucho para el ballet, es decir, para la danza artística de escena. Además, seis sinfonías, numerosas óperas y piezas orquestales. Esta que os voy a hacer escuchar se llama *Obertura 1812,* pero tiene poco que ver con el tipo de obertura que ya conocemos. Como os dije hace un momento, en realidad es un poema sinfónico. ¿Sabe alguno lo que sucedió en 1812?

Al principio, rostros perplejos. Por fin uno de los chicos mayores dijo:

—La campaña de Napoleón en Rusia...

Algunos pensaron que, después de sus palabras, no era fácil equivocarse, pero el muchacho continuó hablando muy seguro:

—Los franceses llegaron hasta Moscú. Fue en un invierno terriblemente frío. Fueron vencidos y tuvieron que huir...

—Sí, y eso es precisamente lo que describe Tchaikovski en su cuadro musical. Lo oiréis con toda claridad y os será fácil entenderlo: una plácida melodía describe la vasta estepa rusa, donde los campesinos cultivan la tierra. Después suena, viniendo al principio de lejos, *La Marsellesa*; esto significa: ¡Vienen los franceses! Entonces la música se hace guerrera. Encuentros, combates. Y finalmente *La Marsellesa* se desgarra, salta hecha trizas; los franceses son vencidos y se retiran. Las campanas de Moscú y una orquesta jubilosa celebran la victoria con el himno imperial ruso...

La *Obertura 1812* sonó en un disco, y nuestro grupo de oyentes la siguió muy bien y disfrutó con ella. Después les di a los niños las fechas de este gran compositor ruso: nacido en Wotkinsk, una pequeña ciudad de los Urales, en 1840, y muerto en 1893 en San Petersburgo.

–¿Fue el más grande compositor de Rusia? –preguntó Juan.

–Eso sólo puede afirmarse en muy pocos casos. Los resultados pueden medirse con precisión en bastantes deportes, pero nunca en el arte. Tchaikovski tuvo un contemporáneo que no era menos genial, aunque no escribiera tanto como él. Se llamaba Mussorgski: ¡Tuvo una vida trágica! Mussorgski estaba lleno de ideas grandiosas, en su interior se gestaban escenas musicales de una fuerza y belleza desacostumbradas...; pero sus conocimientos musicales, su técnica, no era suficiente para que las trasladara al papel tal como las oía. Sufrió terriblemente por esta causa. En muchas cosas le ayudó su buen amigo Rimsky-Korsakov, con quien durante algún tiempo compartió un alojamiento miserable. Rimsky le daba consejos técnicos y hasta revisó y orquestó sus obras. Mussorgski murió pobre, triste y desconocido. Sólo unos pocos adivinaron su genio...

–¿Qué compuso? –quiso saber Ricardo.

–Con toda probabilidad su obra más significativa es la ópera *Boris Godunov*...

–Un momento, por favor... En la película *Fantasía,* de Walt Disney, hay también una pieza de él, ¿no es verdad? –recordó Birgit–. Pero ¿cómo se llama?

–*Una noche en el monte pelado* –acudí en su auxilio.

–¡Sí, con espectros! –supieron ahora varios más.

17. Otra conversación más sobre historia de la música

–Es una historia de miedo, aunque los espectros son de la cosecha de Disney y no de Mussorgski. Disney amplió con su propia fantasía la pieza musical que utilizó en su película... Mussorgski vivió desde 1835 a 1881. Pero sigamos adelante, todavía nos faltan algunos de los más importantes compositores del siglo pasado. Hablemos primero de Johannes Brahms, que nació en Hamburgo en 1833. Se lanzó al mundo cuando tenía veinte años y fue a Düsseldorf, donde visitó a Schumann, quien reconoció su poderoso talento y escribió sobre él en su revista de música. Más tarde Brahms se instaló en Viena, y allí vivió, famoso y con un buen pasar, amado... y pese a ello solitario un poco como Beethoven; la vida lo llevó también de Alemania a Viena, allí se sintió perfectamente

Johannes Brahms

«en casa», fue nombrado ciudadano de honor, el pueblo lo apreciaba y quería; pero en su fuero íntimo estuvo siempre solo y tampoco encontró una compañera que lo entendiera y caminara con él por la vida...

Volvimos a rogar a nuestra cantante que embelleciera nuestra disertación musical. Cantó la *Canción de cuna*, de Brahms, que ha llegado a ser tan popular, y que los niños hubieran acompañado con gusto: «Buenas noches, buenos sueños...». Después interpretó un *lied* muy serio: *Soledad del campo*, transido de una maravillosa descripción de la naturaleza, de aroma espiritual.

–Hoy ha hablado usted muchas veces sobre las canciones tan bonitas que compusieron muchos de estos compositores –comenzó a decir Juan con aplomo–, pero también ha dicho usted *lied* y *lieder*. ¿Es lo mismo? ¿Una canción y un *lied* son la misma cosa?

–Muy bien observado, Juan. Como algunos ya sabéis, *lied* –y su plural, *lieder*– es una palabra alemana que designa una pieza musical para voz humana con acompañamiento instrumental, que suele corresponder al piano, aunque también hay *lieder* con acompañamiento de violín, de varios instrumentos e incluso de toda una orquesta. *Lied*, por tanto, equivale a canción, pero no a canción en sentido popular, folklórico, sino en sentido artístico. Podríamos decir así que el *lied* es la canción de concierto. Pero ocurre que la gran mayoría de los *lieder* que conocemos fueron escritos por compositores alemanes y austríacos románticos, y así la palabra alemana se ha internacionalizado para designar esta forma musical, la canción artística que se toca en conciertos. Precisamente Brahms compuso muchos *lieder* tan bellos como los dos

17. Otra conversación más sobre historia de la música

que acabamos de escuchar. Además sus sinfonías –cuatro en total– pueden ser consideradas en muchos aspectos las más perfectas desde Beethoven. Sus dos conciertos para piano y el concierto para violín pertenecen también a los más grandiosos ejemplos de esta forma musical. Igualmente es magnífico su *Réquiem alemán,* una gran obra en memoria de los muertos. Además hay que sumar piezas para piano, música de cámara, es decir, piezas para diversas combinaciones instrumentales de formación reducida, esto es, cuartetos de cuerda, quintetos y otros por el estilo. Brahms murió en Viena en 1897.

La ópera conoció en la segunda mitad del siglo XIX una época interesante. Dos de los maestros más significativos estuvieron el uno frente al otro, con ideas distintas y una manera de escribir completamente diferente: uno era italiano y el otro alemán. Ambos nacieron el mismo año: 1813. Giuseppe Verdi lo hizo en la aldea de Roncole, cerca de Milán, y Richard Wagner en Leipzig. Apenas podríais imaginar un contraste mayor: Wagner era nervioso, orgulloso, una naturaleza dominante y escasamente considerada con los otros. Por el contrario, Verdi era sencillo, modesto, tranquilo. Wagner se sentía feliz cuando se veía rodeado de admiradores; Verdi, cuando paseaba solo por Santa Ágata, su finca campestre, y veía crecer los sembrados. Verdi llegó a ser conocido en Italia bastante pronto, especialmente porque en muchas de sus óperas de juventud se encontraban llamamientos encubiertos a la unidad de Italia. En los años cincuenta alcanzó fama mundial con *Rigoletto, La Traviata* y *El trovador.* Continuó escribiendo incansablemente. En 1871 alcanzó un éxito grandioso con su ópera *Aida,* compuesta por la celebración de la apertura del canal de Suez. Después, sus amigos creyeron que ya no volvería a componer. Pero dieciséis años más tarde sorprendió al mundo musical con una nueva obra maestra, la ópera *Otelo*. Y aún siguió sin darse reposo. A la edad de ochenta años escribió su última pieza escénica; se despidió así del mundo, pero no con una ópera dramática, como hicieran otros muchos, sino con una comedia: *Falstaff*. Falleció en Milán, en 1901, a edad avanzada después de una vida ejemplar por su nobleza y su bondad. Había seguido sus propias ideas, había abierto nuevos caminos a la ópera italiana, y nunca sintió envidia de Wagner, cuya música revolucionaria despertó enorme admiración entre la juventud de Europa y atrajo a una multitud de prosélitos. Wagner también compuso principalmente asuntos dramáticos: tras algunos intentos juveniles escribió *El holandés errante,* que en algunos países se conoce también como *El buque fantasma,* la sombría leyenda del marino condenado por el destino a recorrer los mares hasta que pueda ser liberado por el amor de una muchacha, decidida a serle fiel. Las siguientes obras de Wagner fueron *Tannhäuser* y *Lohengrin*...

–¡Conocemos algo de ellas! –gritaron no pocos.

–*Tannhäuser* se desarrolla en la época de los *minnesänger,* y en el centro de su acción aparece el torneo de cantores de Wartburg, que recordaréis porque ya os he hablado de él. *Lohengrin* proviene de antiguas leyendas europeas, que Wagner transformó con estilo muy romántico. Wagner no pudo estar presente en el estreno; lo dirigió su amigo Liszt, en Weimar, en el año 1850, pues Wagner se hallaba exiliado en Suiza por motivos políti-

17. Otra conversación más sobre historia de la música

cos, sostenido económicamente por el mismo Liszt. En Dresde, donde era director de la orquesta de la Ópera, había tomado parte en la revolución que tuvo lugar en varias partes de Europa en 1848 y 1849. Al fracasar ésta, Wagner tuvo que huir. Vivió muchos años en Zúrich, y cuando al fin pudo volver a Alemania, largo tiempo buscó un teatro que quisiera representar las nuevas obras que había compuesto en el exilio, pero ninguno se encontraba preparado para ello. Wagner había alcanzado el punto más bajo de su vida, cuando sucedió un milagro. Alguien llamó a la puerta de la habitación que ocupaba en un hotel de Stuttgart. Ante él estaba un elegante caballero que le hizo una reverencia, le entregó un valioso anillo y lo invitó, en nombre del joven rey de Baviera, Luis II, a ir a Múnich, donde tendría a su disposición todo lo que deseara su corazón de artista: ¡una bonita casa, suficiente dinero y un teatro donde representar todas sus obras! En un único minuto la vida de Wagner cambió totalmente, del derrotado se hizo un vencedor. Pero aún tuvo que volver a abandonar Alemania otra vez e instalarse de nuevo en la hospitalaria Suiza, pues el rey hubo de sufrir violenta oposición a la protección que le dispensaba. Mas por último regresó definitivamente y construyó en Bayreuth su propio teatro, el famosísimo Festspielhaus, exclusivamente para la representación de sus dramas musicales. Allí tuvo lugar el estreno mundial absoluto de *El anillo del Nibelungo,* una obra gigantesca que requiere cuatro funciones a lo largo de otras tantas tardes, y también el de *Parsifal,* su última obra. Antes de esto, en Múnich, por orden del rey, habían sido estrenadas las dos obras que muchos tienen por las más bellas

El rey de Baviera Luis II en la gruta del palacio Linderhof

de Wagner: *Tristán e Isolda* y la magnífica comedia *Los maestros cantores de Nuremberg,* cuyo protagonista es Hans Sanchs, un importante *meistersinger* del siglo XV; y también el prólogo y la primera jornada de *El anillo del Nibelungo,* que se titulan *El oro del Rin* y *La walkiria,* respectivamente. Wagner murió en Venecia en el año 1833. Un rumor, realmente de sabor novelesco, pretendió saber que la víspera la góndola de Wagner se cruzó en el Canal Grande con la de Verdi. El italiano habría reconocido a Wagner, que pasaba en ella en medio de un grupo de jóvenes admiradores, y habría decidido visitar-

17. Otra conversación más sobre historia de la música

El Festspielhaus de Bayreuth

lo al día siguiente, para conocerlo al fin personalmente. Pero cuando se llegó al alojamiento de Wagner, en un antiguo palacio, supo que el famosísimo compositor alemán acababa de morir...

—¿Cuál de los dos fue más grande como compositor? —preguntó Rudi.

—Tal cosa no debe preguntarse jamás, pues no hay una respuesta justa. Cuando aún vivían, se formaron dos partidos en la vida musical europea, uno a favor de Verdi y el otro al de Wagner, y cada uno de ellos tenía a su maestro por el único verdadero. Pero hoy podemos admirar a ambos en la misma medida, apreciarlos, incluso amarlos. Y no necesitamos rompernos la cabeza pensando cuál de ellos es más importante o significativo. En el fondo, fueron tan distintos que no se les puede comparar...

De Verdi escuchamos, gracias a nuestra cantante, la gran aria de *La Traviata,* que es muy melodiosa y contie-

Richard Wagner

ne un canto muy dulce. Después puse un disco con el final del primer acto de *Otelo,* el espléndido dúo del tenor y la soprano. Luego escuchamos otro disco que contenía la última escena de *La walkiria,* la despedida del dios Wotan tras dejar a su hija dormida, en una montaña, rodeada de fuego. Los niños notaron en seguida que la orquesta desempeña aquí un papel más importante que en Verdi –casi como en una sinfonía, advirtió Ricardo correctamente– y que la voz humana poseía menos melodía, o que era de otra clase.

–A sus coetáneos la música de Wagner les parecía extraordinariamente difícil, en parte incluso inejecutable –expliqué después–. Los cantantes apenas conseguían aprender algunos de sus papeles, y las orquestas ensayaban mucho sin que frecuentemente pudieran conseguir familiarizarse con aquellas partituras. Pero lo que en aquel entonces se consideraba «moderno», para nosotros es hoy un ejemplo acabado de arte romántico...

–¿Y qué es lo que llamamos hoy «moderno»? –preguntó Ricardo.

–Moderno es siempre el arte del tiempo propio, esta palabra no significa en sí misma nada concreto. En el ca-

17. Otra conversación más sobre historia de la música

mino que va de los románticos a nuestros actuales modernos hay aún una serie de músicos significativos. A ellos pertenece el francés Claude Debussy...

Claude Debussy

–¡Ah, *El mar!* –exclamaron los niños, que se acordaban del concierto.
–Sí. Debussy escribió una música característica y soñadora; en la mayoría de sus obras domina un ambiente próximo a lo irreal, un poco como si se estuviera en sueños. Allí casi todo es dulce, suave, delicado, melancólico...
Toqué al piano *La catedral sumergida,* con su misterioso sonar de campanas procedente del fondo del mar y sus juguetonas olas por encima. Después, *Jardines bajo la lluvia.* Nos asombramos de la auténtica paleta sonora de Debussy, que vino al mundo en París en 1862 y murió allí en 1918.
–Y tenemos que citar a Richard Strauss (no, no tiene nada que ver con la familia de Johann, el rey del vals),

que nació en Múnich en 1864, vivió principalmente allí y en Garmisch y escribió mucha música bella a lo largo de su dilatada vida. Comenzó con poemas sinfónicos. De todos ellos os gustará especialmente el que describe *Las travesuras de Till Eulenspiegel,* y que vamos a oír ahora...

Puse el disco y aún les dije que durante largos pasajes de esta pieza cada uno podía imaginarse lo que quisiera y le pareciera adecuado a la música: aventuras de Till, las travesuras que lleva a cabo, sus correrías por caminos y ciudades –a veces suena allí realmente como si Till se marchara brincando de contento–, en pocas palabras, todo lo que se imputa a este pícaro de la Edad Media, un personaje muy popular en Alemania. Sólo casi al final revela Strauss lo que quería describir: el juicio donde Till es condenado a muerte irremediablemente. Pero la pieza no se cierra trágicamente; por último, Strauss repite una melodía de violines de aire narrativo, como si quisiera decir: todo esto fue un cuento, una historia, nada más...

La tropa de críos escuchó los magníficos sonidos orquestales con gran alegría. A veces sonrieron y otras rieron francamente, tan plástica era la descripción de todo en esta pieza. Y al final se entristecieron y compadecieron al pobre y simpático pícaro, que fue juzgado y condenado por los burgueses a los que había fastidiado tanto.

–En otro poema sinfónico, la *Sinfonía alpina,* Richard Strauss describe una excursión de alta montaña; escalada, travesía del glaciar, tormenta, puesta de sol y muchas cosas más que puede vivir y experimentar el alpinista...

–¿Sin palabras? –preguntó Juan.

—Sí, sólo con la orquesta. ¡Ciertamente, con una orquesta gigantesca, en la que no faltan incluso cencerros y una máquina de viento! Más tarde Strauss se volvió a la ópera. *Salomé, Elektra, Ariadna en Naxos, Arabella* son algunos de los títulos más importantes, pero ante todo hay que citar la magnífica *El caballero de la rosa,* del año 1911. Strauss vivió hasta 1949 y murió en su casa de Garmisch, donde había escrito cosas muy bellas. Entre sus más importantes contemporáneos hay que contar al austríaco Gustav Mahler, que vivió de 1860 a 1911. Compuso *lieder* con orquesta y nueve sinfonías muy significativas, que hoy son más apreciadas que en su época...

—¿Nueve? ¡Como Beethoven! —puntualizó Juan.

—¡No sólo Beethoven y Mahler! El número nueve tiene especial significación para la sinfonía: Bruckner, un gran músico austríaco, contemporáneo de Brahms, escribió nueve. Dvorák, el maestro checo que antes hemos citado de pasada, llegó también hasta la novena. La última es la famosa *Sinfonía del Nuevo Mundo,* llamada así porque la compuso durante su estancia de tres años en Nueva York. Y también llegó a su novena sinfonía Schubert, pese a la brevedad de su vida... Ahora voy a citaros todavía otros músicos importantes. En Finlandia vivió Sibelius; en España, Granados, Albéniz y Manuel de Falla, este último el más importante compositor de este país desde los tiempos de Victoria. De Rusia emigraron dos maestros de gran personalidad: Stravinsky, que pasó la mayor parte de su vida en Norteamérica, y al que debemos un gran número de obras innovadoras, ante todo los ballets *El pájaro de fuego, Petruschka* y *La consagración de la primavera,* y Prokofiev, que luego regresó a

Moscú y murió allí. Entre otras, escribió una encantadora pieza musical para niños: *Pedro y el lobo,* donde cada uno de los personajes que intervienen, sea hombre o animal, tiene su propia melodía, que, además, está confiada a un instrumento característico...

–¡La hemos oído en el colegio! –gritaron muchos, y se pusieron muy contentos al recordarlo.

–Tendría que contaros muchas cosas sobre Maurice Ravel, uno de los más grandes compositores franceses, y no sólo porque escribiera obras muy peculiares, sino porque también compuso música para niños, o sobre ellos, con especial gusto. Naturalmente, no podemos olvidar al operista italiano Puccini, digno sucesor de Verdi, cuyas obras (especialmente *La Bohème, Tosca, Madame Butterfly* y *Turandot*) se ejecutan constantemente en todo el mundo...

–¿Hay tantos compositores modernos? –preguntó Birgit.

Sonreí:

–Los citados forman sólo una pequeña parte de los que hay. Y apenas puede llamárseles hoy «modernos», pues todos los que he nombrado escribieron sus principales obras en la época de la Primera Guerra Mundial o en el período de entreguerras. Desde entonces ha vuelto a transcurrir mucho tiempo. He de citar al compositor alemán Hans Pfitzner, quizá el último romántico, y al ítalo-germano Ferruccio Busoni, que fue otro innovador. También al húngaro Béla Bártok, extraordinariamente interesante, y a su compatriota Zoltan Kodály, que por lo demás ha escrito música muy atractiva para niños y jóvenes. Y a los componentes de la llamada «Segunda escue-

17. Otra conversación más sobre historia de la música

la vienesa», Arnold Schoenberg, Alban Berg y Anton von Webern; a los suizos Othmar Schoeck y Arthur Honegger, a los franceses Darius Milhaud y Francis Poulenc, al inglés Benjamin Britten, a los alemanes Paul Hindemith, Carl Orff y Werner Egk, y seguramente aún a una docena larga o dos de hombres que han hecho cosas importantes, algunos de los cuales, con el transcurso del tiempo, con toda seguridad llegarán a ser reconocidos como los más importantes de nuestra época...

–¿Aún no se sabe esto? –preguntó Juan.

Me quedé pensativo.

–En ninguna época fue tan difícil la cuestión como en la nuestra –dije después–. Vivimos en un tiempo inquieto, en el que todo aparece muy embrollado. Y así el arte tampoco puede tener un desarrollo sosegado. Cada artista cree haber encontrado el camino verdadero, pero si nos fijamos bien veremos que todos ellos siguen direcciones distintas... Son muchas y complejas las preguntas que podríamos hacernos, y ya hemos hablado bastante. Quisiera deciros aún tan sólo que no he pretendido enseñaros historia de la música. ¡No es posible hacerlo en un plazo tan corto! Requiere mucho estudio. Únicamente he querido orientaros un poco por los caminos de la música y daros una cierta idea de los grandes compositores, respeto por su capacidad, comprensión para lo que intentaron, amor a su humanidad y afecto a su música...

–¿Qué es lo que nos resta aún? Me parece que pronto estará completa nuestra lista del primer día –dijo Juan un tanto triste, o al menos así me lo pareció.

–¡Oh, aún faltan muchas cosas! ¡La radio y los discos, el magnetófono, el cine y la televisión! Y después haremos un poco de música, nosotros mismos, ¿o no? ¡Y una vez que se ha empezado con esto, ya no hay quien lo pare!

–¿Y nuestro libro? –exclamó Cristina.

–Ahí están las hojas –contesté–. ¡Ved cuántas hay ya! ¡Ahí están registradas todas nuestras reuniones!

Los niños se admiraron.

–¿Cómo se acuerda usted tan exactamente de todo? –me preguntaron asombrados, algunos.

Me eché a reír.

–Un poco que me acuerdo y otro poco... Bien, ahora ya puedo decíroslo: los últimos días he hecho que un magnetófono registrara todo mientras estabais aquí. Afortunadamente, no lo habéis advertido...

–¿Hemos dicho muchos disparates? –me asediaron algunos.

Los tranquilicé:

–¡De ninguna manera! Incluso a menudo habéis dicho cosas muy inteligentes y bonitas... ¡Buenas noches, chicos!

Se marcharon contentos y un tanto orgullosos.

18. La técnica al servicio de la música

Cuando, hace muchos años, reuní por primera vez en torno a mí un grupo de niños, para hablar con ellos sobre música, en nuestro mundo muchas cosas eran distintas de como ahora lo son: aún no eran posibles los viajes espaciales, todavía no se construían aviones supersónicos para el tráfico de pasajeros, aún se sabía poco de la energía atómica. En aquel entonces yo no podía instalar en mi estudio un magnetófono, para registrar nuestras conversaciones, y en cuanto a la televisión, los técnicos presentían algo sin prever su poderosa repercusión en la vida cotidiana del hombre. ¡Tan rápido ha sido el desarrollo en los últimos años! Mis abuelos no podían imaginar la posibilidad de la radio, aunque hacía ya tiempo que los investigadores realizaban intentos y ensayos con este objetivo. En su época, un disco gramofónico era todavía una curiosidad redonda, de la que un informe aparato con una gigantesca bocina o pantalla acústica podía obtener ruidos como de graznidos, que antes permitían sospechar que reconocer la belleza de una voz o de una pieza de música.

Éstos eran algunos de los pensamientos que me corrían por la cabeza cuando al día siguiente llevaba a mis pequeños amigos a una fábrica de discos gramofónicos. ¡Unos pocos años, que habían volado tan aprisa, y qué cambios tan extraordinarios! Entre la tropa de mis muchachos no había un solo joven, una sola chica, que no tuviera en casa sus discos favoritos. Cristina tenía cuentos y canciones infantiles; hoy sus padres le habían regalado, como lo contara con orgullo, *Pedro y el lobo,* la encantadora pieza de Prokofiev, de la que yo había hablado ayer. Juan, su hermano, tenía ya sinfonías y discos de pia-

nistas famosos. Música de baile la tenían casi todos, sobre todo las chicas mayores.

El disco gramofónico ya no guarda hoy ningún secreto, se ha convertido –como el libro– en un bien cultural de uso corriente que no puede faltar en ninguna casa. Hoy se forma una discoteca igual que hace un siglo se creaba una biblioteca, es decir, una colección de discos se hace igual que una de libros: primero, unos pocos favoritos, después eso «que hay que tener», esto es, lo que pertenece a la formación general, y finalmente uno llega a convertirse en coleccionista orgulloso de poseer algunas cosas poco corrientes. ¡Y qué refinados nos volvemos! Ahora sólo sirven las grabaciones técnicamente mejores con los artistas más consumados. Cuando durante el camino hacia el estudio conté a mis pequeños amigos que, hace algunos años, yo no podía oír una sinfonía de Beethoven sin que se interrumpiera siempre cada cuatro minutos, porque había que dar la vuelta al disco o cambiarlo, primeramente me miraron incrédulos y después rompieron a reír.

–Pero eso tenía que ser terrible –dijo Pedro.

–Bien, entonces estábamos contentos con aquello, pues no podíamos imaginarnos la actual perfección. Os sentís superiores a la generación anterior porque tenéis muchas cosas que ella no conocía. Justamente por ello nos sentimos orgullosos frente a quienes vivieron antes que nosotros: podemos retener en un disco sonidos fugitivos, conservarlos, llevárnoslos a casa, hacerlos sonar de nuevo tan a menudo como queramos. ¡Qué gran cosa fue esto! Durante milenios no se había pensado ni por asomo en tales posibilidades...

Llegamos y entramos en el gran edificio. Fuimos conducidos al despacho del director, quien ya nos estaba esperando. Se asustó un poco cuando vio el crecido número de mis acompañantes. Parecía haber contado como máximo con una docena, y allí había más de tres. Pese a ello pareció alegrarse y nos propuso iniciar inmediatamente la visita. Fuimos por largos corredores hasta que abrimos una puerta y miramos dentro de una especie de laboratorio químico.

–Aquí hacemos los discos –explicó el director–. Es un proceso largo y algo complicado. Lo más importante es la fabricación de un disco de cobre, del que después se obtienen las copias, es decir, los discos propiamente dichos.

–Como en fotografía, ¿no es verdad? –preguntó Juan. El director asintió con la cabeza.

–Sí, eso es. Primero hay que tener un negativo del que poder tirar las copias, o sea, los positivos. Pero creo que debiéramos ver todo el proceso desde el principio. Vamos pues, al primer estudio.

Recorrimos otra ala del edificio. A través de un gran ventanal miramos dentro de una espaciosa sala donde en aquel momento estaba tocando una orquesta de jazz. Veíamos los movimientos, pero no oíamos sonido alguno. Detrás de este estudio había otra pared de cristal, y allí vimos sentados a varios hombres manejando unos aparatos.

–¿Qué hacen esos señores allí? –preguntó en seguida Cristina.

–Dirigen la grabación –respondió el director–. Pronto veremos cómo lo hacen. Son técnicos de sonido, de ellos depende al máximo la calidad del disco...

18. La técnica al servicio de la música

—¿Es allí donde el sonido llega al disco? —quiso saber Gabi.

—¡Oh, no, la cosa ya no es hoy tan sencilla! —sonrió el director—. Se grababa así antes. Entonces corregir un fallo era prácticamente imposible. Hoy grabamos únicamente en cinta magnética...

—¿Y después se hace de la cinta magnética el disco?

—Bien, tampoco es eso tan sencillo. Digamos que se hace de varias grabaciones en cinta magnética o de varios magnetófonos el disco definitivo. Éste es un trabajo sumamente interesante, que igualmente os enseñaré después. También se ocupan en ello especialistas de primera línea, pues es un trabajo extraordinariamente delicado que requiere formación técnica superior, aparte de buen oído. Muchos de nuestros técnicos son excelentes músicos.

—Ved, esto es absolutamente nuevo, esta cooperación de música y técnica, que es típica de nuestra época. La técnica influye en nuestra vida, juega incluso un papel importante en la música, aunque nuestros abuelos no hubieran descubierto todavía estas relaciones entre ambos dominios, técnica y arte... —dije en tono meditativo.

—Sí, es así. Hoy vienen aquí los compositores de las piezas que grabamos, para quedarse durante todo el proceso; se interesan por el conjunto de la grabación y por aspectos concretos, consultan a nuestros técnicos detalles totalmente insospechados para las generaciones anteriores de músicos —añadió el director.

La orquesta de jazz había acabado de tocar. Se apagaron las luces rojas que estaban encendidas en la sala de grabación. Naturalmente, ya estaba a nuestro lado Cristina, para preguntar lo que significaba aquello.

–Es sencillo –explicó el director–. Ya sabes que la luz roja es siempre una señal de atención o de peligro, y aquí pasa lo mismo. Desde el momento en que nuestro sistema de grabación se pone en funcionamiento, esto es, cuando se trabaja en el estudio, luce la luz roja. Así se sabe que todo lo que sucede en el estudio, cada ruido, cada sonido, se graba inevitablemente en la cinta. Antes esto era mucho más dramático: si un músico se veía obligado a toser, quedaba arruinada la grabación y había que volver a empezar desde el principio. Con frecuencia todo iba bien hasta poco antes del final... y entonces pasaba algo y todo se estropeaba.

–¿Y hoy? –se interesaron los niños.

–Pues o se deja tranquilamente que la cinta siga corriendo –se puede cortar después el trozo de cinta con los pasajes malos y sustituirlo por otro con la grabación buena, cosa que se hace a menudo–, o bien se la detiene y se retrocede un poco para reemprender la grabación, pero en ningún caso se vuelve al comienzo. Después se procede a pegar por su orden los trozos buenos con mucho cuidado, y nadie puede ver u oír el corte cuando la grabación pasa al disco. A veces incluso hay suerte y se puede eliminar de la cinta una tos u otro ruido sin afectar a la música, como por ejemplo si coinciden con un silencio de ella. ¡Pero venid, vamos a ver a los ingenieros de sonido!

Atravesamos el estudio. Allí colgaban micrófonos, esos pequeños aparatos prodigiosos que hoy conocen hasta los niños y cuya invención costó tantos esfuerzos. Se ensayó toda una serie de sistemas antes de conseguir los micrófonos de que ahora nos servimos. El estudio era muy grande: 40 metros de largo por 20 de ancho, nos dijo el director. Sus paredes estaban cubiertas con un curioso revestimiento en el que había gran número de agujeros. El director les explicó a los niños que se habían hecho numerosos intentos para encontrar la cubierta o revestimiento ideal de paredes, techo y suelo en los estudios de grabación. Y aunque hoy se haya avanzado mucho, siempre cabe esperar que sigan produciéndose perfeccionamientos.

En el estudio había también algunas paredes móviles, y del techo colgaban distintos objetos con forma achatada, que evidentemente podían ser subidos o bajados para suspenderlos a la altura que se deseara. Ante la mirada asombrada de los niños, el director volvió a tomar la palabra:

—Todo esto sirve para mejorar la acústica, las condiciones sonoras...

—¿Entonces no son los mismos en todas las grabaciones? —quiso saber Juan.

—¡En modo alguno! Cuelgan en función de los sonidos que tenemos que grabar. Una orquesta de jazz tiene un sonido completamente distinto del de un cantante con acompañamiento de piano, y éste a su vez lo tiene otra vez diferente al de una gran orquesta o un organista. Sí, contempladas desde nuestro punto de vista, no hay una sola voz humana que sea igual a otra. Y así modificamos en cierta medida las condiciones acústicas de nuestro estudio siempre según convenga.

—¿No hay aquí eco? —se interesó un muchacho cuyos conocimientos técnicos ya me habían llamado la atención.

—Para eso están las paredes, ahí: de alguna manera «se tragan» el sonido. Pero en este punto la discusión es hoy muy grande: ¿Hasta qué extremo debe ser «tragado» el eco, esto es, suprimido? Pues un sonido sin nada de eco produce muchas veces un efecto muerto, rígido, irreal. Al grabar, el eco puede ciertamente molestarnos, pero hoy tendemos casi siempre a añadirlo después...

—¡Es fabuloso cómo la técnica lo puede todo! —me asombré sinceramente.

—Sí, a muchas grabaciones les añadimos después «resonancia». Pero, a fuer de sinceros, hay que tener cuidado con estas cosas, pues, si no, todo llega a ser demasido artificioso. Personalmente, muchas veces prefiero una grabación hecha bajo condiciones naturales (por ejemplo en un concierto), aun cuando no sea acústicamente tan perfecta como quisieran mis señores técnicos...

El director pasó a la habitación contigua, donde estaban el cuadro de mandos y los aparatos, y nos rogó que permaneciéramos un rato en el estudio. Lo hicimos gustosos y charlamos animadamente. Vimos que el director y sus técnicos parecían estar divirtiéndose, pues incluso reían con ganas. De repente, resonó un altavoz encima de nuestras cabezas. Se hizo perceptible una algarabía, de la que se destacaba aquí y allá una frase con mayor claridad. El altavoz dijo:

—¿Por qué se ha marchado el director? —y la voz era muy parecida a la de Karin.

—Quizá no sabe cómo debe explicarnos las cosas y ahora pregunta a esos señores —opinó una voz que era igual a la de Pedro.

18. La técnica al servicio de la música

—¿Por qué no se lo pregunta a usted? —se oyó decir a Cristina, a lo que siguió mi respuesta:

—¡Pero niños, el director sabe todo esto cien veces mejor que yo! —Juan añadió entonces:

—¡Encuentro maravilloso todo lo que ha dicho hasta ahora!

Se oyó el asentimiento general y después la exclamación de Rudi:

—¡Estupendo! —luego se escuchó con claridad la voz de otro muchacho:

—La cosa es muy sencilla, mi hermano me lo ha explicado: aquí se hace la música o se habla, y ahí fuera se hace la grabación —Juan le replicó:

—¡Eso está claro!, pero tu hermano no sabía cómo se hace —Rudi dio su opinión:

—¡Creo que no se puede reconocer correctamente la mayoría de las voces!

Ahora todos lo miraron enfadados. ¡No era verdad! Pero sí podía distinguirse perfectamente cada voz por separado...

El director regresó al estudio y se regocijó con la expresión de perplejidad que había en las caras de los niños.

—Eso fue un pequeño ejemplo práctico de una grabación de sonido —rió a gusto.

—Pero también fue una trampa —se dirigió a mí Pedro en voz baja, todavía un poco ofendido a causa de que nos hubieran cogido por sorpresa—, las luces rojas no se encendieron.

—Oh, eso no tiene importancia —le contesté también en voz baja—, sobre todo cuando precisamente lo que se quiere es dar una sorpresa a alguien...

–En las películas de espías pasa siempre esto –dijo Juan, que había escuchado nuestra conversación–. Si allí se encendiese siempre una luz roja, entonces nunca se podría atrapar al espía...

–Venid ahora a ver los aparatos de grabación –nos invitó el director. Entramos en la habitación contigua. Había allí unos grandes mecanismos verticales que tenían puestas cintas magnéticas en unos platos llenos. La multitud de palancas, botones e instrumentos de medición hacía parecer todo aquello muy complicado.

–Con este botón enchufamos los micrófonos del estudio, es decir, los conectamos con los aparatos de grabación que hay aquí. Después dejamos correr la cinta. Y ahora va quedando grabado en ella todo sonido que se produzca en el estudio. Donde está la cinta había antes un disco de cera. Un brazo de grabación iba trazando en él surcos según los impulsos que recibía. Naturalmente, estos surcos los veis hoy también en los discos, pero ya no se hacen directamente en ellos, sino pasando antes por la cinta. Pues la cinta magnética, un invento extraordinario, nos permite correcciones que antes no eran posibles. Aparte de esto, es fácil de manejar y conservar, se deteriora muy poco, esto es, tiene una serie de ventajas que el disco no posee. ¿Os parece bien que hagamos una pequeña grabación? ¿Alguno de vosotros quiere cantar una cosa, y la grabamos?

Naturalmente, nadie se animó al principio; pero después pude convencer a Karin, cuya bonita voz ya me era conocida. Regresamos al estudio, me senté al piano y Karin se situó a mi lado, de pie. Un técnico que había venido con nosotros llevó a Karin a otro lugar, alejado del piano.

–Así su voz no quedará cubierta por el sonido del instrumento, que es más fuerte –nos explicó. Después, colocó un micrófono cerca de la cabeza de Karin y regresó a la cabina de control. Una voz sonó a través del altavoz:
 –¿Preparados? –Karin volvió su cabeza hacia mí, asustada:
 –¿Qué he de cantar?
 –Lo que tú quieras, Karin, esto es sólo una prueba.
 Se tranquilizó y propuso una canción popular que acababa de aprender en el colegio: *En la más bonita de las praderas*. Me pareció muy bien, busqué la tonalidad más apropiada a su fina voz y dije en voz alta:
 –¡Preparados! –primero se encendió una luz verde, seguramente una señal de atención, y pocos segundos después, la roja. Toqué una breve introducción y después cantó Karin. Cuando concluyó, se volvió hacia mí y dijo suspirando:
 –Ay, ¿cómo habrá sonado?
 Se apagó la luz y fuimos rápidos a la cabina de escucha o control. El técnico rebobinó la cinta muy aprisa, luego apretó el botón de parada y en seguida la puso otra vez en marcha, esta vez hacia delante y despacio. Se oyó mi preludio al piano. Después sonó la voz de Karin, un poco tímida en la primera y la segunda frases melódicas. Luego se afianzó y al llegar a: «A ti, silencioso valle», sonó bonita, flexible y plena. Cuando finalizó la canción, hubo unos aplausos y después se escuchó un suspiro: «Ay, ¿cómo habrá sonado?». Todos reímos con ganas y el director dijo:
 –¡Ahora vais a ver cómo se suprimen las pequeñas imperfecciones!

El técnico volvió a rebobinar la cinta hasta el punto donde acababa la canción, y tras hacerla correr hacia delante cinco segundos, la cortó en ese punto. A nuestra pregunta sobre por qué no había realizado el corte nada más concluir la canción, respondió que esto daría un final demasiado brusco, pues –inaudible y sin embargo perceptible– siempre persiste en el aire una resonancia que debe conservarse. El director volvió a tomar la palabra:

–Naturalmente no vamos a hacer un disco con esta canción, pero voy a mostraros cómo se procede cuando es éste el caso. Por favor, Karin, señor Pahlen, regresen al estudio. ¡Empiecen otra vez cuando se encienda la luz roja!

El técnico vino otra vez con nosotros. Modificó un poco la posición del micrófono, pidió a Karin que se colocara un poquito más cerca y abrió un pelín más la tapa del piano. Luego regresó a la cabina de control. En el estudio apareció la luz verde, y después, la roja. Comenzamos de nuevo la canción. Karin calló, sin comentario alguno, una vez que hubo terminado. Se apagaron las luces y corrimos a la cabina. Toda nuestra tropa sentía gran curiosidad por ver cómo había sonado el experimento esta vez. El arranque de la canción era ahora mucho más seguro, y tanto la voz de Karin como el piano sonaron mejor que antes. Esto lo habían conseguido, de una parte, los pequeños cambios dispuestos por el técnico y, de otra, el nerviosismo menguante de Karin.

–Y ahora tendríamos que seguir haciendo grabaciones donde cada vez cambie algo, la posición del micrófono, la distancia de los ejecutantes o la intensidad del registro. De esta manera se consiguen versiones distintas, entre las que hay que buscar después la mejor. ¡Pero no creáis que es tan fácil señalar una única versión como la mejor y trasladarla al disco! Esto sucede raramente. La mayoría de las veces hay que adoptar un proceder complicado, del que os daré sólo un pequeño ejemplo. En nuestra primera versión, nuestra amiga cantó al principio un poco tímida, y después muy bien. Por el contrario, en la segunda versión, cerca del final tuvo una pequeña flema, que quizá no hayáis advertido. En consecuencia, tomamos el comienzo de la segunda versión y el final de la primera, los pegamos por su orden y así tenemos una nueva versión casi impecable...

El técnico realizó estas manipulaciones a una velocidad increíble. Puso la primera cinta sobre una mesa auxiliar, la segunda sobre otra, cortó la mitad de aquélla, luego la mitad de ésta, las juntó, las unió por los extremos seccionados, cogió un trozo de cinta adhesiva blanca, y en un visto y no visto ambas cintas formaban otra vez una sola. Dejó que escucháramos la nueva versión, y todos nos sentimos sumamente contentos. Aquello sonaba estupendamente, y no era perceptible el corte en absoluto.

–Ahí tenéis un ejemplo menor de lo que hacemos –dijo el director–, en verdad bien poca cosa. La sección que acabamos de hacer es, naturalmente, un juego de niños. Hay cortes mucho más difíciles, como cuando se producen incluso en medio de una nota, de una breve pausa respiratoria o algo semejante. Es frecuente que tengamos que desechar tres, cuatro y hasta cinco versiones distintas, tomar lo mejor de cada una de ellas y hacer con esos «restos» un disco que realmente sea irreprochable.

Los niños estaban asombrados. Juan fue el único que se puso muy serio, como si reflexionara intensamente o no estuviera plenamente conforme.

—Disculpe —dijo por fin—, entonces un disco es... ¿cómo podría decirlo? Un disco es, en cierto modo..., o mejor...

Volvió a admirarme la inteligencia del muchacho. Había descubierto algo que muy pocas personas advierten. Y yo sentía curiosidad por ver qué le contestaría el director. Éste comenzó con un carraspeo:

—Mm..., sí... en cierto modo —y después se explayó sin disimulos—: tienes mucha razón, nuestro actual sistema de hacer discos quizá sea... en cierto sentido...; ahora no sé cómo acertar a decirlo mejor, bueno, una pequeña trampa... Mm... podría ser considerado así. Observo que algunas de las chicas mayores os pintáis ya un poco, ¿no es verdad? Pues esto es algo parecido. También ellas hacen trampa un poquito, dicho sea en sentido no peyorativo, intentan corregir la naturaleza, mejorarla. Por supuesto el resultado es muy bonito...

Nuestros muchachos pusieron la risa del conejo y las chicas se sonrojaron un poco. ¿Qué quería decir el director con esto?

—Bien, nosotros también corregimos, mejoramos un poco las cosas. Dejamos que un famoso pianista toque lo mismo diez veces y después tomamos lo mejor de cada versión, lo pegamos por su orden y obtenemos así una versión perfecta, que ciertamente no existe en la realidad. Sucede lo mismo cuando grabamos una ópera. En este caso incluso repartimos la grabación a lo largo de varios días, de manera que los cantantes tienen que cantar sólo un pequeño fragmento en cada sesión de grabación, y así no se cansan. Naturalmente, en un teatro las cosas no son así. Es frecuente que si han cantado el primer y el segundo actos a pleno pulmón, lleguen al tercero un poco cansados; o al revés, puede suceder que se hayan reservado al comienzo para poder disponer de toda su fuerza en el punto culminante del tercer acto. Y así el disco gramofónico ofrece resultados que no existen en la música viva. Esto puede ser un arma de dos filos: pensad, miles de personas se compran un disco del famoso pianista X, quedan encantados y entonces adquieren entradas cuando este pianista X viene a su ciudad para un concierto. Y entonces se sienten decepcionados porque no toca como en el disco... Creen que no se ha esforzado lo bastante o que no está en buena forma, como se dice, o, aún peor, que ya es demasiado viejo y no es capaz de tan grandes esfuerzos. ¡Y no sospechan en absoluto que ha tocado como siempre lo hizo, sólo que hoy no había un técnico para eliminar las pequeñas faltas y que en un concierto únicamente se puede ofrecer una versión, y no tres o seis a elegir!

La mayoría de los niños entendió ahora lo que el director quería decir. Por eso los chicos se asombraron de que Juan hubiera caído en la cuenta antes de la explicación. El director continuó:

—Podemos sentirnos satisfechos con nuestros actuales discos. Estoy convencido de que Beethoven se entusiasmaría si escuchara una de sus sinfonías en nuestros discos modernos, pues apenas podría comprender cuán cerca estamos hoy de sus deseos y sueños. El disco ha experimentado una evolución espectacular en los años posteriores a la Segunda Guerra Mundial. Antes contenía como máximo cuatro minutos por cada cara, y ahora media hora. Y esto refiriéndome sólo al actual disco de 33 revoluciones por minuto, lo que los americanos e ingleses llaman *long-play,* es decir, disco de larga duración. Ahora está comenzando a extenderse una nueva técnica, la del llamado disco compacto, que sólo tiene 12 centímetros de diámetro y puede contener hasta dos horas de música y aún algo más en la cara grabada, pues en estos discos sólo se graba una de las dos caras. En uno y otro caso, esto quiere decir que ya no hay que partir, que «seccionar» las piezas musicales. No es menor la importancia de la eliminación del ruido producido por la aguja del tocadiscos. Ahora apenas la oímos, pero antes molestaba mucho. La lectura del disco compacto se hace incluso por rayo láser, que es un sistema casi revolucionario, y al prescindirse de la aguja se elimina totalmente el ruido de fondo. Todo esto ha sido posible gracias a la reducción de la velocidad de giro. Antes un disco giraba a 78 revoluciones por minuto, y los actuales *long-play* lo hacen a $33^{1/3}$; también hay otros discos más pequeños que giran a 45.

Los niños seguían la explicación con sumo interés. El disco gramofónico les era ya familiar, pero ahora estaban aprendiendo sobre él muchas cosas que no sabían o que sólo conocían de manera esquemática. El director prosiguió:

–Los discos actuales tienen aún otras ventajas. Seguramente ya habréis tenido ocasión de comprobar, con alegría, una de ellas: ¡son casi irrompibles! Probablemente también sabéis ya lo que es la estereofonía. ¿No es así? ¡Un invento extraordinario! Al oír los discos estereofó-

18. La técnica al servicio de la música

nicos, cuyo sonido viene hasta nosotros desde dos altavoces en lugar de uno, tenemos realmente la sensación de estar sentados en el centro con la mitad de los ejecutantes de un lado y la otra mitad al otro, algo que se aproxima a la audición real en una sala de conciertos, cuando toca una gran orquesta, o cuando ocupamos una buena localidad en la ópera. Así de expresivas y presentes resultan todas las voces e instrumentos. Y a esto contribuye otra cosa: hoy grabamos nuestros discos con un sistema que se designa con una denominación inglesa, *high fidelity,* lo que todos conocemos en abreviatura como *Hi-Fi.* En castellano la traducción literal es «alta fidelidad», es decir, extremada fidelidad en la reproducción del sonido, y con ello queremos decir que disponemos de un método mucho mejor que el antiguo. Para los pequeños técnicos que haya entre vosotros, me gustaría añadir que antes sólo podíamos grabar frecuencias de

El descubrimiento de la estereofonía permite hoy que no oigamos ya el cuerpo sonoro como a través de un agujero en el muro (enibe), sino «plásticamente», como lo experimentan los oyentes de los conciertos

hasta 4.000 herzios, y que ahora podemos alcanzar 16.000 y aún más. Los comienzos de la alta fidelidad vinieron por la radio, cuando la onda media fue sustituida por la onda ultracorta. Pero dejemos los aspectos técnicos: en definitiva, hemos intentado todo para dar a los modernos discos gramofónicos la mayor naturalidad del sonido y la mayor calidad. En siglos pasados había que ir a un concierto o a la ópera para oír tal música; hoy la tenemos en nuestra casa, y con una calidad antes insospechada. Cuando a finales del siglo pasado Edison presentó el fonógrafo, inventado por él mismo, la primera máquina parlante, uno de los presentes en aquel congreso científico se levantó y gritó:

–¡No conseguirá engañarnos! ¡Ahí hay escondido un ventrílocuo!

Los niños se echaron a reír.

–Sí, y muchas semanas después, a pesar de que Edison había dado a aquel desconfiado oportunidad de examinar el aparato, aún decía el sujeto:

–Puede ser que no se trate de un ventrílocuo, pero allí hay algún engaño...

Hoy no queda en el mundo una sola persona que ponga en duda la posibilidad de la conservación y la reproducción del sonido mediante el disco o la cinta. El desarrollo ha ido aquí muy aprisa, como en todos los dominios de la técnica. ¡Alegraos por ello, niños, y alegraos por la mucha y magnífica música que podéis oír de esta manera!

Nos despedimos, en la mejor disposición de ánimo, del simpático director, de los técnicos y de los otros numerosos ayudantes y colaboradores que nos fueron saludando

18. La técnica al servicio de la música

Trompeta ante el fonógrafo de Edison durante la grabación

cuando recorrimos aún las habitaciones y cabinas donde la cinta definitiva es convertida en un «negativo», en un disco-matriz, del que se pueden obtener tantas copias como se quiera. ¡Qué extraordinaria posibilidad! Como despedida, el director todavía nos dijo que hay en el mundo muchos millones de discos dedicados a sinfonías de Beethoven. En vida de éste, el número de los hombres que lo conocieron no pasó de unos pocos miles. Ahora adivinábamos que, con el progreso de la técnica, una nueva era ha empezado también para la música...

19. Visita a una emisora de radio

Tío Enrique nos acompañó cuando fuimos a visitar una emisora de radio. Vino para ver cómo habían adelantado nuestras conversaciones musicales desde aquel mediodía que había estado tirando piedras al estanque de mi jardín con Juan y Cristina. Los niños le contaron todo lo que habíamos hecho en el ínterin. ¡Tío Enrique se quedó asombrado! El visitar una emisora de radio era lo adecuado para él, que es ingeniero. Y yo me alegré de que viniera con nosotros, pues aunque he colaborado en la radio mil veces, su técnica continúa siendo para mí un libro lleno de interrogantes.

–La radiodifusión es una cosa prodigiosa –así empecé mis explicaciones, dispuesto a dar paso después a tío Enrique y a los señores de la emisora–: en París habla alguien, en Nueva York toca una orquesta, en Shanghai se canta. Y, con ayuda de la radio, estos sonidos corren por el mundo, saltan por encima de fronteras y mares y mon-

19. Visita a una emisora de radio

tañas. Nos sentamos en una habitación, delante de una cajita a veces minúscula, y movemos unos botones, sin lo cual no pasa nada. Y nuestra habitación se llena de sonidos. Cualquier acontecimiento, en cualquier parte del mundo, puede ser vivido por todo el mundo gracias a la radio, allí donde nos encontremos. ¡Y además en el mismo instante! ¡Cuántos meses se necesitaba antes para que una noticia diera la vuelta al mundo! Y ahora basta un momento, que además es el mismo...

Había llegado a emocionarme con mi propio parlamento. Pero la impresión, en los niños, fue débil. Ya podía estar yo cargado de razón, pero la radio ha llegado a ser para ellos algo tan natural, que lo que les causaba asombro es que alguien hable de esta manera al referirse a la radio. ¡Pero yo confieso que la radio sigue siendo para mí un prodigio! Cuando yo tenía la edad de mis pequeños amigos, construíamos excitadísimos nuestros primeros receptores con un cristal de galena pequeño, un hilo de alambre que tenía que tocar el cristal, una cajita de madera y unos auriculares a través de los cuales percibíamos, con gran esfuerzo, unas pocas palabras, unos pocos ruidos. Desde entonces la radio ha llegado a ser una de las «instituciones» más naturales del mundo. Los niños actuales no pueden imaginarse en qué soledad vivían los campesinos o los ancianos o los enfermos antes de que fuera inventada la radio. Sí, están tan habituados a la radiodifusión, a los discos, al magnetófono, a las casetes y a la televisión, que en su vida apenas hay ya un instante silencioso. De la soledad, de un extremo, el mundo ha caído en el otro, en el no-poder-estar-solos...

Naturalmente, no les dije esto. Me alegraba el interés que mostraba mi tropa por visitar el estudio radiofónico. Querían ver cómo se hacen allí las cosas, y esto era bueno. Querían entender, y ésta es precisamente la tendencia de nuestra época: entender. Especialmente todo lo que sea técnica, las máquinas. Así que mis chicos se las prometían muy felices esta tarde.

Primero entramos en una de las salas de emisión. Estaba relacionada con una cabina de control, igual que en la fábrica de discos. Entre ambas había una pared de cristal. Después vimos otra de estas salas y luego una más. En ninguna se estaba emitiendo.

–Es sábado –dijo el señor que nos acompañaba en nombre de la dirección de la emisora.

–¿Y los sábados no se emite?

–Sí, por supuesto. Pero lo que hoy se emitirá ya fue grabado hace tiempo. Ahora basta con un técnico que coloca las cintas en el plato y las pone en marcha. Después veremos el archivo sonoro, tenemos uno de los mayores que existen: ¡10.000 cintas y seguramente otros tantos discos! Y así grabamos cada emisión con varias semanas de antelación, tranquilos y sin prisas. Antes, todo era emitido en directo, y entonces dominaba en el estudio un nerviosismo insoportable. Pero ahora apenas hay sorpresa, se prueba cada cinta y se calcula su duración antes de radiarla... Por ejemplo, el programa de mañana domingo está contenido en un par de carretes, que ya están dispuestos. Por supuesto, a excepción de las emisiones en vivo: la retransmisión desde la iglesia, por la mañana, y desde el campo de fútbol, por la tarde. Pero para ambas retransmisiones tampoco necesitamos tener

19. Visita a una emisora de radio

en el edificio mucho personal: la unidad móvil, como llamamos al camión transmisor, está ya en ruta y enviará lo que quiera transmitir por línea directa –es decir, una especie de hilo telefónico– a nuestro centro emisor, que entonces lo radiará...

Tío Enrique intervino en la disertación:

—Una retransmisión de radio empieza como la grabación de un disco. El sonido llega al micrófono y, a través de complicados dispositivos, se transforma en ondas eléctricas. Éstas son radiadas y corren por el mundo. Ciertamente, si las radiáramos desde esta sala, no irían lejos, las detendrían los edificios altos de la ciudad. Por

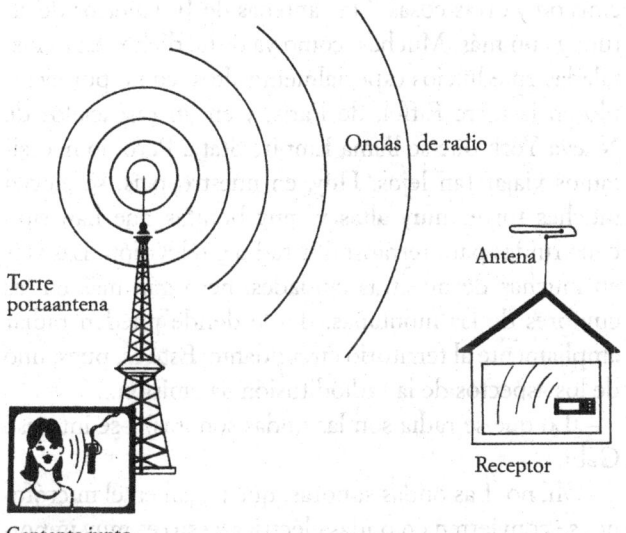

Una retransmisión de radio

ello se emiten desde un punto lo más alto posible, bien sea desde una torre de la ciudad o desde una torre emisora construida ex profeso, la cual, además, puede estar en una colina o montaña próxima... En todo caso, la emisión se realiza desde un mástil de acero...

–¡Antena! –gritaron inmediatamente algunos niños.

–Muy bien. Desde allí parten las ondas de la radio...

–¿Se ven? –preguntó Cristina, que seguramente pensaba en las ondas acuáticas.

–No, pequeña, son invisibles. ¡Si se pudieran ver, entonces el aire estaría lleno de ellas!

–¿Qué altura tienen las antenas? –se interesó Pedro.

–Es muy diferente según la situación, la potencia de emisión y otras cosas. Hay antenas de 100 metros de altura y aún más. Muchas, como ya os he dicho, están instaladas en edificios especialmente altos, como por ejemplo en la torre Eiffel, de París, y en un rascacielos de Nueva York que se llama Empire State. Pero no necesitamos viajar tan lejos. Hoy, en nuestro país, se elevan muchas torres muy altas y muy bonitas que han sido construidas para retransmitir radio o televisión. Las veis en muchas de nuestras ciudades, pero aún más en las cumbres de las montañas, desde donde pueden radiar ampliamente al territorio circundante. Éste es, pues, uno de los aspectos de la radiodifusión, la emisión...

–¿Lo que se radia son las ondas sonoras? –se interesó Gabi.

–Oh, no. Las ondas sonoras, que pegan en el micrófono, se convierten en ondas eléctricas: esto es muy importante. Os lo dije antes, pero no estaría de más explicároslo con más detalle. ¿Recordáis cuál es la velocidad del sonido? ¡Hablamos de ello aquella vez, cuando estábamos en el jardín Cristina, Juan, el señor Pahlen y yo, y vino la tormenta!

—Algo más de 300 metros por segundo —contestaron algunos en seguida.

—Bien. Si yo quisiera retransmitir algo a 1 kilómetro de distancia, que es muy poca cosa, ¿cuánto tiempo emplearía el sonido en recorrerlo? Venga, aproximadamente...

Los niños calcularon. En seguida ya habían hallado que la cosa duraría unos tres segundos. Esto es: ¡10 kilómetros necesitarían medio minuto! ¿Y cuando quisiéramos retransmitir a 100 kilómetros o incluso a 1.000? ¡Entonces el sonido emplearía cinco minutos e incluso cincuenta! Naturalmente, en teoría, pues en realidad no llegaría tan lejos. No, no iría tan lejos, esto estaba claro para todos.

—Entonces, ¿funciona como el teléfono? —preguntó un muchacho.

—Sí, muy parecido. ¡Imaginad que el teléfono tuviera que trabajar con ondas sonoras! Entre pregunta y respuesta transcurrirían muchos segundos o minutos. Cristina telefonea a Elsa. «Buenos días», le dice, «¿cómo estás?», y si Elsa vive aunque sea sólo a un kilómetro de ella, Cristina tendrá que esperar seis segundos para percibir la respuesta: «Bien, gracias, ¿y tú?», pues el sonido primero tuvo que ir con la pregunta, para volver después con la respuesta. ¡La conversación no sería nada divertida!

Los niños rieron.

—Tales cosas son posibles hoy sólo con ondas eléctricas. ¿Podéis recordar su velocidad?

—¡300.000 kilómetros por segundo! —supieron inmediatamente los niños mayores.

—Por eso se puede decir que el sonido alcanza cualquier punto de la Tierra en el mismo segundo de su radiación, sí, en el mismo instante en que se produce. ¡Esto supone, en un segundo, más de siete vueltas al globo terráqueo por allí donde es más grueso, por el ecuador! El aparato emisor transforma las ondas sonoras en ondas eléctricas, y el receptor que las capta —de nuevo con ayuda de una antena— vuelve a convertirlas en ondas acústicas, en sonidos perceptibles por nuestro oído...

—¿Cómo corren las ondas eléctricas? No puedo imaginármelo... —dijo Birgit.

—Tampoco es imprescindible —la consoló tío Enrique.

—¡De manera muy parecida a como lo hacen las ondas en el agua! —dijo Juan, y tanto el técnico de radio, que nos acompañaba, como tío Enrique lo confirmaron. El primero añadió además:

—Sí, más o menos así, pero no sólo de forma circular, como en el agua, sino en todas direcciones y dimensiones.

—¿Y llegan todas las ondas a todos los puntos del mundo? —quiso saber Pedro.

—No. Éste es un capítulo difícil, y realmente no quería tocarlo ahora —dijo el técnico—. Si la Tierra fuera una superficie llana, entonces la respuesta sería afirmativa. Pero es redonda, y las ondas, en principio, corren longitudinalmente, esto es, se alejan de la Tierra. Así pues, si queremos retransmitir a grandes distancias, tenemos que interponer estaciones intermedias, que se llaman también de enlace, de repetición o relevo. Tienen como

19. Visita a una emisora de radio

misión captar las ondas y volver a retransmitirlas, con lo cual, en cierto modo, modifican un poco su dirección... Imaginaos un gran círculo de niños que juegan con una pelota. Uno la tira al más próximo; éste la coge y la tira más allá, pero no en la misma dirección que traía al llegar a sus manos, pues los niños forman un círculo, donde la pelota, cada vez, recibe un nuevo impulso y altera su camino. Así actúan también las estaciones repetidoras con las ondas: cada vez vuelven a reforzarlas un poco...

–¿Y adónde irían las ondas si no hubiera tales estaciones? –preguntaron algunos con gran curiosidad.

–Al espacio. Todos habéis leído alguna vez que los cohetes y las naves espaciales, que el hombre lanza a otros cuerpos celestes o hace girar en torno a la Tierra, pueden estar en permanente radiocomunicación con nosotros...

–Pero en este caso transcurre algún tiempo hasta que las ondas nos alcanzan, ¿no es cierto? –dijo Juan, siempre tan inteligente.

–Sí. Pues si 300.000 kilómetros forman en la Tierra un concepto gigantesco, casi inimaginable, no sucede lo mismo en el espacio, donde hay distancias que ya no podemos medir en kilómetros... –contesté yo.

–¿En qué, entonces? –se interesaron algunos niños.

–En años-luz...; pero nuestro dominio, nuestro verdadero terreno es la música, no la astronomía o las matemáticas o los vuelos espaciales, por muy interesante que resulte todo ello. ¡Y a la música se le plantearán problemas de este tipo sólo cuando queramos retransmitir el primer concierto desde Marte o desde Venus!

Los niños rieron, pero yo permanecí serio:

—Esto parece una utopía... así se llama a las cosas que suenan demasiado fantásticas para que puedan llegar a ser verdad. Pero en este terreno hoy no tengo ya nada por imposible. Sí, incluso algo más: creo firmemente que los cuerpos celestes no sólo emiten luz, sino también sonidos; así, habría una música del espacio, una música de las esferas...

—Mi sobrino ha sido siempre un soñador —opinó mi tío Enrique con tono compasivo—, pero esta vez incluso pudiera tener razón. Es del todo posible que vosotros, los niños de hoy, cuando lleguéis a adultos, seáis ya capaces de impresionar auténticos conciertos del espacio, y quizá con aparatos muy parecidos a los que nosotros empleamos hoy para la radiodifusión...

—¿Quién inventó la radio? —preguntaron algunos de mis pequeños amigos.

—Un físico famoso, Hertz, descubrió el hecho curioso de que las ondas eléctricas pueden saltar de un aparato a otro sin necesidad de emplear hilo de alambre. A estas ondas se las llama hoy ondas hertzianas, en homenaje a su descubridor, y constituyen el fundamento de la radiodifusión y también el de la televisión. Más tarde, el gran inventor Marconi hizo los experimentos decisivos y construyó el primer aparato de radio. Al principio podía transmitir sólo a distancias cortas y con ayuda de longitudes de onda que eran muy grandes, de treinta mil o cuarenta mil metros...

—¡Uf! —suspiró Cristina, que aún no podía representarse nada con cifras, dada su corta edad.

—¿Son hoy mucho más cortas? —preguntó Juan.

—Sí, mucho. Por ejemplo, la televisión trabaja con ondas mucho más cortas. Igualmente, el radar, ese maravi-

19. Visita a una emisora de radio

lloso dispositivo con el que es posible «ver» a través de la noche y de la niebla; lo que, como sabéis, es especialmente importante para barcos y aviones. La radiotelefonía trabaja hoy con ondas largas, que se mueven entre 800 y 200 metros, y ondas cortas, que están por debajo de 200 metros...

Nos pusimos en marcha de nuevo y visitamos una serie de habitaciones que nos aclararon todo esto. En algunas de ellas se grababa, y allí se repetía lo que ya habíamos observado en la fábrica de discos gramofónicos: desde el estudio, donde en un lugar actuaba un locutor, en otro una cantante que se acompañaba con una guitarra, y en un tercero un pianista, los sonidos llegaban a una cabina de control contigua, donde quedaban registrados en cintas magnéticas. En otros espacios vimos la adaptación de las cintas, cómo eran cortadas, es decir, cómo quedaban listas para la emisión. Llegamos así a tiempo de ver cómo una técnica eliminaba todas las «faltas» de una cinta que contenía la disertación de un eminente profesor. Éste, que evidentemente entendía mucho de zoología, pero que no era un locutor experimentado, se había equivocado siempre en la segunda frase y a menudo había hecho «mm...» o una pausa más larga después de cada palabra. Y ahora la técnica eliminaba todo esto por las buenas: ¡era increíble con qué destreza lo hacía! ¡Con qué precisión encontraba en la cinta aquellas partes, que sólo medían milímetros, donde se producían las interrupciones y donde era posible proceder a cortar sin suprimir nada de lo hablado! Y cuando hubo acabado, la conferencia del profesor sonó totalmente distinta, fluida y bien trabada. Juan sonrió y me dijo en voz baja:

—¡De esta manera no es difícil hoy pronunciar un buen discurso!

Y algunos de nuestros chicos pensaron en la fabricación de los discos gramofónicos: la técnica puede llevar a cabo cosas que desfiguran un poco los hechos. ¿Qué dirán los alumnos de este profesor si comparan sus lecciones de cátedra con la conferencia radiofónica? ¡Apenas creerán que se trata de la misma persona!

Después nos fue mostrado el archivo sonoro. En un orden impecable, allí descansaban en sus cajas miles de cintas. Y los discos no eran muchos menos. Me puse a meditar: ¡Aquí estaba almacenada casi la totalidad de la música de nuestro tiempo! Si una catástrofe exterminara a la humanidad sin destruir los edificios, entonces los seres vivos de otros astros que visitasen la Tierra y pudieran poner en movimiento los aparatos hallados por ellos llegarían a saber, incluso miles de años después, cómo sonaba la música de nuestra época.

Me sacó de mis pensamientos la pregunta hecha al técnico por un muchacho. Éste quería conocer la diferencia entre disco gramofónico y cinta magnética.

—El disco va haciéndose mientras un buril metálico, movido por ondas acústicas, graba surcos en la cera. Naturalmente, se trata de estrías muy finas; por eso, a los actuales discos se les llama también microsurcos. La reproducción se consigue a la inversa: la aguja de nuestros tocadiscos recorre los surcos del disco, moviéndose en la dirección en que éstos fueron trazados. Y de esta manera nace de nuevo la música que fue grabada al hacer el surco. En el caso de la cinta magnética la cosa es muy distinta. Una cinta con una capa de óxido de hierro es magne-

19. Visita a una emisora de radio

tizada según los sonidos que le transmite una cabeza magnética.

—¡Es suficiente! —dije, pues pensaba que esto no podría ser entendido por todos los niños que quizá lleguen a leer nuestro libro. Entre tanto habíamos continuado andando y echado una mirada a los cuartos de máquinas, donde había clavijas, palancas, ruedas, botones y cables. ¿Quién sospecha algo de esto cuando, en casa o en el automóvil, enchufa el aparato de radio simplemente apretando un botoncito? Aprendimos aún cosas muy interesantes. Por ejemplo, que todas las longitudes de onda tienen que estar correctamente repartidas en el mundo, pues hay millones de emisoras —estaciones de radio y aficionados— que no deben perturbarse los unos a los otros, dentro de lo posible. En Europa, los programas de radio suelen ser transmitidos por emisoras estatales. Por el contrario, en los Estados Unidos de América todas las emisoras son privadas. Allí un particular puede abrir una estación y vender el tiempo de emisión igual que un periódico vende sus anuncios: a personas que quieren comunicar algo al público o desean hacer la propaganda de un determinado artículo de consumo.

Por último, fuimos guiados a la gran sala de emisión, donde se había congregado la Orquesta Sinfónica de la Radio. Mas este concierto tampoco sería transmitido en directo, sino grabado para una emisión posterior. Los niños rogaron el poder quedarse. Nos fue autorizado bajo la condición de guardar el máximo silencio. El director era un hombre joven, muy nervioso, que estaba limpiándose las gafas. Después hojeó un poco un gran libro que tenía en un atril. Era una partitura, como expliqué a los niños, en la que estaba copiado todo lo que tenía que tocar cada instrumentista.

Luz verde: ¡atención! Se hizo en la sala un silencio absoluto. Luz roja: ¡grabación! El director empezó, los músicos tocaron. Pero a los pocos instantes se apagó la luz y resonó una campana. La orquesta se paró, el director dejó caer los brazos y miró hacia arriba a los técnicos que estaban en la cabina de control.

–Un momento, por favor, maestro –sonó a través de un altavoz–. ¡Se oye poco el oboe!

Y uno de los señores del cuarto contiguo vino al estudio y colocó uno de los micrófonos, que colgaban encima de la orquesta por distintos sitios, un poco más cerca del instrumentista que tocaba el oboe.

–¿Cómo sabe el técnico esto tan bien? –preguntó Ricardo, nuestro músico.

–En la cabina de escucha no sólo hay técnicos de sonido: seguramente hay allí sentado un músico, que va leyendo todo en una segunda partitura y controla el sonido de la orquesta. Pues el director oye sólo lo que suena en el estudio, y los señores de la cabina de control son quienes tienen que decirle cómo resulta la grabación –respondí.

¡Quién hubiera esperado poder escuchar todo un concierto! Realmente, habríamos sido más modestos. Nos hubiéramos conformado con una sola pieza. Pero ni a esto pudimos aguardar. Había tantas interrupciones y repeticiones, que aprovechamos una pequeña pausa para volver a casa.

Los niños estaban asombrados. Jamás hubieran imaginado que costara tanto esfuerzo y trabajo dejar listo un concierto para su emisión por radio. Apretamos un botoncito y oímos la música, a veces sin atención. ¡Y, sin embargo, cuán difícil y pesado es grabar así estos sonidos, para que puedan satisfacer las más altas exigencias! Sí, nuestras expectativas han llegado a ser tan grandes, gracias a los medios técnicos que hoy están a nuestra disposición, como jamás las hubiéramos exigido antes. Cuán distinto ha llegado a ser el mundo en el transcurso de nuestro siglo...

20. Tras la radio, la televisión

—¡Cámara tres! —grita el realizador al tiempo que observa atentamente tres imágenes visibles en los monitores que tiene ante sí.

Y cuando lo dice, la imagen salta a otra pantalla, la número cuatro: la imagen se corresponde exactamente con la que aparece en la pantalla número tres. Lo que se ve es un vasto escenario, ocupado por una orquesta sinfónica. Los músicos se respaldan en sus sillas y tocan sus distintos instrumentos con gran celo. Y delante de ellos, vuelto hacia nosotros, aparece el director de orquesta. Durante algunos segundos podemos observar, a distancia, su gesticulación. Después, el realizador da una orden, pero esta vez no cambia la imagen, como antes, sino que es como si el director retrocediera acercándose a nosotros. Parte de los músicos ha desaparecido, precisamente los que ocupaban la parte de atrás del escenario —lo que llamamos foro—, y por último deja de verse a los que están más próximos al director de orquesta. Al contrario, éste ocupa toda la pantalla. Nuevas órdenes del realizador, pronunciadas con un micrófono que lleva en la mano. Y el rostro del director de orquesta retrocede hacia el extremo derecho de la pantalla, mientras su mano se hace cada vez más grande en el centro de la imagen. Retenemos la respiración. Es emocionante advertir cómo la música, que suena a través de un altavoz, obedece exactamente a los movimientos de esta mano.

—¡Cámara uno! —vuelve a oírse la voz del realizador. Y repentinamente desaparece la imagen con la mano, y en la pantalla número cuatro aparece el grupo de instrumentos de viento: no es difícil distinguir las trompas, las trompetas, los trombones; y a la derecha, aunque nada tengan que ver con los «metales» incluso son visibles dos

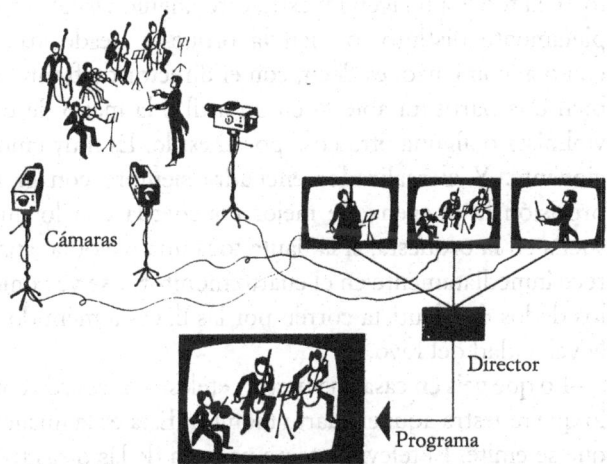

Retransmisión televisiva con tres cámaras

contrabajos. Y esta imagen es justamente la misma que puede verse en la primera pantalla.

Las imágenes de los monitores cambian constantemente. Evidentemente no lo hacen por sí mismas, sino siguiendo órdenes del realizador, que no podemos oír en el rincón algo apartado donde nos apiñamos para observar el proceso. Es como si el realizador dijera a unos hombres invisibles cómo tienen que enfocar determinadas imágenes. Cuando suena alta una orden –«¡Cámara uno, dos o tres!»–, entonces la imagen pasa inmediatamente al quinto monitor, que concuerda siempre con uno de los otros tres. Y el realizador procura que las imágenes, en estos tres, resulten siempre lo más distintas que sea posible. Si en el primero se ve toda la orquesta observada por delante, en el segundo se aprecia un pequeño grupo de la misma, cuerdas, percusión o viento. Y la tercera imagen muestra otro ángulo visual completamente distinto: o bien la orquesta desde atrás, como al comienzo, es decir, con el director de frente, o bien una partitura abierta en un atril o la mano de un violinista o alguna otra cosa por el estilo. Es muy emocionante. Y el realizador encuadra siempre con gran precisión la imagen que mejor concuerda con lo que suena en la orquesta: si la flauta toca una melodía, aparece inmediatamente en el cuarto monitor, y se ve cómo los dedos del flautista corren por las llaves a menudo a la velocidad del rayo.

–Lo que veis en casa en vuestras «teles» concuerda con lo que muestra aquí el cuarto monitor. Ésta es la imagen que se emite. El televidente no ve nada de las otras tres –les expliqué a los niños durante un descanso–. Tres imágenes, esto significa que la retransmisión se está haciendo con tres cámaras...

—¿No son siempre tres? —quisieron saber algunos.

—No. Para emisiones más reducidas, por ejemplo, diálogos o una conferencia o la actuación de un pianista, basta con dos cámaras. Pero a veces se emplean cuatro o incluso más. Los señores que las manejan, esto es, los cámaras, reciben a través de auriculares las precisas indicaciones que les hace el realizador.

—Como en el cine, ¿no es así? —preguntó Karin.

—Sí, televisión y cine están estrechamente emparentados. En el caso de la televisión, las imágenes capturadas por las cámaras pueden ser emitidas inmediatamente. También es posible grabarlas y emitirlas después...

—¿Quién inventó la televisión? —preguntó Alfredo.

Hube de reconocer que no lo sabía con exactitud. A lo más que llegaba era a tener claro que el descubrimiento no habría sido posible sin las ondas hertzianas. Tuve otra vez suerte, pues el realizador se había apartado de su mesa para venir a nuestro lado. Le alegraba mucho la visita de los niños. Y como oyera la pregunta sobre los orígenes de la televisión, respondió así:

—No sería imposible hacer retroceder el origen de este extraordinario invento hasta... ¡el año 1817! Ese año, el químico sueco Johann Jakob Berzelius descubrió un elemento al que llamó selenio. Años después este elemento fue el principio del telégrafo de imágenes. Tendríamos que nombrar ahora a Carey, un inventor norteamericano que en 1875 descubrió un sistema muy primitivo de televisión. Después fue más importante Paul Nipkow, que realizó experimentos decisivos en 1884. Pero fuera de algunos hombres de ciencia dotados de una gran fantasía, nadie pensó todavía durante mucho tiempo en la posibilidad de la televisión tal como hoy la conocemos. Sólo en nuestro siglo fue cayendo la televisión más y más dentro del campo visual de círculos más amplios. En el año 1923, Wladimir Zworykin inventó el iconoscopio, el tubo o válvula de grabación, que es el más importante componente de la cámara de televisión. La imagen capturada por la lente de la cámara, por el objetivo, aparece allí sobre una emulsión de cesio y óxido de plata que hay en un disco de cristal extraordinariamente delgado. Y allí un rayo de electrones bombardea la imagen a la velocidad del relámpago, tras lo cual tenéis que imaginaros que esta imagen se descompone en un sinnúmero de pequeños puntos de luz. El registro de la imagen tiene lugar punto por punto en 625 líneas. El rayo de electrones transforma tan rápidamente todos estos puntos en impulsos electrónicos, que al recibirse la retransmisión en nuestras «teles» toda la imagen vuelve a recomponerse ante nuestros ojos.

Me sentí un tanto mareado al escuchar todas estas explicaciones técnicas, pero nuestros chicos mayores pusieron cara de entenderlas perfectamente. Cristina miró primero a su hermano y después a mí, en demanda de auxilio. Sonreí para infundirle ánimos, como si quisiera decirle: cuando seas mayor, también entenderás todo esto. Pero naturalmente yo no podía confesar que, en cuanto músico muy activo en televisión, entendía bien poco de los aspectos técnicos.

–También debe citarse a Philo Farnsworth, que en 1928 realizó avances decisivos. En resumen, puede decirse que la televisión era ya un hecho en los años inmediatamente precedentes a la Segunda Guerra Mundial. La guerra aplazó su aplicación. Las retransmisiones regulares comenzaron en los años cincuenta, y pronto apenas hubo un país que no tuviera su televisión propia. Pero a diferencia de la radio, cuyos programas pueden llegar a ser recibidos en todo el mundo, la televisión tropieza con fronteras bastante estrechas. Para ella, 100 kilómetros es ya una distancia demasiado grande. Con ayuda de estaciones repetidoras, que captan la imagen y vuelven a transmitirla, puede salvarse este obstáculo. Obviamente, la instalación de las antenas en lugares elevados ayuda también a la transmisión...

—Como en la radio —dijeron algunos niños que recordaban nuestra reciente visita al estudio radiofónico.

—Exactamente. En el Empire State de Nueva York...

—... Hay antenas de radio... —añadieron los niños.

El técnico sonrió:

—No sólo antenas de radio, también hay instaladas allí antenas de televisión. Los países con altas montañas tie-

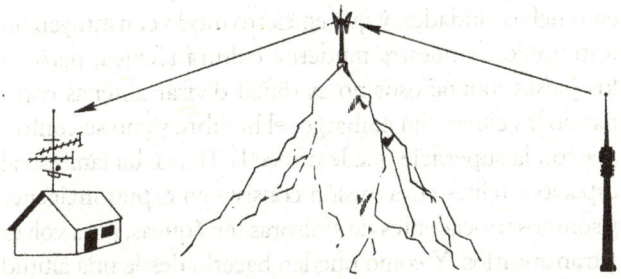

Transmisión de televisión

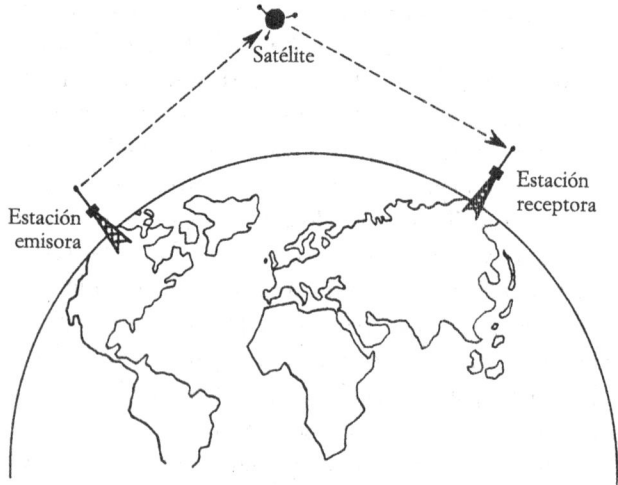

Transmisión entre dos continentes de un programa de televisión con ayuda de un satélite

nen evidentes ventajas en este dominio. En Colombia, hay una antena de televisión a 5.400 metros de altitud, y en México muchas sobrepasan los 4.000 metros. En los países llanos se acude a esas esbeltas torres que podemos ver en muchas ciudades, y que en cierto modo constituyen un testimonio de nuestra moderna cultura técnica; pero en los países montañosos no es difícil divisar antenas coronando las cimas. Sin embargo, el hombre ya no se conforma con la superficie que le ofrece la Tierra; ha lanzado al espacio satélites cuya misión consiste en captar imágenes y sonidos procedentes de emisoras terráqueas, para volver a transmitirlos. Y como pueden hacerlo desde una altitud tan grande, sus ondas llegan a muchos puntos de la Tierra.

20. Tras la radio, la televisión

Se puede emitir de Europa a América, y viceversa, y aún a distancias mayores. Así alcanza su realización un viejo sueño de la humanidad: estar en relación con todos los hombres del mundo en el mismo instante. ¡Oír, ver y experimentar lo mismo que todos! ¡Podéis imaginaros lo que esto puede significar para la música!

Se avisó al realizador para la continuación de la grabación. Tomó asiento frente a la mesa, justo en el centro. Ahora pudimos observar con toda tranquilidad cuál era el proceso. Había allí realmente dos espacios separados por ventanales. En uno de ellos estaba dispuesta la dirección escénica, con el realizador en el centro y a su lado una señora que, siguiendo sus órdenes, disponía el encuadre apretando distintos botones, esto es, conectaba una de las cámaras según el realizador pidiera la uno, la dos o la tres. Pronto advertimos que había varias posibilidades de conectar o desconectar una imagen: en seco, de manera cortante, o haciéndola desvanecerse. A veces incluso era posible ver simultáneamente dos imágenes superpuestas, lo que producía un efecto muy bonito: por ejemplo, en el lado izquierdo del encuadre pudimos ver la mano del director con la batuta, y en el derecho las del violonchelo que en ese momento tocaba un solo. Aunque en realidad, en la sala, estaban bastante separados entre sí, la imagen los presentaba muy próximos el uno al otro, y era muy interesante observar cómo sus movimientos iban de acuerdo: por decirlo así, el director dibujaba en el aire la línea melódica que el violonchelista desarrollaba con su instrumento.

En la habitación contigua estaba la dirección de sonido, que, naturalmente, tenía especial importancia en emisiones musicales como la que allí estaba teniendo lugar. Como en la radio, también había aquí expertos en música. Pero tras estos espacios de dirección técnica aún existían controles invisibles: un control de imagen y otro de sonido. En televisión, la imagen y el sonido se graban por separado. Al igual que el realizador de imagen da instrucciones, con ayuda de un micrófono, a los cámaras situados en el estudio, así se comporta el realizador de sonido con el técnico que también ocupa su puesto en el estudio. Éste dispone de distintos tipos de micrófonos: unos móviles que cuelgan altos y sirven para grabar emisiones de piezas de teatro, siguiendo en su recorrido a los actores de manera que siempre se les oiga bien; otros fijos, para conciertos o retransmisiones deportivas; y aún otros muy pequeños, que se colocan al cuello como el colgante de un collar o se prenden en las solapas de las chaquetas, y que están concebidos especialmente para locutores y entrevistados.

Los niños no salían de su asombro. ¡Cuántas cosas tenían que funcionar a la vez para producir una retransmisión de televisión! Lo que abarcábamos y comprendíamos en aquel instante no era más que una pequeña parte del conjunto. No ha de extrañar, pues, que las preguntas se amontonaran cuando concluyó el concierto y el técnico volvió a ponerse a nuestra disposición con extraordinaria gentileza.

–Hoy pasa en la televisión lo mismo que en la radio: sólo se emite en directo una pequeña parte de los programas, «en vivo», como decimos en nuestra jerga. Casi todo se graba previamente...

–¿Por qué? –fue la pregunta general. No, esta vez no fue Cristina quien la hizo, pues todo esto resultaba un tanto incomprensible para la chiquilla. Los preguntones eran los chicos mayores.

–Es bien sencillo. Una grabación puede prepararse con total precisión, puede ser repetida, en la totalidad o en parte, hasta que resulte perfecta. Hay dos tipos de grabación: la magnética y el filme. La grabación magnética se realiza en una cinta ancha que está hecha del mismo material que las que se emplean en los magnetofones, y en esta cinta van juntos la imagen y el sonido. Por el contrario, en el caso del filme, imagen y sonido van separados. La película conserva la imagen, el sonido va en una cinta, y ambos tienen que correr sincronizados. Seguro que ya sabéis lo que quiere decir esto: exactamente al mismo tiempo, con plena concordancia. Pero esto requiere una máquina perfecta. La película y la cinta tienen que iniciar la marcha al mismo tiempo, para que puedan girar con idéntico *tempo*...

Las explicaciones del realizador me tenían un poco asustado, pero volví a observar que las caras de los chicos y chicas mayores expresaban plena comprensión. Incluso pareció que entendían lo que el realizador pasó a explicarles después sobre algunos aparatos individualizados: instrumentos de modulación, selectores, etcétera. Afortunadamente, pronto renunció a los detalles y en su lugar se dedicó a hablar con mis pequeños amigos, que le contaron cosas sobre el libro que habíamos planeado y sobre nuestras veladas musicales, tan ricas en impresiones. Como Karin le dijera que finalmente llegaríamos a cantar y a hacer música juntos, el realizador nos invitó cordialmente a intentar hacer entonces una grabación en el estudio. El entusiasmo fue enorme.

—¿Entonces tendremos que estar ahí abajo, en el estudio? —preguntó Elsa.

—Naturalmente. Haré que instalen un par de gradas para que el conjunto sea bien visible y a la vez sea posible distinguir perfectamente a cada uno de vosotros...

—¿Con cuántas cámaras trabajará usted? —quisieron saber algunos.

—Con dos, creo, quizá también con tres...

—¿Y con cuántos micrófonos?

—Eso depende de muchas cosas y sobre todo de vuestro director —dijo el realizador vuelto hacia mí—. De si ha de haber en vuestro grupo solistas, de si cantaréis a varias voces, de si habrá acompañamiento instrumental...

—Ya podéis ir aprendiendo una cosa —reí de buena gana—. ¡No mirar a la cámara! Tendréis que cantar y tocar exactamente igual que en un concierto...

—Incluso también cuando, quizá, una cámara avance hacia vosotros y se coloque muy cerca... —añadió el realizador.

Después nos propuso que diéramos otra pequeña vuelta por la casa de la televisión. Entramos en los grandes estudios. Éstos se diferenciaban de los de la radio ante todo por una multitud de cuerpos de iluminación, que en parte se apoyaban en el suelo y en parte colgaban del techo. Eran reflectores de todas clases, los cuales, como nos explicó el realizador, tienen que ser dispuestos de una manera o de otra para cada grabación. ¡Aquello estaba cerca de ser una auténtica ciencia! Para medir la intensidad de la luz hay fotómetros especiales. Con su ayuda, antes de la emisión, se controla si cada rincón útil recibe suficiente luz. Pero hay también grabaciones durante las cuales la luz tiene que ser graduada, como en las películas. Por ejemplo, en escenas teatrales que se desarrollan de noche, pero en las que naturalmente no puede haber una oscuridad total, pues, si no, la cámara no podría ver ni captar nada...

Examinamos las cámaras. Cuando se abrió la tapa lateral, se vio tal cantidad de cables, hilos y cosas enigmáticas, que nos quedamos totalmente confundidos. Cada cámara tenía delante –«en la nariz», como dijo Cristina– una luz roja, que se encendía sólo cuando la cámara estaba en funcionamiento. Es decir, cuando arriba, en el cuarto de dirección, el director de imagen ordenaba: «¡Uno!»; entonces su ayudante, la mezcladora de imagen, conectaba esta cámara número uno, y simultáneamente se encendía la luz roja, la cual significaba la señal de entrada, de comienzo, para el locutor o el artista al que apuntaba la cámara.

Ahora los niños quisieron saber todavía cómo se consigue el color en la televisión. El realizador explicó sólo que la televisión en color descompone cada imagen en tres colores: rojo, azul y verde. En la cámara de color hay dispositivos de retransmisión específicos para todos los tonos del rojo, para todos los del azul y todos los del verde; y en un punto central se reúnen, por decirlo así, y vuelven a reproducir la imagen original. Naturalmente, esto sucede a tal velocidad que el espectador no advierte nada del complicado proceso.

Vimos los grandes espacios donde se revisan las películas, tanto las tomadas en el estudio local como las procedentes de otras estaciones. También vimos otros cuartos para las cintas magnéticas. Por todas partes grandes aparatos de control y una multitud de otros dispositivos. Después vinieron los camerinos donde se procedía a maquillar a los colaboradores. El realizador nos explicó que en la televisión el actor ha de ser maquillado como si saliera al escenario. Vimos también los cuartos de ensayo, en los que había mucha actividad. Y después el realizador nos dejó echar una mirada a la planta técnica: ¡Aquello era casi una pequeña ciudad! No hay duda, vivimos en una época técnica; la electricidad y la electrónica realizan verdaderos milagros, de los que hace una o dos generaciones sólo podían presentir algo unos pocos espíritus muy atrevidos...

Durante el camino de regreso mantuvimos, como siempre, una conversación muy animada. Intenté poner en relación con la música todo lo que habíamos visto. ¿Cómo influiría la televisión en la música del futuro? Éstas son algunas de las interesantes preguntas que hoy se plantean en todas partes: ¿Cómo sonará la música de nuestra época técnica? ¿Se practicará la música todavía como en tiempos de Mozart y de Chopin? ¿Querrán los hombres seguir oyendo música romántica como las que compusieron Schubert y Tchaikovski? Mis pequeños amigos viven una época llena de novedades, de inventos y de descubrimientos inauditos. Pese a ello, disfrutan con la música igual que nosotros y como lo hicieron nuestros padres y abuelos. ¿Es la música, por tanto, algo duradero, perenne? Esto es lo que espero, y por ello escribo este pequeño libro con la ayuda de mis jóvenes amigos...

21. Por último, una visita al estudio de cine

Aunque ya habíamos estado en una fábrica de discos, en un estudio de radio y en otro de televisión, mis pequeños amigos insistían en visitar también un estudio de cine. Cristina opinaba que esto era imprescindible en nuestro libro, y todos los demás la apoyaron con tanta vehemencia que no pude decir: «¡No!». Y así, fuimos a un estudio cinematográfico.

Se abrió para nosotros ese mundo prodigioso del cine, en el que no hay nada imposible, donde ratones tocan el piano, hombres voladores llevan a cabo fantásticas hazañas, y caminan juntas estrechamente unidas la ficción y la realidad.

–Naturalmente, vosotros no recordáis la época del cine mudo –les dije por el camino–, pues en aquel tiempo no estabais todavía en el mundo. Durante décadas el cine fue mudo, era posible impresionar imágenes, pero no combinarlas con sonidos. En aquel entonces, el cine, lógicamente, no habría tenido cabida en nuestras conversaciones, aunque la proyección de películas iba acompañada muchas veces por un pianista o por orquestinas que subrayaban el carácter de las escenas: alegría, miedo, una despedida, la llegada de un tren, etcétera... Sólo cuando el cine mudo se convirtió en cine sonoro, se abrió realmente un nuevo y amplio campo para la música. Hoy la música de cine es una ocupación interesante para muchos compositores actuales.

Llegamos al gran edificio de la empresa cinematográfica. Se nos hizo entrar en cuanto fuimos anunciados. Tras corta espera apareció uno de los directores comerciales y nos rogó que le siguiéramos. Nos llevó a través de varias amplias plantas y por fin llegamos al estudio de grabación. Allí vimos los decorados y los escenarios más diversos.

–Aquí rodamos, dentro de lo posible, todas las escenas interiores de nuestras películas. Para ello levantamos lo que sea necesario, desde un hotel moderno a una ciudad medieval... Seguramente pensaréis: ¿Para qué el hotel moderno? ¿No sería mucho más fácil filmar en un hotel de verdad? Quizá, pero a pesar de ello preferimos construirlo aquí.

–¿Por qué? –preguntó inmediatamente Cristina.

–Por muchas razones. La primera, para evitar las molestias que tendríamos que causar a los huéspedes del hotel. El rodaje de una película dura muchas horas, a menudo incluso días enteros, y entonces les fastidiaría sobremanera el no poder ir y venir con entera libertad. Además, el rodaje de una película llama mucho la atención, se congregan muchas personas para verlo, y noso-

21. Por último, una visita al estudio de cine

tros no las necesitamos. Pero ante todo, por los ruidos. La moderna cámara sonora capta todo lo que sucede, así que el barullo en las habitaciones o en el comedor, el chocar de platos que viene de la cocina o la bocina de un coche podrían arruinar la toma... Precisamente aquí están los decorados para las escenas que vamos a filmar hoy. ¡El rodaje empieza dentro de unos pocos minutos! ¡Podréis verlo un poco en aquel rincón de allí!

En una esquina de la gigantesca sala aparecía construido un salón con muebles y candelabros dorados; estos últimos resplandecían con sus velas. En el centro había un piano de cola, blanco y dorado. Uno podía creerse en una rica casa burguesa a comienzos del siglo XIX.

Nos situamos mientras la escena se llenaba con personas, con damas y caballeros que vestían trajes de aquella época. Se sentaron y dispusieron en sillas y sofás tal como fue agrupándolos el director. Luego se acercó un vehículo rodante sobre ruedas de goma, en el que estaba montada una cámara. Parecía en todo semejante a las de la televisión, pero ésta llevaba un rollo mayor para la película. Y en el vehículo, junto a la cámara, estaba instalada una silla pequeña, en la que después se sentó el director cuando empezó el rodaje.

La escena comenzó en este sitio. Damas y caballeros estaban enfrascados en animada conversación, y un joven se acercó a una señorita y la llevó junto al piano. Esta breve escena hubo de ser repetida varias veces, hasta que el director estuvo contento y dijo:

—¡Y ahora, la música!

Para nuestro asombro, ahora se representó lo siguiente: el joven, que se había sentado al piano, hizo correr sus dedos sobre las teclas, como si tocara, y la señorita abrió la boca, como si cantara. Pero, en realidad, ninguno hizo tal cosa, pues por un altavoz sonó una canción con acompañamiento de piano. Hubo que repetirlo tres o cuatro veces, hasta que el director preguntó:

–¿Podemos tomarlo ya?

Ambos actores estuvieron de acuerdo. Y ahora fue rodada la escena. Realmente podía dudarse si el pianista no tocaba de verdad y si la cantante no cantaba, tan coordinados resultaban los movimientos de sus manos y boca con la música del altavoz. La toma fue repetida también varias veces. Después, el director dijo:

–¡Gracias! ¡La próxima escena, dentro de media hora!

Los niños asediaron al director comercial a preguntas:

–¿Qué era eso? ¿No cantaba la joven de verdad? ¿Y el pianista no tocaba ni una nota? ¿Por qué?

–No tocaron ni cantaron por la sencilla razón de que ya lo hicieron ayer en un estudio de sonido adecuado...

–¿Como en la radio? –preguntó Pedro.

–Exactamente. Voz y piano fueron grabados en cinta, y hoy han sido reproducidos aquí; acabáis de oírlo por el altavoz...

–¿Por qué se hace así? –quisieron saber muchos.

–Tenemos nuestros buenos motivos. En las escenas habladas muchas veces se pueden grabar simultáneamente imagen y sonido, y ello porque la cara del actor o del locutor no se desfigura, lo que sí sucede a menudo al cantar. Cuando se está cerca del cantante (y así le sucede frecuentemente a la cámara), se ve el esfuerzo, la tensión de los músculos del cuello, la boca abierta al máximo. Aparte de esto, apenas es posible atender simultáneamente a la imagen y al sonido musical. Se tiene mucha mayor libertad de movimientos cuando se trabaja con *play-back*, como llamamos a este procedimiento. La mayoría de los vocablos que se emplean en el cine y en la televisión vienen del inglés, o mejor dicho, del «americano», pues ya se sabe que la mayoría de los inventos en este dominio se ha hecho en Norteamérica, y ante todo los más importantes y más difundidos por todo el mundo. Al hablar de *play-back* se trata de la grabación de imagen y sonido por separado. Primero se impresiona el sonido con la perfección que requeriría un disco o una grabación para la radio. Y después es reproducido tantas veces como sea necesario hasta sincronizarlo con la imagen, es decir, hasta conseguir su exacta coincidencia o concordancia. La cantante y el pianista que habéis visto tienen que seguir exactamente el sonido, ella con los movimientos de boca, él con los dedos, de manera que resulte la impresión de total autenticidad. Después, sonido e imagen son copiados juntos en la misma banda, en la misma película.

–¿Se filman siempre así las escenas musicales? –preguntó Juan.

–¿Imagen y sonido por separado? Sí, casi siempre. Tan a menudo como se pueda. En otro tipo de impresiones se procede de manera semejante, pero también a la inversa. Frecuentemente se filma, en el lugar de que se trate, sólo la imagen, y por el contrario el sonido es copiado después en el laboratorio. Los estudios cinematográficos poseen en sus archivos sonoros, lo mismo que las estaciones e radio o de televisión, una colección con todos los ruidos posibles: un tren en marcha, otro que está parado, distintos tipos de autos, un tranvía, sirenas de barcos, el murmullo de una masa humana, ladridos, el trotar de un caballo por el adoquinado, por el campo, por la nieve, y mil cosas más. Si se filma una escena muda, se le suministran después los sonidos necesarios, sin los cuales parecería gélida, muerta. La filmación utiliza este procedimiento en otros casos, como éste: dos personas conversan en la calle en medio del ruido de la gran ciudad. Si tomáramos simultáneamente la imagen y el sonido, probablemente el ruido de la calle sería mucho más fuerte y apenas se entendería nada. Así que se filma la imagen y luego se le añade la conversación y los ruidos. Por último, con esta técnica se sincronizan películas enteras, cuando se trata de películas en otro idioma que son dobladas al nuestro. Como sin duda sabéis, hay dos posibilidades de exhibir películas extranjeras; una, la más sencilla, consiste en subtitularlas, es decir, en traducir el guión y hacerlo aparecer en la parte inferior del encuadre. Este sistema tiene muchos inconvenientes –ante todo que uno se distrae y no sigue bien la imagen–, pero a cambio ofrece la ventaja de escuchar la auténtica voz del actor, aun cuando se trate de un idioma que se entiende poco o nada. El otro método es una sincronización: para ello, en todos los países hay especialistas cuyas voces se parecen, dentro de lo posible, a las de los actores originales, y que pronuncian el texto en la lengua patria ajustándose al original de la película; a veces es tan exacta la sincronización, que la traducción procura que coincida la pronunciación de las mismas vocales, pues, para una A, la boca se abre de forma distinta que para una E o una I...

21. Por último, una visita al estudio de cine

—Por favor, dígame —preguntó Karin—: ¿Entonces la persona que realmente canta no puede ser la misma que actúa?

—Realmente, no. Es ésta una cuestión que se nos plantea a menudo en las películas musicales. No se puede pretender de un buen actor que sea al mismo tiempo un gran pianista; y viceversa, una distinguida cantante de ópera no tiene por qué tener un rostro fotogénico, ¿no es verdad? Y así hay que echar mano de medios auxiliares y hacer que primero cante el cantante y después se grabe, en *play-back,* la actuación del actor, como ya habéis visto. Pero os aseguro que esto significa un trabajo pesado y muchos ensayos y repeticiones...

—¿Las personas que actuaron antes eran las mismas que cantaban y tocaban? —se interesó Ricardo.

—Sí. Ciertamente, el joven actor es un excelente pianista, y la actriz tiene una bonita voz...

—... ¡Pero muy fuerte! —dijo Birgit.

—¡No, justamente lo contrario! —contestó sonriendo el director—. Antes bien, tiene una voz pequeña y débil, pero muy agradable. Para nosotros es mejor esto antes que esas voces voluminosas, que no siempre son fáciles de adaptar al micrófono. ¡Además, es posible reforzar las voces débiles o de estructura infantil mediante procedimientos eléctricos! Aún habría mucho que hablar sobre el papel de la música en el cine. ¿O sería más apropiado decirlo al revés y hablar del papel del cine en la música? En todo caso, música y cine se entienden a las mil maravillas. Hay incluso películas dedicadas en su totalidad a la música. Puede tratarse de óperas o de operetas filmadas, terreno en el que a menudo trabajamos conjuntamente con la televisión, que cada vez se interesa más por el género lírico. También hay películas sobre temas relacionados con la música: pensad en cuán a menudo se ha llevado a la pantalla la vida de un gran músico (¡Beethoven, Chopin, Schubert, Wagner!); naturalmente, la música desempeña allí un papel de especial importancia. En resumen, lo que quiero deciros es que apenas hay películas que de una u otra manera no lleven incorporadas escenas musicales o canciones, o al menos música de fondo. Muchas veces utilizamos la música como elemento ambiental; si la escena representa un bello paisaje, una melodía sentimental refuerza el efecto, y para escenas inquietantes, en películas de miedo o de fantasmas, hay un tipo de música que refuerza la tensión o incluso el miedo. Cae por su propio peso que una música alegre predispone al espectador a disfrutar de una comedia. Pensad en esas encantadoras películas de dibujos animados, por ejemplo en las de Walt Disney: ¿qué serían el ratón Mickey y el pato Donald y el perro Pluto sin música? Y como hay tanta música en las películas, todos los estudios cinematográficos emplean a sus propios músicos, una profesión que requiere capacidad y destreza en varios terrenos. Un músico de cine no solamente ha de componer bien, también tiene que saber distribuir su música para que tenga la duración exacta que corresponde a cada escena. El encargo que recibe dice a lo mejor así: 2 minutos y 37 segundos de música grotesca para una escena loca en la pantalla. Y entonces tiene que ser exactamente 2 minutos y 37 segundos...

Después de ser conducidos a través de otras salas y cabinas –cuarto de montaje, laboratorio, sala de sincronización, estudio de doblaje, etcétera–, el director se despidió cordialmente de nosotros con el ofrecimiento de hacer una prueba de filmación con nuestro coro en cuanto estuviera suficientemente preparado.

–¿Con *play-back?* –preguntaron algunos niños inmediatamente.

–Probablemente –dijo el director–. Es más sencillo, y además es mejor para el sonido. Vuestro director podrá trabajar así, porque ya lo ha hecho muchas veces –añadió sonriendo, al tiempo de despedirse dándome la mano.

–¿Entonces usted mostrará después quizá otro coro? –preguntó Karin, asustada. Todos reímos.

–¿Por qué debía de hacerlo? –contestó el director–. ¡Sois bastante guapos!

–¿O quizá hará que cante otro coro y que salgamos nosotros en la imagen? –dijo Pedro.

El director rió con ganas:

–¿Es que acaso no cantaréis lo suficientemente bien? ¡Yo espero que sí! Lo haremos sin trucos, pues sólo los utilizamos cuando no nos queda otro remedio. ¡No penséis que queremos engañar al público! En vuestro caso, filmaremos la imagen y grabaremos el sonido: ¡no tengáis miedo!

Durante el camino a casa predominó un ambiente estupendo. Ahora todos querían hacer música sin tardanza. A la mañana siguiente habría reunión en mi casa, y todo aquel que poseyera un instrumento y pudiera tocarlo, debía traerlo consigo. Quizá acompañáramos nuestro canto con algunas intervenciones instrumentales.

—¡Y ahora olvidad un poco la radio, los discos, el magnetófono y la televisión! –les dije a los niños–. La técnica ha llegado a ser muy importante en nuestro tiempo, y en la actual vida musical juega un papel muy significativo. Pero la técnica debe seguir siendo sólo un medio auxiliar, no convertirse en un fin. Hacer música es y será una cuestión del corazón y del sentimiento humanos. Quizá sepáis ya que hoy no sólo es posible reproducir música con ayuda de la técnica, sino que incluso se la puede crear. Hay música electrónica que ya no se hace con voces e instrumentos, sino que se produce con un dispositivo electrónico y se graba directamente en una cinta. Hay también música que ya no es pensada por el hombre, sino que es ordenada por computadoras, por gigantescos cerebros electrónicos. Pero, para mí, la música tiene que proceder siempre del hombre, de sus sentimientos y emociones. Pues sólo así puede volver a afectar al sentimiento humano. «Viniendo del corazón, para volver a él», ha escrito Beethoven sobre una de sus grandes composiciones. Los extraordinarios medios técnicos de nuestra época deben ayudarnos a llevar la música a cualquier parte donde haya hombres y mujeres sensibles, receptivos. Pero no deben llegar a ser un fin en sí mismos, no deben desbancar a la música. Y la mejor música es y será la que hace el hombre por sí mismo. Así, vamos a empezar a hacer música. Si será buena o bonita, ésa es otra cuestión. ¡Pero, y ahora seguramente os asombraréis de que yo, como músico, os hable así, en principio, esto no es tan importante! La música debe hacer a los hombres más dichosos, mejores y más sencillos: ésta es su principal misión; al menos, yo así lo creo...

22. Nace un coro infantil

Ahora estoy otra vez sentado aquí, en mi estudio, como en aquella otra ocasión cuando dos niños, Cristina y Juan, entonces desconocidos para mí, asomaron la cabeza por la puerta. Y tengo delante las hojas de este libro que he escrito a ruego suyo. ¡Cuántas han llegado a ser! ¡Cuántas hojas y cuántos niños! Aún sonrío al recordar la pregunta de Cristina: «¿Podemos volver mañana?», hecha pensando ya en recoger el libro. Después volvieron al día siguiente, y luego al otro y al otro, y así muchos días más a partir de entonces. Y con ellos vinieron niños y más niños, curiosones al principio y pronto entusiasmados con lo que hacíamos. Hemos vivido juntos todo aquello de lo que habla este libro. Cada nueva reunión nos trajo nuevas aventuras, nuevos descubrimientos, nuevas experiencias, nuevas alegrías.

Ahora debo contar lo que sucedió en las semanas que siguieron a la visita al estudio cinematográfico. Empezamos a formar un coro y un grupo instrumental. ¡Cuántas cosas bonitas y estupendas hay hoy para hacerles agradable y fácil a los niños la práctica de la música! Adquirimos unos cuantos instrumentos, de una parte para acompañar el canto, y de otra para poder satisfacer el deseo de tocar que tenían los niños. Carl Orff, un importante compositor alemán recientemente fallecido, inventó cosas magníficas: toda una batería de instrumentos de percusión de todas clases. ¡Qué alegría tocar en ellos motivos, o inventarlos o improvisarlos!

Al mismo tiempo empezamos con el canto, que en mi opinión –pues es connatural al hombre– tiene que constituir siempre el fundamento de la práctica musical infantil.

–¿Nos va a examinar usted? –preguntaron algunos, medrosos.

–Hoy estoy afónico –dijo inmediatamente un muchacho. Otros se le adhirieron a toda prisa:

–¡Sí, yo también!

–¡Y yo estoy acatarrado!

–¡Y yo!

–¡Y yo!

–Pero, niños –dije riendo–. ¡Si os hubiera propuesto formar un equipo de fútbol, seguro que no habría rechistado ni uno solo de los chicos! ¡Y si hubiera propuesto organizar un baile, todas las chicas estarían entusiasmadas! Pero cuando se trata de cantar...; ¡entonces ya sé que desaparece como por ensalmo la alegría y que os entra miedo! ¿Me podéis decir por qué?

–¿Pero nos va a examinar? –volvió a oírse la medrosa pregunta.

22. Nace un coro infantil

—¿Examinar? —pregunté a mi vez, admirado—. ¿Para qué? ¿Acaso no hemos repetido siempre desde el comienzo de nuestras conversaciones que todos los niños tienen oído y voz? Naturalmente, no cantan todos igual de bien, lo mismo que no corren todos igual de rápido o no saben tanto de matemáticas o de literatura. Unos aprenden una melodía antes que otros. Pero quizá uno que no se da maña al cantar resulta que sí se la da para tocar un instrumento: esto es muy frecuente. En todo caso, no quedará ninguno de vosotros que no pueda ser empleado en nuestros grupos, el coral o el instrumental, y aquel que al principio quizá cante un poco desafinado o defectuosamente, ése mejorará en seguida. Y todas vuestras voces se harán más grandes, más seguras y también más bellas una vez que hayamos trabajado como se debe.

Empezamos con ejercicios muy fáciles, parecidos a los que habíamos hecho con el juego de las notas en la escalera. Sólo que entonces los «jugadores» eran ocho, y ahora habían llegado a ser cuarenta o más. Andaban sentados por todas partes, en el estudio, y provisionalmente los dejé seguir así, sentados y a su aire. Toqué al piano pequeñas melodías, sólo tres notas, después cuatro, cinco, seis. Y los niños entonaban a continuación lo que habían oído con un sencillo «lalalá». Algunos de aquellos que habían tenido miedo a las dificultades ahora encontraban la cosa demasiado sencilla. Cuando mi melodía se hizo más complicada, pregunté quién querría cantarla solo. Para mi sorpresa, no sólo se ofreció inmediatamente Karin, de cuya bonita voz teníamos ya pruebas, sino también otros niños. Si alguno conseguía algo especialmente difícil, todos aplaudían. Así fue creciendo el grado de participación y el entusiasmo general.

De los ejercicios melódicos pasamos a los rítmicos. Éstos divirtieron aún más a los niños. Al principio se limitaron a seguir con palmas el compás que yo marcaba desde el piano. Más deprisa, cuando yo aceleraba, y más despacio, cuando lo que yo tocaba se hacía más lento. Luego, más fuerte, cuando yo tocaba más fuerte, y más bajo, cuando yo reducía la intensidad del sonido. A los pocos minutos esto se había tornado también demasiado fácil. Les enseñé a dirigir. Dos tiempos... ¡qué sencillo! Dejar caer la mano derecha, elevada, al decir ¡uno!, y luego hacerla volver al punto de salida por encima de nuestra cabeza, al decir ¡dos! Después, tres tiempos: la caída, como antes, al decir ¡uno!; una extensión del brazo hacia la derecha, al decir ¡dos!, y un regreso hacia arriba al punto de partida, al decir ¡tres! Al comienzo hubo unos pocos errores, pero en pocos minutos también funcionó esto perfectamente. Y ahora hicimos uso de lo aprendido: improvisé al piano primero a dos tiempos, esto es, en compás binario, y después a tres, es decir, en compás ternario. Por último, los mezclé, y cuando acentué la primera parte del compás, la correspondiente al ¡uno!, como siempre debe hacerse en música, no les fue difícil a los niños acompañarme con el movimiento correcto. También tuvieron pronto claro que los movimientos pequeños corresponden a una ejecución musical suave, y que los movimientos grandes corresponden a otra más fuerte. Que además combinara yo una ejecución más rápida y viva con otra más lenta es algo que cae por su propio peso y no necesita más explicación.

22. Nace un coro infantil

Dirigir en dos tiempos   Dirigir en tres tiempos

Inventé después un juego. Mantuve mi reloj de pulsera pegado al oído y después marqué un compás batiendo palmas. Invité a los niños a imaginarse los grandes relojes de bolsillo que habrían visto en fotografías del abuelo, colgando de una cadena visible sobre el chaleco. Su tic-tac podría ser algo así como el doble de lento que el de los actuales relojes de pulsera. Así, hice que un grupo batiera palmas con el compás del reloj de pulsera, y que el otro lo hiciera con el del reloj de bolsillo. El resultado fue bien sencillo: mientras los «relojes de bolsillo» daban un golpe, los «relojes de pulsera» ya habían completado dos. Hay relojes aún mayores; y seguramente en algunas casas todavía es posible verlos apoyados de pie en la pared o colgando de ella. Poseen un péndulo, que va de aquí para allá con una oscilación mesurada y solemne. ¿A qué velocidad se moverán? Para hacerlo más sencillo, digamos que el reloj de pared completa un golpe, el «tic», cuando el reloj de bolsillo ya ha hecho dos, esto es, cuando ha completado el tic-tac. (¡Para entonces el pequeño y rápido reloj de pulsera ha dado ya cuatro golpes, es decir, ha hecho tic-tac dos veces!) Por último, todavía hay relojes más grandes: ¡los de las torres y campanarios! Su majestuoso caminar es aún más lento que el de los relojes de pared o de péndulo: un golpe del reloj de torre o campanario (para simplificar vamos a llamarlo a partir de ahora «de campana» porque marca las horas dando campanadas); como decía, un golpe de este reloj por cada dos del reloj de péndulo, es decir, por cada cuatro del reloj de bolsillo y por cada ocho del reloj de pulsera. Después pasamos a intentar representar estos cuatro movimientos simultáneamente. Un grupo batió palmas con el compás del reloj de pulsera, un constante pero no precipitado *tempo* de marcha. Después se añadió un segundo grupo, que dio palmadas siguiendo el *tempo* del reloj de bolsillo, esto es, un golpe por cada dos del reloj de pulsera. Un tercer grupo aguardó a que sonaran cuatro golpes o palmadas del reloj de pulsera, y entonces dio una palmada, lo que (según nuestro juego) representaba el ritmo del reloj de péndulo. Y por último se sumó un cuarto grupo, que siempre esperaba a que el grupo más rápido, esto es, el del reloj de pulsera, diese ocho palmadas, para a su vez imitar con precisión uno de los pausados y sosegados, pero exactamente medidos, golpes del reloj de campana. No hubo de transcurrir mucho tiempo para que nuestra tropa desarrollase brillantemente este juego.

–Hemos reunido así los cuatro valores principales de duración o medida de las notas musicales –les expliqué

22. Nace un coro infantil

después a los niños–, al menos las que necesitamos al cantar. Ahora les daremos un nombre musical... –y escribí en la pizarra:

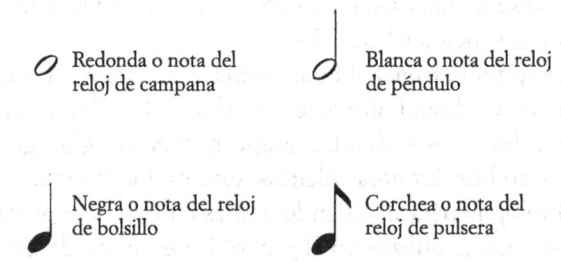

Luego les expliqué que en castellano las notas llevan nombres que, al menos en el caso de las tres primeramente citadas, describen su aspecto a la vista, pero que en alemán se llaman de acuerdo con la medida que representan: nota entera, media nota, nota de cuarto y nota de octavo. Una vez aclarado esto, fue fácil hacer comprensible a los niños que una redonda o «nota entera» es tan larga como dos blancas o «medias», y que una blanca es tan larga como dos negras o «notas de cuarto» y una negra tan larga como dos corcheas o «notas de octavo». Y que una redonda es tan larga como cuatro negras, es una conclusión a la que se llegó haciendo un pequeño cálculo mental. Gracias a nuestro juego de las palmadas siguiendo el compás de los relojes, mis pequeños amigos comprendieron en seguida que cada nota tiene una determinada y exacta relación rítmica con las otras.

Naturalmente, esto no tiene nada que ver con «rápido» o «lento». Si una pieza musical tiene un movimiento rápido, entonces una redonda será en ella evidentemente más breve que en otra pieza de movimiento lento, y con ella lo serán también los valores de las restantes notas: la blanca, la negra y la corchea.

Después dejamos el batir palmas y pasamos a los instrumentos: Juan imitó el lento golpear del reloj de campana, las notas redondas, golpeando en un gran gong. Ricardo hizo las notas blancas, esto es, los movimientos del reloj de péndulo, dando golpes en uno de esos tambores que se utilizan en el grupo de percusión de las orquestas y llamamos caja. Karin marcó con una pandereta el ritmo del reloj de bolsillo, es decir, con negras. Y Gabi reprodujo con delicadeza y a ritmo bastante rápido, en un triángulo, el tic-tac del reloj de pulsera, las corcheas. Después fuimos cambiando el «equipo», hasta que todos los niños tocaron uno de los instrumentos. La cosa resultó muy brillante.

Al día siguiente hubo ejercicios de respiración. Desde nuestra visita al médico, los niños eran conscientes de la importancia del correcto respirar. Ahora hicimos lo siguiente: de pie, con todos los músculos distendidos y el cuerpo relajado, inspirar despacio por la nariz sin echar los hombros hacia delante ni hinchar el cuello. Sólo tenía que ser influida la zona del diafragma, esto es, más o menos la región abdominal, que así se puso tensa. Al principio lo consiguieron sólo unos pocos niños. Ante todo les pedí que no se esforzasen para lograrlo, la cosa vendría por sí misma practicando lo necesario. Al principio incluso podía doler un poco, pues todo músculo

22. Nace un coro infantil

de nuestro cuerpo que no ha trabajado correctamente hace tiempo o aún no lo ha hecho «se duele» un poco cuando es puesto en actividad. ¿Quién no lo sabe de remar o de hacer gimnasia? Sí, la respiración correcta, honda, puede tener al principio incluso una secuela secundaria de la que no hay que asustarse, pues es natural e incluso indica la dirección correcta: uno puede llegar a marearse.

Tras la correcta inspiración, despacio, por la nariz, sigue la segunda fase: una breve retención de la respiración. Como ésta no juega papel importante en el campo, no necesita ser demasiado larga. Pero después viene la fase más importante, la espiración. ¡Despacio, muy despacio! Por la boca, que debe abrirse sólo ligeramente, lo justo para que los dientes superiores rocen el labio inferior, de lo que resulta un suave «ffff», como cuando se abre una válvula. Y así puede controlarse la duración y la cantidad de la espiración del aire.

Hicimos el ejercicio durante unos pocos minutos. ¡Qué diferencias hubo allí! Algunos niños, que practicaban deportes, ¡tenían incomparablemente mucho más «aire» que otros, cuya espiración apenas duraba dos o tres segundos!

Sin respiración correcta no hay canto correcto. En consecuencia, desde ahora nuestra tarea diaria comenzó siempre con ejercicios de respiración. No voy a destacar especialmente la rapidez con que también aprendieron esto los niños. ¡El caso es que el canto sonó mucho mejor una vez que aprendieron a respirar!

Después hice que mis pequeños amigos cantaran tres notas a la vez. Aún recordaban qué bonito había sonado, durante nuestros primeros juegos, el acorde *do-mi-sol.* Ahora un grupo cantó la nota *do* y la mantuvo largo rato. En seguida, el segundo grupo se sumó al canto entonando la nota *mi,* y a poco el tercer grupo siguió al segundo con la nota *sol.* Luego, permutamos los grupos, para que nadie se habituara excesivamente a «su» nota.

Más tarde empezamos a cantar cánones, una tarea agradable e instructiva que no hemos descuidado nunca y aún seguimos practicando hoy, cuando nuestro coro ya ha avanzado mucho más. Pues no hay otro medio mejor, que además resulta sumamente entretenido, de lograr el canto a varias voces. Conozco docenas de cánones a cuál más bonito, y cada día entono uno distinto; los niños aprenden la melodía en un santiamén, y en seguida nos ponemos a cantarla con entradas dispuestas escalonadamente. Empieza un grupo o un solista y luego siguen un segundo grupo, un tercero, un cuarto e incluso más, pues un canon es como una cadena de producción en serie de la industria moderna: infinito, y en cualquier momento quienquiera puede sumarse a la partida en el lugar oportuno.

Al principio cantábamos de oído, y no sólo porque es más fácil, sino también porque yo quería ejercitar el oído musical de nuestro grupo. Sí, ésta es la palabra correcta: ejercitar o desarrollar. Que el oído es connatural al hombre, esto ya lo hemos dicho varias veces; pero hay que ejercitarlo un poco y hacer que se desarrolle. En pocas palabras, hay que cultivarlo exactamente igual que las otras innumerables capacidades del ser humano.

Pero pronto pasamos a hacer que los niños se familiarizaran también con la connotación musical, con las partituras. Trazamos de nuevo las cinco líneas, en la pizarra, como ya lo hiciéramos algunas semanas antes, cuando «descubrimos» con ocho «jugadores» la idea o principio de nuestra escritura musical. También volví a decirles a mis pequeños amigos que, en nuestro sistema, es absolutamente indiferente el lugar donde queramos poner el punto de partida de una sucesión de notas. Por ejemplo, un *do* podría estar en cualquier lugar del pentagrama, sin que le diéramos mayor importancia que la de ser el punto de partida natural.

Mas si queremos fijar «absolutamente» la altura del sonido –y no sólo relativamente–, entonces tenemos que poner una clave al comienzo del pentagrama. Para cantar y para los instrumentos que algunos niños habían traído consigo (flautas dulces, violines, una trompeta, dos guitarras) basta con una única clave: la de violín o de *sol*. Con su espiral de caracol enroscada en torno a la segunda línea (contando desde abajo) indica que aquí tiene su sitio la nota *sol*. Contando, pues, con un punto de apoyo preciso, ya era fácil escribir las restantes notas, pues su orden queda fijado y permanece invariable. A partir de *sol,* vienen hacia abajo: *fa* en el primer espacio intermedio, *mi* en la primera línea, y *re* debajo de ella. Y si trazamos una pequeña parte de una línea auxiliar –guardando la misma distancia de todas las líneas y por debajo de la primera–, entonces podemos colocar un *do*. Por encima de *sol* las notas son: *la* en el segundo espacio intermedio, *si* en la tercera línea, *do* en el tercer espacio intermedio, *re* en la cuarta línea, *mi* en el último espacio intermedio (en el cuarto), *fa* en la quinta y última línea y *sol* encima de ella. Y aquí volví a trazar una pequeña parte de otra línea auxiliar, y coloqué en ella un *la*.

Luego comenzamos a hacer ejercicios de canto «leyendo», es decir, siguiendo las notas. Las señalaba en la pizarra, donde estaban dibujadas, y los niños las cantaban. Al principio, la sucesión «natural»: yo comenzaba por *do* en la línea auxiliar inferior, y subía: *do, re, mi, fa, sol, la, si* hasta alcanzar de nuevo un *do*. Éste estaba en el tercer espacio intermedio y yo había subido como por una escalera. Y por eso se llama escala lo que habíamos cantado. Como la había empezado por *do,* era una escala en *do* mayor.

Naturalmente, en seguida me preguntaron varios qué significaba aquello de «mayor». Les expliqué que había otras escalas aparte de ésta. De cada *do,* como de cualquier otra nota –pues son entre sí y en todo exactamente «iguales», esto es, tienen los mismos «derechos»– pueden nacer no menos de cuatro tipos distintos de escalas, que, lógicamente, son distintos entre sí. Yo había tomado primero la escala llamada «mayor», porque su sonido nos es el más familiar. Pero para mostrar a los niños cómo suenan las otras, toqué deprisa una en el piano. Era la «escala menor». Tenía el mismo número de notas que la escala mayor, pero naturalmente esas notas variaban algo: *do, re, mi* bemol, *fa, sol, la, si, do.*

22. Nace un coro infantil

Mis pequeños amigos encontraron esto un poco complicado; entonces reconocí que el descenso por esta escala llegaría a ser aún más complicado, pues dos notas sonarían en ella de otro modo: si yo descendiera a partir del *do* superior, entonces las dos primeras notas que sonarían serían *si* bemol y *la* bemol en lugar de *si* y *la,* y sólo después volvería a ir la cosa como a la subida: *sol, fa, mi* bemol, *re* y de nuevo el punto de partida *do*. Mas con esto no estaban aún agotadas las dificultades de la escala menor; hay todavía un segundo tipo de escala menor que posee la ventaja de emplear las mismas notas a la subida y a la bajada, pero que no es fácil de entonar: *do, re, mi* bemol, *fa, sol, la* bemol, *si, do*. El paso de *la* bemol a *si* (el «intervalo» *la* bemol-*si,* como se llama en música a los espacios entre dos notas) es un poco extraño a nuestro oído, y por ello resulta algo difícil entonarlo con la voz. Además, hay una escala que no comprende únicamente siete notas distintas, como nuestras escalas mayor y menor, sino todas las que hay, las doce. Esto es, todas las teclas blancas y todas las negras de un tramo del piano. Se la llama «escala cromática» y se desarrolla así: *do, do* sostenido, *re, re* sostenido, *mi, fa, fa* sostenido, *sol, sol* sostenido, *la, la* sostenido, *si* y de nuevo un *do*. Por último, hay aún una escala que sólo consta del mismo número de intervalos que la cromática, pero el doble de grandes. Ciertamente, es fácil de disponer en el piano, porque simplemente consiste en saltarse la tecla siguiente, sea blanca o negra, esto es lo mismo. Pero ya no es tan fácil de cantar: *do, re, mi, fa* sostenido, *sol* sostenido, *la* sostenido y de nuevo *do*. Se la llama escala «completa».

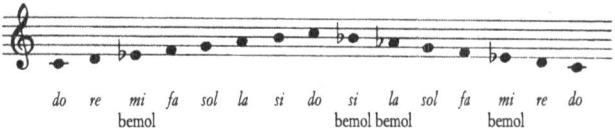

| do | re | mi bemol | fa | sol | la | si | do | si bemol | la bemol | sol | fa | mi bemol | re | do |

Entonces me asusté. La verdad es que no quería explicarles a mis pequeños amigos tal cúmulo de cosas. Pero ellos no se asustaron en modo alguno; sí, muchos se interesaron incluso vivamente por estas cuestiones.

Casi sin darnos cuenta, estuvimos ya metidos de lleno en el trabajo de coro propiamente dicho. Ya no eran necesarios exámenes y pruebas, pues al cantar los cánones yo había ido advirtiendo cómo sonaba la voz de cada uno de los niños. Así, no me resultó difícil dividir a la tropa en voces «altas», esto es, agudas, y «bajas», es decir, graves. Había muchas más de las primeras, pero siempre es así. Algunos de nuestros muchachos mayores no pudieron participar en el canto: estaban precisamente con el cambio de voz. Naturalmente, recibieron en seguida un puesto de instrumentista, pues en un grupo musical hay empleo para todos.

Empezamos con canciones populares, y no sólo con las más bellas de nuestra patria, pues también tendimos puentes a otros países, al cantar sus canciones. Sí, bastantes pudimos aprenderlas incluso en su lengua, que pronto dejó así de sonarnos tan extraña como antes. Pronto tendríamos oportunidad de cantarlas ante ciudadanos de esos países, bien con motivo de algún viaje o al ser visitados por ellos; y entonces se anudarían amistades que siempre nos demostra-

22. Nace un coro infantil

rían que realmente no hay hombres «extranjeros» o que no debiera haberlos. La música nos lo ha mostrado con toda claridad, y le estamos agradecidos por ello.

Hacía mucho tiempo que habían pasado ya las vacaciones en las que yo había comenzado las conversaciones musicales con Juan y Cristina; pero toda la tropa venía con regularidad a mi casa dos veces a la semana. ¡Sí, casi siempre el sábado y el domingo! Y así pronto estuvo dispuesto un bonito coro, acompañado con instrumentos y con un «repertorio» formado por canciones de todo el mundo.

No empleábamos instrumentos en todas las canciones. Sólo cuando venían bien. Tampoco utilizábamos siempre todos los disponibles. Muchas veces nos limitábamos a esos bonitos instrumentos que ha dispuesto Carl Orff para grupos infantiles: xilófonos, distintos tipos de bloques, triángulos y *glockenspiele* o juegos de timbres. Otras veces nos servíamos de violines y flautas dulces. También había canciones con acompañamiento de acordeón, y otras para guitarra. En pocas palabras, nuestra manera de hacer música era variada y colorista. Pronto nos presentaríamos a nuestros amigos de la radio, la televisión y el cine, y aguardábamos expectantes su juicio.

Pero hasta llegar a este punto hubo que trabajar duro. Pues aunque el canto es connatural a los niños, desde aquí hasta la formación de un buen coro infantil hay largo trecho que recorrer. Hubo que perseguir dos fines una vez que logramos satisfactoriamente estas otras dos cosas, «correcta entonación» y «precisión rítmica» (esto suena muy pomposo, ¿no es verdad? Pero no quiere decir otra cosa sino que nuestros pequeños cantores habían aprendido a entonar las notas con suficiente corrección y a hacerlo dentro de cada parte del compás). Bien, los dos nuevos fines eran: belleza del sonido y articulación o claridad en la pronunciación del texto. Y para conseguir estos dos objetivos, hicimos toda una serie de ejercicios diarios. El canto jamás debe sonar gritón; hay que evitar a toda costa el grito por fuerte o viva que deba sonar esta o aquella canción. Y además doy especial valor a la claridad en la pronunciación, no sólo porque el oyente tiene de suyo derecho a entender el texto, para poder penetrar así mejor en la atmósfera de la canción, sino también porque una buena pronunciación puede también venir en ayuda de la belleza del sonido, de la pura belleza del canto. Y para los conciertos que habíamos planeado, una buena articulación era de la mayor importancia. Así, no bastaba con enseñar a mis pequeños cantores sólo la correcta posición de la boca para pronunciar las vocales –que es distinta para cada una de ellas–, sino ante todo el correcto manejo de las consonantes. ¡No comerse las letras finales! Esto es importante. ¡Pero no lo es menos hacer sonar claramente las consonantes iniciales de cada sílaba! A un buen cantante debe poder seguírsele perfectamente el texto por el movimiento de los labios, aunque uno sea sordo o el cantante cante detrás de una pared de cristal.

Lo dicho, hubo mucho trabajo. ¿Pero aquello era realmente «trabajo»? En absoluto lo sentíamos como tal. Sencillamente, nos producía alegría. Y un trabajo que proporciona alegría no debe ser llamado penoso, opresivo, algo de lo que deseamos liberarnos lo antes posible. ¡Mas en nuestro grupo musical no era éste el caso!

Pero mis pequeños amigos no se han dado por satisfechos con esta actividad en nuestro grupo musical. Muchos han empezado a aprender un instrumento. Todos coleccionan discos y hablan entre ellos y conmigo de lo que ahora les interesa tanto. Todos leen libros de música, especialmente biografías de los grandes compositores cuyas canciones, ésta o aquélla, ya hemos empezado a estudiar. Y muchos van ahora a los conciertos y acuden también, cuando hay oportunidad, a una representación de ópera.

¡Sí, Cristina y Juan se han salido con la suya! He aquí acabado el libro que deseaban, el libro «para los niños, sobre la música». Y muchos niños lo leerán, en muchos países. ¿No tendrán el placer de intentar por su parte algo semejante? Seguramente habrá un músico o un profesor de música que pueda emprender con ellos el mismo proceso que he recogido aquí, o hacer algo parecido. No importan los detalles, las pequeñas diferencias de procedimiento. Y entonces muchos niños, en todo el mundo, estarán agradecidos a Cristina y a Juan por la idea que tuvieron, ¿no es verdad?

Epílogo

Querido lector, en el transcurso de este libro, quizá te hayas hecho más de una vez la pregunta de si esta historia es una invención mía. Así que ahora quiero responder a esta pregunta.

No, la historia no es ficticia. Es cierta y realmente se desarrolló de manera muy parecida. Cristina y Juan no son criaturas de ficción, son personas que viven y eran, cuando experimentaron lo aquí descrito, niños como vosotros. Como viven en América del Sur, que es donde yo escribí este libro, no se llaman Cristina y Juan*, sino María Elena y Juan Carlos. También existen de verdad Karin y Pedro, Gabi y Birgit, Elsa y todos los otros. Naturalmente, tampoco son una invención tío Enrique y muchos de los restantes adultos que aparecen en este libro.

---

* Christine y Hans en el original alemán. *(N. del T.)*.

Primero lo escribí en español, tal como yo hablaba con «Elenita» y «Juan Carlos». Durante casi dos años la más importante revista infantil sudamericana publicó algunas páginas cada semana. En aquel entonces, cientos de miles o quizá incluso millones de chicos y chicas leyeron la historia de María Elena y Juan Carlos. Y después llegaron a ser muchos más, cuando estas aventuras musicales aparecieron en muchos países e idiomas. Yo mismo las vertí al alemán, pues éste es mi idioma materno.

Mientras tanto los niños crecieron y además ha habido una multitud de inventos técnicos: ahora hay el disco de larga duración en alta fidelidad, «estéreo» y «compacto»; hay magnetofones y platinas (casetes) con los que cada uno puede grabar lo que le guste; hay la televisión. En pocas palabras, los niños de hoy día aprenden y conocen cosas de las que entonces aún no supieron nada Juan y Cristina. Y así he introducido estas novedades en el libro, y otro enamorado de la música como yo, esta vez español, ha vuelto a verter al castellano, a su lengua «original», esta vieja historia puesta ahora al día y publicada en alemán: el libro ha cerrado así el círculo de su propia aventura.

Naturalmente, ha existido el coro de que aquí se da noticia. Llegó a ser muy conocido en Buenos Aires, casi se hizo famoso, pues fue uno de los primeros coros infantiles que hubo en Sudamérica. Y cuando hoy otros cientos de niños cantan todavía conmigo, ocurre que podrían ser ya los hijos de Juan o los de Cristina. Pero los niños son siempre eso, niños, y hablar, jugar, hacer música con ellos me sigue entusiasmando hoy tanto como entonces.

Así, mucho de lo que contiene este libro es verdad. Las preguntas de mis pequeños amigos, las respuestas, las observaciones, las experiencias. Naturalmente, un autor tiene el derecho, y a menudo incluso el deber, de adornar un poco las cosas. No fue necesario utilizar mucho este procedimiento. Porque casi todo lo hicieron los propios niños.

Kurt Pahlen